ENSEMBLE
Grammaire

An Integrated Approach to French

FOURTH EDITION

Raymond F. Comeau
HARVARD UNIVERSITY

Normand J. Lamoureux
COLLEGE OF THE HOLY CROSS

HOLT, RINEHART AND WINSTON, INC.

Fort Worth   Chicago   San Francisco
Philadelphia   Montreal   Toronto
London   Sydney   Tokyo

Publisher	Ted Buchholz
Senior Acquisitions Editor	Jim Harmon
Developmental Editor	Clifford Browder
Production Manager	Annette Dudley Wiggins
Cover Design Supervisor	Serena L. Barnett
Cover Designer	David S. Harper
Cover	Matisse, *The Snail*, London, Tate Gallery/Art Resource Copyright Succession H. Matisse/ARS N.Y., 1989.
Illustration	Ginny Baier
Photo Research	Rona Tuccillo
Design, Editorial, Composition	World Composition Services, Inc.

Library of Congress Cataloging-in-Publication Data

Comeau, Raymond F.
  Ensemble. Grammaire.

  1. French language—Textbooks for foreign speakers—
English.   2. French language—Grammar—1950—
I. Lamoureux, Normand J.   II. Title.
PC2129.E5C66   1990   448.2'421   89—26792

ISBN: 0-03-020429-1

Address Editorial Correspondence To: 301 Commerce Street, Suite 3700, Fort Worth, TX 76102.
Address Orders To: 6277 Sea Harbor Drive, Orlando, FL 32887.
1-800-782-4479, or 1-800-433-0001 (in Florida)

Printed in the United States of America

0 1 2 3   039   9 8 7 6 5 4 3 2 1

Holt, Rinehart and Winston, Inc.
The Dryden Press
Saunders College Publishing

Contents

11 Passive Voice, Present Participle, and Causative Construction   274

Appendix   295

Vocabularies   339

Index   367

Preface

Ensemble : Grammaire is a review grammar text that integrates grammar study and thematic vocabulary. For example, most of the grammar exercises in chapter 3, which reviews nouns and articles and presents the theme of the family, use vocabulary related to family issues. The integration of grammar and theme, which *Ensemble : Grammaire* pioneered in 1977, encourages students to express themselves more fully by using grammar in meaningful contexts. Although *Ensemble : Grammaire* has been designed for the intermediate level of language study, it has been used successfully in more advanced courses as well.

Since one of the goals of intermediate language programs is to improve the reading skill, most classes use a reader or readers in conjunction with a review grammar. *Ensemble : Grammaire* can be used most effectively with its two companion readers, *Ensemble : Culture et Société* and *Ensemble : Littérature,* which include the same chapter-by-chapter themes.

Format of Ensemble : Grammaire

Ensemble : Grammaire has eleven chapters. Chapter 1 is devoted primarily to review, since intermediate students need a rapid yet comprehensive review of basic points of grammar at the beginning of a semester. This mini-review consists of two graded groups of exercises that stress key grammatical structures. It should be noted that no answers are given to these exercises. Instead, students are given specific page references indicating where the particular points are treated in the text. In this way the mini-review provides a lesson in the use of the grammar text as a reference tool. The first lesson also contains a review of the literary past tense, the *passé simple,* and guidelines for writing compositions.

The remaining chapters (2 through 11) have the following format:

Chapter at a glance is a capsule preview composed of model exercises treating all the grammar points in the chapter. Answers to these exercises can be found at the end of the book. A preliminary self-diagnostic test for students, *Chapter at a glance* will indicate to both student and instructor how much time and effort should be spent on a given chapter or grammar point. This section can also be used as a study guide for quizzes and exams.

The *Vocabulaire du thème* lists the thematic vocabulary of the chapter. *Mise en scène,* which presents two dialogue completions per chapter, and *Situations,* a series of short questions and imaginary situations, have been designed to help students familiarize themselves with this vocabulary, which will be used subsequently in the grammar examples and exercises.

The *Grammar presentations,* in English, have been made as clear and concise as possible. Special attention has been given to grammar points that normally present the most difficulty to English-speaking students.

The *Exercices* allow students to practice each point of grammar in context. The exercises are comprehensive and varied, ranging from creative completions and imaginary activities to translations and substitution drills. They are often playful, contextualized, personalized, or communicative.

The *Exercices d'ensemble* are a series of varied exercises that constitute a final review and synthesis of all the grammar points in the chapter.

The *Sujets de discussion ou de composition* contain stimulating discussion and composition topics relating to the theme of the chapter. They are intended to encourage students to use the thematic vocabulary in extended personalized contexts.

The *Cahier de laboratoire* is a lab manual/workbook designed to complement the grammar text. The first chapter contains a review of pronunciation; the other ten chapters are composed of lively pattern practice drills, comprehension exercises, and *dictées.* These activities are intended to reinforce important points of grammar, develop oral expression, review thematic vocabulary, and improve pronunciation.

Note to the Fourth Edition

This fourth edition of *Ensemble : Grammaire* has been improved in three ways. First, more than seventy new grammar exercises have been added. In keeping with the tradition of *Ensemble : Grammaire,* most of these exercises are varied, communicative, and playful. Second, every chapter contains two new sections, *Mise en scène* and *Situations,* which are designed to encourage students to use the thematic vocabulary in creative and personalized ways. *Mise en scène* presents two creative dialogue completion exercises per chapter; *Situations* presents a series of personalized questions and imaginary situations. Third, humorous sketches have been added to illustrate vocabulary and grammar exercises. Carefully designed to have both pedagogic and artistic value, these additions complement the grammar explanations and make *Ensemble: Grammaire* an even more effective tool for the integrated teaching of grammar and vocabulary.

R.F.C.

About the Ensemble series

The three books that make up the *Ensemble* series—*Ensemble : Grammaire, Ensemble : Culture et Société,* and *Ensemble : Littérature*—can each stand alone; but, more important, they fit together to form an "ensemble." The review grammar and the laboratory manual integrate grammar and theme by incorporating thematic vocabulary in the examples and exercises. The two readers, in turn, treat the same chapter themes in their selections and exercises. The first program of its kind in French, *Ensemble*'s integrated approach encourages lively and meaningful student participation and fosters a mature treatment of the subject.

For most intermediate classes it is recommended that instruction begin with a chapter in the grammar and proceed to the same chapter in either or both of the readers. Instructors may wish to vary the reading selections within a given chapter by alternating between the literary and cultural readers. An instructor teaching an advanced course may wish to assign the grammar as outside work and spend class time on readings and oral reports. Since the three texts are thematically coordinated, a lesson may even begin with the reading or activity and end with a rapid grammar review.

Acknowledgments

We are grateful to the following reviewers, whose comments and suggestions helped shape this edition of *Ensemble : Grammaire*: Diane Adler, North Carolina State University; Judith Aydt, Southern Illinois University; Rae S. Baudouin, University of British Columbia; Dorothy M. Betz, Georgetown University; Glenda J. Brown, University of Northern Colorado; Dan M. Church, Vanderbilt University; William Cloonan, Florida State University; Jacques F. Dubois, University of Northern Iowa; Christine Gaudry-Hudson, Randolph-Macon College; Robert Hardin, North Texas State University; Paul Homan, North Dakota State University; Margo R. Kaufman, University of California, Davis; John Klee, Foothill College; Michael Locey, Bowling Green State University; Carol Neidle, Boston University; Marie-Thérèse Noiset, University of North Carolina, Charlotte; Nadine O'Connor, Georgetown University; Mary Rice-DeFosse, Bates College; Aurelia Roman, Georgetown University; Sonja G. Stary, University of Missouri, St. Louis; and Marvin Weinberger, San Francisco State University.

We wish to express our appreciation to the staff of Holt, Rinehart, and Winston, especially to Clifford Browder for his meticulous reading of the manuscript and his creative suggestions, to Katia Lutz for her constant encouragement and gentle prodding, and to James Harmon and Sharon Alexander for listening to our suggestions and guiding the project through its many stages. We owe special thanks to Marie-France Bunting, our coauthor of *Ensemble : Culture et Société,* for her many useful suggestions and her loyalty to the project. Finally, we thank our wives, Jean Comeau and Priscilla Lamoureux, for their unfailing moral support, their endless patience, and their willingness to make the many personal sacrifices that a project of this kind requires.

R.F.C. / N.J.L.

Mini-review, *Passé Simple*, Composition

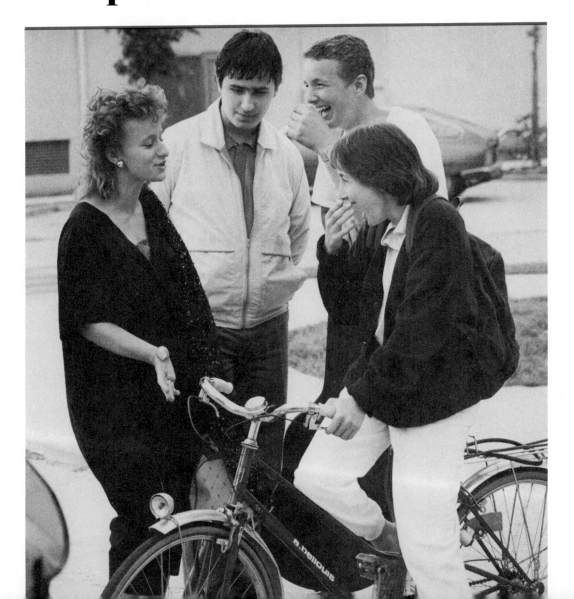

Vocabulaire du thème : *Les jeunes*

Les distractions des jeunes

la **jeunesse**   youth

l' **ami** *m*, l'**amie** *f*   friend, boyfriend, girlfriend

le **copain,** la **copine** *(fam)*   friend, chum

le **petit ami,** la **petite amie**   boyfriend, girlfriend

avoir rendez-vous avec   to meet

sortir (seul, à deux, en groupe)   to go out (alone, as a couple, in a group)

aller au cinéma, au théâtre, au café   to go to the movies, to the theater, to the café

aller à une soirée, à une partie   to go to a party

regarder la télévision   to watch television

écouter la radio, des disques   to listen to the radio, to records

rigoler *(fam)*   to laugh

bavarder   to talk, to chat

faire la grasse matinée   to sleep late

faire du sport   to go in for sports

faire du ski   to go skiing

jouer au tennis, au golf, aux cartes   to play tennis, golf, cards

s' **amuser bien à lire, à faire du ski, etc.**   to have a good time reading, skiing, etc.

s' **intéresser aux sports, à la musique, etc.**   to be interested in sports, music, etc.

gaspiller (perdre) son temps   to waste one's time

travailler à mi-temps   to work part-time

Les jeunes à l'université

se **spécialiser en**   to major in

suivre un cours   to take a course

assister à un cours, à une conférence   to attend a class, a lecture

manquer un cours   to miss a class

les **matières** *f*   subjects

les **affaires** *f*   business

l' **anglais** *m*   English

l' **anthropologie** *f*   anthropology

la **biologie**   biology

la **chimie**   chemistry

le **français**   French

la **géographie**   geography

l' **informatique** *f*   computer science

la **littérature**   literature

les **mathématiques** *f*   mathematics

la **philosophie**   philosophy

la **psychologie**   psychology

les **sciences économiques** *f*   economics

les **sciences politiques** *f*   political science

la **salle de classe**   classroom

l' **emploi du temps** *m*   schedule

le **cours facultatif**   elective course

le **cours obligatoire**   required course

les **devoirs** *m*   homework

le **cancre**   bad student, dunce

la **grosse tête** *(fam)*   brain

passer un examen   to take an exam

étudier   to study

bûcher *(fam)*   to cram

réussir à un examen   to pass an exam

échouer à un examen   to fail an exam

rater un examen   to flunk an exam

tricher   to cheat

la **note**   grade
le, la **camarade de chambre**   roommate
la **résidence, la maison**
    d'étudiants   dormitory

curieux, curieuse   curious
sage   well-behaved
indépendant   independent
formidable *(fam)*   great
intelligent   intelligent

travailleur, travailleuse   hard-working
enthousiaste   enthusiastic
gâté   spoiled
égoïste   selfish
bête   stupid
paresseux, paresseuse   lazy
ennuyeux, ennuyeuse   boring
insupportable   unbearable

Exercices

A. **Mise en scène.**   Complétez en employant une ou plusieurs expressions du *Vocabulaire du thème*, puis jouez les dialogues.

  1. Un cancre : Moi, je m'appelle...
    Une grosse tête : Et moi, je m'appelle...
    Un cancre : J'aime le rock. Et toi?
    Une grosse tête : J'aime...
    Un cancre : Je vais souvent dans les discothèques avec mes copains.
    Une grosse tête : Moi, je...
    Un cancre : (nom), tu es... !
    Une grosse tête : Et toi, (nom), tu es... !
  2. Professeur : (nom), pourquoi est-ce que vous avez échoué à votre examen de français?
    Étudiant(e) : Parce que je... hier soir.
    Professeur : Comment?
    Étudiant(e) : Et je... aussi.
    Professeur : (nom), je voudrais vous parler après la classe!

B. **Situations.** Répondez en employant une ou plusieurs expressions du *Vocabulaire du thème.*

1. Complétez les phrases suivantes en employant les adjectifs à la page 3.
   a. J'aime les gens...
   b. Je n'aime pas les gens...
   c. Mon professeur de français est...
2. Serge la grosse tête aime particulièrement certaines choses. À votre avis, qu'est-ce qu'il aime faire et qu'est-ce qu'il n'aime pas faire?
3. Qu'est-ce que Pierre le paresseux va probablement faire dimanche matin?
4. Où irez-vous si vous voulez voir : une pièce de théâtre? un bon film? vos amis le samedi soir?

MINI-REVIEW

Révision de grammaire

The following two groups of grammar exercises are intended as a rapid review of some essential points of grammar. The exercises in Group I are more basic than the ones in Group II. References in parentheses indicate where the grammar points are treated in the text. No answers are given.

Exercices : I

A. Transformez les phrases selon le modèle (pp. 21–24, 86–88).

MODÈLE Je joue aux cartes. (nous)
        Nous jouons aux cartes.

1. Je rigole constamment. (nous, tu, mes copains, vous, mon camarade de chambre, on, je)
2. Je réussis toujours. (vous, tu, les grosses têtes, on, cet athlète, nous, je)
3. Je réponds au téléphone. (vous, Bruno, tu, nous, mes parents, on, je)
4. J'ai un cours facile! (tu, nous, ces joueurs de football, vous, on, Lulu la belle, je)
5. Je vais au café. (nous, vous, ma grand-mère, on, le professeur et les étudiants, tu, je)
6. Je sais la réponse! (tu, cet étudiant paresseux, nous, vous, on, les étudiants mal préparés, je)
7. Je m'amuse dans la classe. (nous, vous, on, tu, le professeur, je, les cancres)
8. Je fais la grasse matinée. (nous, tu, Lola, vous, mes camarades de chambre, on, je)
9. Je suis égoïste. (nous, vous, mon petit frère, tu, les enfants gâtés, on, je)
10. Je veux dormir. (nous, tu, Tina et Mina, vous, le vieux général, on, je)

B. Répondez affirmativement ou négativement selon le modèle. (pp. 21–24, 86–88)

MODÈLE Est-ce que vous êtes sage?
Oui, je suis sage.
ou: *Non, je ne suis pas sage!*

1. Est-ce que vous êtes égoïste (gâté[e], insupportable, sincère, bizarre, unique)?
2. Est-ce que vous faites la grasse matinée?
3. Est-ce que vous choisissez vos parents?
4. Est-ce que vous gaspillez votre temps?
5. Est-ce que vous voulez être riche (célèbre, utile, respecté[e])?
6. Est-ce que vous vous spécialisez en français (en psychologie, en histoire)?
7. Est-ce que vous travaillez? Si oui, combien d'heures par semaine travaillez-vous?
8. Est-ce que vous allez à Paris (à New York, chez vous)?

C. En employant l'impératif dites à un(e) autre étudiant(e)... (pp. 31–33, 89–90).

1. d'aller à la porte.
2. de regarder le professeur.
3. de se lever.
4. de ne pas rigoler.
5. de ne pas gaspiller son temps.
6. de ne pas se reposer.

—*Je me spécialise en histoire!*
—*Et moi, en anthropologie!*

D. Répondez par une phrase complète en employant **le, la, les, lui** ou **leur** (pp. 35–36).

1. Aimez-vous les sports (la vie, le rock)?
2. Souriez-vous à vos parents (aux étrangers, aux dentistes, aux snobs)?
3. Répondez-vous au professeur (à Mimi la chatte, à Bruno le criminel)?
4. Détestez-vous le français (les cancres, les bonbons)?
5. Regardez-vous la télévision?
6. Faites-vous la grasse matinée? Si oui, quand?
7. Aimez-vous les mathématiques (la géographie)?

E. Remplacez les tirets (*dashes*) par **les** ou **des** (pp. 70–73).

1. _____ étudiants sont genéralement sérieux.
2. Avez-vous _____ frères?
3. On a trouvé _____ insectes dans la maison d'étudiants!
4. Notre professeur est bizarre. Il aime _____ mauvais étudiants et déteste _____ les grosses têtes.

F. En employant l'inversion demandez à un(e) autre étudiant(e)... (p. 115).

    1. s'il (si elle) fait du ski.
    2. s'il (si elle) prend une douche ou un bain.
    3. si sa vie est ennuyeuse (intéressante).
    4. s'il (si elle) a étudié.
    5. s'il (si elle) a regardé la télé ce matin.

G. Mettez les **adjectifs** au féminin (pp. 144–145).

    1. paresseux   4. beau   7. formidable
    2. sportif   5. français   8. bon
    3. curieux   6. travailleur

H. Mettez les adjectifs à la position convenable (*appropriate*) en faisant l'accord (*agreement*), s'il y a lieu (*if necessary*) (pp. 147–148).

    MODÈLE   (vaniteux) Quelle jeune fille!
                Quelle jeune fille vaniteuse!

    1. (français) C'est une auto.
    2. (sportif) Quelle jeune fille!
    3. (beau) C'est une bicyclette.
    4. (bon) C'est une amie.
    5. (ennuyeux) Quelle classe!

I. Composez une phrase comparative en employant **plus... que, moins... que** ou **aussi... que.** Faites l'accord de l'adjectif s'il y a lieu (pp. 161–162).

    MODÈLE   l'Amérique; la France; grand
                L'Amérique est plus grande que la France.

    1. le ski; le golf; dangereux
    2. une université; un bar; vivant
    3. une glace; un légume; délicieux
    4. le français; l'anglais; facile
    5. une soirée; un examen; amusant
    6. la psychologie; la géographie; intéressant

J. Complétez la phrase avec l'adverbe qui correspond à l'adjectif (pp. 153–154).

    MODÈLE   Un étudiant naïf pense _____ .
                Un étudiant naïf pense naïvement.

    1. Un professeur généreux note (*grades*) _____ .
    2. Un étudiant indépendant travaille _____ .
    3. Un étudiant sérieux bûche _____ .
    4. Un enfant adorable sourit _____ .
    5. Un skieur courageux skie _____ .

K. Répondez en employant **bon** ou **bien** selon le modèle (pp. 164–165).

> MODÈLE   Pourquoi êtes-vous un bon joueur?
> *Parce que je joue bien!*
>
> Pourquoi jouez-vous bien?
> *Parce que je suis un bon joueur!*

1. Pourquoi êtes-vous un bon chanteur?
   Pourquoi chantez-vous bien?
2. Pourquoi êtes-vous un bon danseur?
   Pourquoi dansez-vous bien?
3. Pourquoi êtes-vous un bon étudiant?
   Pourquoi étudiez-vous bien?
4. Pourquoi êtes-vous un bon travailleur?
   Pourquoi travaillez-vous bien?

L. Formulez une phrase en employant les pronoms **qui** ou **que** selon le modèle (p. 195).

> MODÈLE   Voilà un étudiant. Il étudie toujours.
> *Voilà un étudiant qui étudie toujours.*
>
> Voilà un livre. Je vais le lire.
> *Voilà un livre que je vais lire.*

1. Voilà un étudiant. Il rigole toujours.
2. Voilà une jeune fille. Elle gaspille son temps!
3. Voilà un professeur. Il aime ses étudiants.
4. Voilà un bonbon. Je vais le manger!
5. Voilà un livre. Je vais l'acheter.
6. Voilà un étudiant. Il est formidable!
7. Voilà un jeune homme. Je le vois partout.
8. Voilà une voiture. Elle est vraiment sensationnelle!

M. Remplacez **le, la, l'** ou **les** par l'adjectif démonstratif **ce, cet, cette** ou **ces** (pp. 207–208).

1. les soirées
2. les jeunes
3. la note
4. l'examen
5. le café
6. le sport

N. Transformez les phrases en employant le temps futur (pp. 172–173).

1. Je travaillerai ce week-end. (nous, vous, le président, tu, les, artistes, on, je)
2. Je dormirai en classe. (on, tu, les étudiants paresseux, le cancre, nous, vous, je)
3. Je répondrai au téléphone. (tu, nous, M. Bavard, vous, mes copains, on, je)

O. Mettez les infinitifs suivants au futur (p. 174).

1. avoir dix ans (tu, nous)
2. être sage (je, mes frères)
3. aller à Paris (vous, Gigi)
4. faire la grasse matinée (Robert et Norbert, on)
5. se coucher (je, M. Sommeil)
6. venir (tu, le fantôme)

P. Qu'est-ce que vous ferez dans les situations suivantes? Répondez au futur (pp. 172–175).

    1. Vous êtes très fatigué(e).
    2. Vous êtes en vacances sur la Côte d'Azur.
    3. Vous êtes à une soirée avec vos amis.
    4. Vous avez un examen mais, hélas, vous n'avez pas étudié.
    5. Vous allez voir un film très amusant.
    6. Vous avez chaud.

Q. Remplacez **le, la, l'** ou **les** par l'adjectif possessif **mon, ma** ou **mes** (p. 250).

    1. la composition   4. l'université
    2. le disque   5. les copains
    3. le cours

R. **Les nombres** (pp. 295–296)

    1. Comptez de 1 à 20.
    2. Complétez: 10, 20,... 100.
    3. Exprimez en français : 21, 35, 61, 80, 81, 99, 100, 120.
    4. Traduisez en français : *first, fifth, twentieth, forty-fifth, one hundredth.*
    5. Traduisez en français en employant le suffixe **-aine** : *about twenty, about thirty, about fifty, about one hundred.*

S. **Les dates et le temps** (pp. 297–298)

    1. Quels sont les jours de la semaine?
    2. Quels sont les mois de l'année?
    3. En quel mois êtes-vous né(e)?
    4. Quel temps fait-il en hiver? au printemps?
    5. Quel temps fait-il à Nice?

T. **Quelle heure est-il**? (pp. 298–299)

1.   2.   3.

4.   5.   6.

Exercices : II

A. Indiquez le genre (**masculin** ou **féminin**) sans consulter le dictionnaire (pp. 55–56).

1. télévision
2. tableau
3. classicisme
4. gentillesse
5. librairie
6. gouvernement
7. Californie
8. papier
9. cigarette

B. Répondez en employant **y** ou **en** (pp. 38–39).

MODÈLE   Habitez-vous à la maison d'étudiants?
Oui, j'y habite.
ou :   *Non, je n'y habite pas.*

Avez-vous de la patience?
Oui, j'en ai.
ou :   *Non, je n'en ai pas.*

1. Allez-vous au cinéma (à la bibliothèque, à une soirée, au café) ce soir?
2. Avez-vous des bonbons (du chewing gum, des clés, des enfants)?
3. Est-ce que vous vous intéressez à la politique (aux sports, à l'amour, à la philosophie, à la musique)?
4. Combien de bicyclettes (de livres de français, de stéréos, de voitures de sport, d'amis) avez-vous?
5. Combien de cours suivez-vous ce semestre? Lesquels?

C. Remplacez les tirets par le partitif (**du, de la, de l', des**) ou par **de (d')** tout seul (pp. 70–71, 74).

1. Charlot fait beaucoup _____ fautes de grammaire!
2. Cet étudiant n'a pas _____ copains.
3. Ma copine a _____ patience.
4. Cette étudiante va réussir parce qu'elle a _____ idées originales.

D. Complétez au **passé composé** (pp. 93–97).

1. **bavarder** : j'ai bavardé, tu _____ , il (elle, on) _____ , nous _____ , vous _____ , ils (elles) _____ .
2. **grossir** : j'ai grossi, tu _____ , il (elle, on) _____ , nous _____ , vous _____ , ils (elles) _____ .
3. **vendre** : j'ai vendu, tu _____ , il (elle, on) _____ , nous _____ , vous _____ , ils (elles) _____ .
4. **avoir** : j'ai eu, tu _____ , il (elle, on) _____ , nous _____ , vous _____ , ils (elles) _____ .
5. **être** : j'ai été, tu _____ , il (elle, on) _____ , nous _____ , vous _____ , ils (elles) _____ .

6. **aller** : je suis allé(e), tu _____ , il (elle, on) _____ , nous _____ , vous _____ , ils (elles) _____ .

7. **s'amuser** : je me suis amusé(e), tu _____ , il (elle, on) _____ , nous _____ , vous _____ , ils (elles) _____ .

E. Demandez à un(e) autre étudiant(e) ou au professeur... (pp. 115–118).

1. s'il (si elle) a jamais mangé des escargots (du pâté, des croissants).
2. s'il (si elle) a bu du lait (du café, du thé, du whisky) ce matin.
3. à quelle heure il (elle) s'est couché(e) hier soir.
4. s'il (si elle) est allé(e) à une conférence hier.
5. s'il (si elle) a joué au tennis ce matin.
6. s'il (si elle) a jamais manqué un cours (raté un examen, chanté sous la douche).

F. Complétez à **l'imparfait** (pp. 99–100).

1. **parler** : je parlais, tu _____ , il (elle, on) _____ , nous _____ , vous _____ , ils (elles) _____ .
2. **finir** : je finissais, tu _____ , il (elle, on) _____ , nous _____ , vous _____ , ils (elles) _____ .
3. **perdre** : je perdais, tu _____ , il (elle, on) _____ , nous _____ , vous _____ , ils (elles) _____ .
4. **avoir** : j'avais, tu _____ , il (elle, on) _____ , nous _____ , vous _____ , ils (elles) _____ .
5. **être** : j'étais, tu _____ , il (elle, on) _____ , nous _____ , vous _____ , ils (elles) _____ .

G. Écoutez l'histoire suivante, puis mettez-la au passé en employant **l'imparfait** ou le **passé composé** (pp. 101–102, 104).

1. Hélène se réveille à sept heures.
2. Elle se lève,
3. se lave,
4. et s'habille.
5. Hélène est triste
6. parce qu'elle est seule.
7. Elle décide de faire une promenade.
8. Il fait beau
9. et il y a du soleil
10. mais Hélène est toujours triste
11. parce qu'elle est toujours seule.
12. Pendant qu'elle se promène,
13. elle voit Philippe.
14. Philippe sourit à Hélène
15. et Hélène sourit à Philippe.
16. Ils vont ensemble au café.
17. Hélène n'est plus triste
18. parce qu'elle n'est plus seule!

H. Formulez une question en employant les adverbes **comment, où,** ou **pourquoi** (pp. 117–118).

> MODÈLE Je vais à Boston.
> *Où allez-vous?*

1. Je vais à Cannes.
2. François est enthousiaste.
3. Je travaille parce que j'ai besoin d'argent.
4. Francine est travailleuse!
5. Je bûche parce que j'ai un examen demain.
6. La classe est ennuyeuse!

I. Transformez les phrases en employant **le conditionnel présent** (pp. 172–174, 178–179).

1. Je voudrais une sardine. (tu, vous, Luigi, nous, Maria et Isabella, on, je)
2. Si j'étais riche, je rigolerais toujours! (vous, on, Pierrot, nous, tu, ces étudiants, je).

J. Complétez avec imagination en employant le **conditionnel présent** (pp. 178–179).

1. Si j'étais un cancre, je
2. Si j'étais un petit chat, je
3. Si j'étais à la montagne, je
4. Si j'étais le président des États-Unis, je
5. Si j'étais le professeur de français, je
6. Si j'étais à Paris, je
7. Si j'étais dans un café, je
8. Si j'étais à la plage, je

K. Qu'est-ce que les personnes suivantes devraient faire dans les situations suivantes, et qu'est-ce qu'elles ne devraient pas faire? Répondez selon le modèle (pp. 182–183).

> MODÈLE Un étudiant de français en classe
> *Il devrait répondre en français.*
> *Il ne devrait pas parler anglais!*

1. un étudiant à la bibliothèque
2. un étudiant en vacances
3. une personne malade
4. un végétarien
5. un agent de police

L. Remplacez les tirets par **c'est** ou **il est** (pp. 212–213).

1. J'aime beaucoup ce professeur. _____ sensationnel!
2. Un «D»? _____ une mauvaise note!
3. Quelle est la profession de votre père?— _____ avocat.
4. Où est ton camarade de chambre sympathique?— _____ est en prison!
5. Qui est sorti avec ma petite amie?— _____ Georges!

M. Complétez au **présent du subjonctif**. Mettez **il faut que** devant chaque forme du verbe : **il faut que je parle**, etc. (pp. 226–228).

1. **parler** : il faut que je parle, tu _____ , il (elle, on) _____ , nous _____ , vous _____ , ils (elles) _____ .

2. **finir** : il faut que je finisse, tu _____ , il (elle, on) _____ , nous _____ , vous _____ , ils (elles) _____ .

3. **perdre** : il faut que je perde, tu _____ , il (elle, on) _____ , nous _____ , vous _____ , ils (elles) _____ .

4. **avoir** : il faut que j'aie, tu _____ , il (elle, on) _____ , nous _____ , vous _____ , ils (elles) _____ .

5. **être** : il faut que je sois, tu _____ , il (elle, on) _____ , nous _____ , vous _____ , ils (elles) _____ .

6. **aller** : il faut que j'aille, tu _____ , il (elle, on) _____ , nous _____ , vous _____ , ils (elles) _____ .

7. **faire** : il faut que je fasse, tu _____ , il (elle, on) _____ , nous _____ , vous _____ , ils (elles) _____ .

8. **savoir** : il faut que je sache, tu _____ , il (elle, on) _____ , nous _____ , vous _____ , ils (elles) _____ .

N. Que voulez-vous que je fasse... ? Répondez en employant «**Je veux que vous...**» + **subjonctif** (p. 231).

1. si j'ai soif?
2. si j'ai faim?
3. si je suis très fatigué(e)?
4. si j'ai besoin d'argent?
5. si j'ai un examen demain?
6. si j'ai joué au tennis?

O. Remplacez les tirets par la préposition **à** ou **de**, si nécessaire (pp. 262–263).

1. J'ai enfin réussi _____ terminer l'examen!
2. Je n'ai jamais essayé _____ faire du ski.
3. Il faut _____ faire attention en classe.
4. Je vais commencer _____ parler très bien français cette année!
5. Marie veut _____ assister à la conférence de M. Barthes!

THE PASSÉ SIMPLE

Students who plan to read French literature should be aware of the **passé simple** or *past definite,* a literary past tense that is sometimes used in literature but is almost never used in conversation. The **passé simple** is generally translated in English in the same way as the **passé composé** or *compound past*; **j'ai parlé,** *I spoke;* **je parlai,** *I spoke.* The **passé simple** is formed by dropping the ending of the infinitive and adding the following endings for regular verbs:

-er verbs	-ir and -re verbs	
parler	**finir**	**perdre**
je parl**ai**	je fin**is**	je perd**is**
tu parl**as**	tu fin**is**	tu perd**is**
il elle } parl**a** on	il elle } fin**it** on	il elle } perd**it** on
nous parl**âmes**	nous fin**îmes**	nous perd**îmes**
vous parl**âtes**	vous fin**îtes**	vous perd**îtes**
ils elles } parl**èrent**	ils elles } fin**irent**	ils elles } perd**irent**

avoir and **être**

avoir	**être**
j **eus**	je **fus**
tu **eus**	tu **fus**
il elle } **eut** on	il elle } **fut** on
nous **eûmes**	nous **fûmes**
vous **eûtes**	vous **fûtes**
ils elles } **eurent**	ils elles } **furent**

The **passé simple** forms of **avoir** and **être** are also shown in the table. These forms and the **passé simple** of other common irregular verbs may be found in the verb charts in the Appendix.

Exercice

Voici un extrait (*selection*) du *Petit Prince*, le célèbre roman d'Antoine de Saint-Exupéry. Venu d'un autre monde, le protagoniste explore l'univers en visitant une série de planètes.

Identifiez les verbes au **passé simple** et mettez-les au passé composé.

La planète suivante était habitée par un *buveur*. Cette visite fut très courte mais elle plongea le petit prince dans une grande mélancolie :
—Que fais-tu là? dit-il au buveur, qu'il trouva installé en silence devant une collection de *bouteilles* vides et une collection de bouteilles pleines.
—Je bois, répondit le buveur, *d'un air lugubre*.

—Pourquoi bois-tu? lui demanda le petit prince.

—Pour oublier, répondit le buveur.

—Pour oublier quoi? *s'enquit* le petit prince qui déjà le *plaignait.*

—Pour oublier que *j'ai honte, avoua* le buveur en *baissant* la tête.

—Honte de quoi? *s'informa* le petit prince qui désirait le *secourir.*

—Honte de boire! *acheva* le buveur qui *s'enferma* définitivement dans le silence.

vocabulaire

le **buveur**   drinker
la **bouteille**   bottle
   d'un air lugubre = *tristement*
s' **enquit (s'enquérir)** = *demanda*
   plaindre = *avoir pitié de*
   avoir honte   to be ashamed

avouer   to confess
baisser   to lower
s' **informa** = *demanda*
secourir = *aider*
acheva = *conclut*
s' **enfermer**   to shut oneself up

COMPOSITION

A well-organized composition has an *introduction, transitions,* and a *conclusion.* Study the following examples, which will be helpful in preparing compositions and oral reports.

1. Introductions

   Je vais discuter (décrire, examiner, traiter)...
   I am going to discuss (describe, examine, treat) . . .

   On dit souvent que...
   It is often said that . . .

   Je vais diviser mes remarques en deux parties : d'abord... et ensuite...
   I am going to divide my remarks into two parts: first . . . and then . . .

2. Transitions

   d'une part... d'autre part *on one hand . . . on the other hand*

   d'ailleurs *besides*
   de plus *furthermore, in addition, moreover*
   en plus de *in addition to*

   en ce qui concerne *concerning*
   quant à *as for*

par contre *on the other hand*
au contraire *on the contrary*
cependant, pourtant *however*

mais *but*
tandis que *whereas*

par exemple *for example*

3. Conclusions

en conclusion *in conclusion*
donc *therefore*
par conséquent *consequently*
à mon avis *in my opinion*
bref, en résumé *in short*

Exercice

Remplacez les tirets dans cette composition par **tandis que, par exemple, mais, donc, je vais examiner, par contre** ou **en conclusion**.

Dans cette composition _____ le fossé (*gap*) entre les générations. Je pense que les jeunes et les adultes doivent avoir des idées différentes parce qu'ils mènent des vies différentes.

Les jeunes passent beaucoup de temps à l'université où ils pensent à leurs études et aux rapports (*relations*) entre copains. L'université est un monde fermé et protégé où les responsabilités sont réduites (_____ , les étudiants ne sont pas toujours obligés de faire la cuisine!). Je ne dis pas que les étudiants n'ont pas de responsabilités, _____ leurs responsabilités sont limitées. Puisqu'ils manquent d'expérience dans le monde réel, ils ont tendance à être idéalistes et impatients. Ils veulent réformer la société en un jour!

Les adultes, _____ , ont beaucoup d'expérience. Ils sont obligés de faire face aux réalités de la vie. Ce sont eux, _____ , qui doivent payer les frais d'inscription (*tuition*) de leurs enfants! Quand ils étaient jeunes, eux aussi ont voulu réformer la société, _____ quand ils ont essayé de le faire, ils n'ont pas toujours réussi. Ils sont _____ devenus réalistes.

_____ , on peut dire que les adultes acceptent de vivre dans un monde qui n'est pas parfait _____ les jeunes rêvent d'une vie meilleure à l'avenir.

Sujets de discussion ou de composition

Employez au besoin (*as needed*) les termes d'introduction, de transition et de conclusion qu'on vous a donnés ci-dessus (*above*).

1. Décrivez un rendez-vous extraordinaire que vous avez eu. (Était-il bizarre, désastreux, formidable, amusant? Avec qui êtes-vous sorti? Où êtes-vous allé?, etc.)

2. Quelles distractions préférez-vous et lesquelles n'aimez-vous pas? Pourquoi?
3. Au début d'une année scolaire les étudiants doivent prendre beaucoup de décisions. Par exemple, il faut choisir des cours, des profs, une maison d'étudiants ou un appartement, des clubs ou des organisations, etc. Dites les décisions que vous avez prises en indiquant les raisons de vos choix.
4. Écrivez un dialogue entre les personnes suivantes et présentez-le avec un(e) autre étudiant(e) devant la classe.
   a. un professeur et un cancre
   b. un(e) étudiant(e) qui veut étudier à la bibliothèque et un(e) autre qui veut s'amuser
   c. un(e) étudiant(e) qui parle avec sa petite amie (son petit ami) au téléphone
   d. un(e) étudiant(e) qui veut tricher à un examen et un(e) étudiant(e) qui essaie de le (la) dissuader
   e. un(e) étudiant(e) qui se dispute avec son (sa) camarade de chambre.

Present Tense, Imperative, Personal Pronouns

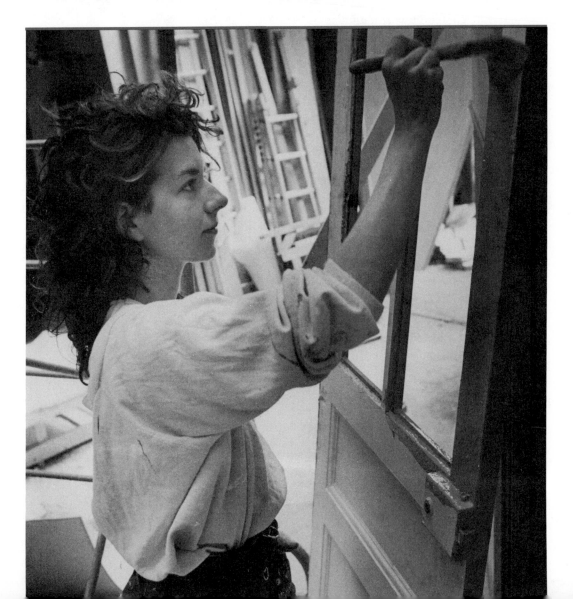

Chapter 2 at a Glance

The present tense

I. Complétez **au présent.**

1. vous (flirter)
2. nous (finir)
3. vous (mentir)
4. ils (répondre)

5. je (boire)
6. ils (aller)
7. ils (craindre)
8. nous (mettre)

9. vous (apprendre)
10. nous (divorcer)
11. tu (acheter)
12. elles (employer)

II. Quelle traduction n'est pas correcte?

1. Elle cherche une situation.
   a. *She is looking for a job.*
   b. *She had been looking for a job.*
   c. *She does look for a job.*
   d. *She looks for a job.*
2. Il est en train de terminer son travail.
   a. *He is finishing his work on the train.*
   b. *He is busy finishing his work.*
   c. *He is in the act of finishing his work.*
3. Elle est mariée depuis seize ans.
   a. *She has been married for sixteen years.*
   b. *She got married at sixteen.*

III. Remplacez les mots entre parenthèses par **depuis quand** ou **depuis combien de temps.**

1. *(Since when)* Janine flirte-t-elle avec mon petit ami?
2. *(How long)* sortez-vous avec Robert?

IV. Traduisez en français en employant l'expression **venir de.**

1. Brigitte has just found a house.
2. They just got married.

The imperative

V. Traduisez en français.

1. Choose a career!
2. Answer now!

3. Let's do the dishes.
4. Let's go on a diet.

VI. Mettez au négatif en employant **ne... pas.**

1. Allons au cinéma!
2. Faites votre lit!

VII. Remplacez les tirets par **Tiens** ou **Voyons.**

    1. _____ ! J'ai une bonne idée!

    2. _____ ! Vous n'êtes pas vraiment sérieuse!

Personal pronouns

VIII. Remplacez les mots en italiques par un **pronom** et mettez le pronom à la place convenable.

    1. Louise déteste *le chauvinisme!*

    2. Elle ne parle jamais *de son mariage.*

    3. Elles veulent habiter *à Paris.*

    4. Ne parlez pas *à mon petit ami!*

IX. Remplacez les mots en italiques par deux **pronoms** et mettez les pronoms à la place convenable.

    1. Robert donne *des cadeaux à Babette.*

    2. Laure a annoncé *son mariage à ses amies.*

X. Traduisez en français en employant un **pronom disjoint** *(disjunctive).*

    1. Je suis sûr que Madeleine est amoureuse de _____ *(him)!*

    2. _____ *(You and I)*, nous sommes toujours en retard.

XI. Complétez en employant le pronom **le (l').**

    1. Votre sœur est-elle libérée? —Oui, _____ *(she is).*

    2. Hélène et Barbara sont-elles traditionalistes? —Non, _____ *(they aren't).*

Vocabulaire du thème : *Les femmes*

Le mariage

    le **mari** husband

    la **femme** wife

    la **femme au foyer** housewife

    se **marier avec, épouser** to marry (someone)

    se **marier** to get married

    marié(e) married

    la **lune de miel** honeymoon

    le **couple** couple

être enceinte to be pregnant

avoir, élever des enfants to have, to bring up children

partager to share

fidèle faithful

tromper to cheat on, to deceive

jaloux, jalouse jealous

divorcer (avec quelqu'un) to divorce (someone)

L'amour
> **flirter** to flirt
>
> **être (tomber) amoureux,
> amoureuse de** to be (to fall) in
> love with
>
> **embrasser** to kiss
>
> **coquet, coquette** coquettish
>
> **séduisant** attractive, sexy
>
> **doux, douce** sweet
>
> la **liberté sexuelle** sexual freedom
>
> la **limitation des naissances** birth
> control
>
> l' **avortement** *m* abortion

Les travaux ménagers
> les **travaux ménagers** household
> chores
>
> **faire la cuisine** to do the
> cooking, to cook
>
> **faire le lit** to make the bed
>
> **passer l'aspirateur** to vacuum
>
> **faire la vaisselle** to do the dishes
>
> **faire les courses** to do the
> shopping
>
> **faire le ménage** to do the
> housework

La libération des femmes
> le, la **féministe** feminist
>
> **refuser les rôles féminins
> traditionnels** to refuse the
> traditional feminine roles

l' **égalité** *f* equality
égal equal
indépendant independent
libéré liberated
la **crèche** day-care center

nerveux, nerveuse nervous
frustré frustrated
satisfait satisfied

**chercher, trouver un poste, un
emploi** to look for, to find a
position, a job
poursuivre une carrière to
pursue a career

le **chauvinisme (du mâle)** (male)
chauvinism
la **discrimination** discrimination
le **stéréotype féminin** feminine
stereotype
le **phallocrate** *fam* male chauvinist

L'apparence
> **grossir** to get fat
>
> **maigrir** to lose weight, to slim
> down
>
> **suivre un régime** to be on a diet
>
> **faire des manières** to put on airs

Exercices

A. **Mise en scène.** Complétez en employant une ou plusieurs expressions du *Vocabulaire
du thème.*

  1. A: Comment Francine peut-elle aimer Jojo?
     B: Je ne sais pas. Il...
     A: Oui, et il... aussi!
     B: L'autre jour je l'ai vu au café. Il...
     A: Pauvre Francine! Elle est folle!

2. A: La vaisselle, la vaisselle, la vais-
   selle! Comme je déteste faire la
   vaisselle!
   B: Tu es si..., (nom)! Qu'est-ce qu'il
   y a?
   A: Les travaux ménagers, comme je
   les déteste! Je ne veux plus... Je
   ne veux plus...
   B: Tu ne voudrais plus... ?
   A: Non!
   B: Et tu ne voudrais plus... ?
   A: Absolument pas!
   B: Bravo, (nom), tu es finalement
   libéré(e)!

B. **Situations.**   Répondez en employant une ou plusieurs expressions du *Vocabulaire du thème*.

1. Complétez le monologue suivant. «Je m'appelle Babette. Je suis féministe. J'aime...
   Je déteste... » Complétez le même dialogue avec Philippe le phallocrate et Coco la
   coquette.
2. Lisette a divorcé parce que, selon elle, son mari était un «mauvais mari». Selon vous,
   quelles sont les caractéristiques d'un «mauvais mari»?

THE PRESENT TENSE

Formation of the Present

Regular formations

Regular verbs can be classified in three major groups according to the
ending of the infinitive.

1. Group 1: infinitive ending in **-er**

> **aimer** (stem, **aim-**)
>
> | | |
> |---|---|
> | j' aime | nous aim**ons** |
> | tu[1] aim**es** | vous aim**ez** |
> | il
elle ⎬ aime
on[2] | ils
elles ⎬ aim**ent** |

2. Group 2: infinitive ending in **-ir**

  a. Verbs like **finir**.

> **finir** (stem, **fin-**)
>
> | | |
> |---|---|
> | je fin**is** | nous fin**issons** |
> | tu fin**is** | vous fin**issez** |
> | il
elle ⎬ fin**it**
on | ils
elles ⎬ fin**issent** |

  b. Verbs like **mentir**.

> **mentir** (stems: **men-**[*sing.*], **ment-**[*pl.*])
>
> | | |
> |---|---|
> | je men**s** | nous men**tons** |
> | tu men**s** | vous men**tez** |
> | il
elle ⎬ men**t**
on | ils
elles ⎬ men**tent** |

Common verbs like **mentir** are **dormir, partir, sentir, servir,** and **sortir.**
Note that there is no **-iss-** in the plural, and that the consonant before
the **-ir** ending is dropped in the singular but retained in the plural: **je
mens**, but **nous mentons.**

---

[1]Remember that **tu**, the familiar form, is used in addressing members of one's family,
close friends, children, and animals; otherwise, the more formal **vous** is used. Young
people today use **tu** freely among themselves.
[2]**On** is an indefinite pronoun, meaning "one" or, in the indefinite sense, "you" or "they"
or "people." It always takes a singular verb.

3. Group 3: infinitive ending in **-re**

---

répondre (stem, **répond-**)

je réponds	nous répond**ons**
tu réponds	vous répond**ez**
il ⎫	ils ⎫
elle ⎬ répond	elles ⎬ répond**ent**
on ⎭	

The verbs **rompre** and **interrompre** add an unpronounced **t** in the third person singular: **il rompt, elle interrompt.**

Exercices

A. Transformez les phrases selon le modèle.

   MODÈLE   Je déteste la discrimination! (les féministes)
   Les féministes détestent la discrimination!

   1. Je grossis trop! (nous, tu, la petite Sylvie, vous, on, Justin, je)
   2. Je flirte avec tout le monde. (vous, on, ces coquettes, nous, tu, ce phallocrate, je)
   3. Je sors tous les soirs. (tu, on, cette femme d'affaires, mes frères, vous, nous, je)
   4. J'attends un autre enfant. (tu, nous, Mme Petit, vous, on, mes grands-parents, je)

B. Demandez à un(e) autre étudiant(e) ou au professeur...

   1. s'il (si elle) suit un régime.
   2. s'il (si elle) fait la vaisselle.
   3. s'il (si elle) cherche un emploi.
   4. s'il (si elle) fait des manières.

C. Formulez une phrase originale en employant un mot de la première colonne, un verbe de votre choix de la deuxième colonne, et une expression de la troisième colonne.

1. Mimi et Luc	aimer	dans une crèche
2. Les féministes	travailler	un bébé
3. Nous	sortir avec	souvent
4. Ce couple charmant	détester	les stéréotypes féminins
5. Les hommes libérés	étudier	les phallocrates
6. Je	mentir	les femmes
7. Cette jeune fille coquette	attendre	flirter avec tout le monde
	respecter	

D. Répondez par une phrase complète.

1. Admirez-vous les féministes (les phallocrates, les femmes au foyer)?
2. Répondez-vous au professeur en français, en anglais ou en chinois?
3. Grossissez-vous?
4. Mentez-vous à votre petit(e) ami(e) (à vos parents, au professeur)?
5. Acceptez-vous la discrimination (la liberté sexuelle, le mariage)?

Irregular formations

1. Verbs with irregular present tenses must be learned individually (see Appendix). Verbs with similar formations may be organized into groups.

   a. Common verbs

aller	boire	dire	falloir[2]	plaire	rire
s'asseoir	courir	être	lire	prendre	savoir
avoir	devoir[1]	faire	mourir	recevoir	valoir

   b. Common verb groups

   battre, mettre
   connaître, paraître
   croire, voir
   écrire, vivre, suivre
   offrir, ouvrir, souffrir
   plaire, taire
   pouvoir, vouloir, pleuvoir[2]
   tenir, venir
   verbs ending in **-indre** : craindre, joindre, peindre, etc.
   verbs ending in **-uire** : construire, détruire, séduire, etc.

   Note that compounds derived from these verbs are conjugated in the same way: **apprendre, comprendre,** and **surprendre** like **prendre; devenir, revenir,** and **se souvenir** like **venir;** etc.

2. Some common **-er** verbs undergo spelling changes.

   a. Verbs in **-cer** and **-ger**: **c** changes to **ç** (**c cédille**) and **g** to **ge** before the ending **-ons.**

      commencer : je commence but **nous commençons**
      nager : je nage but **nous nageons**

---

[1]See Chapter 7, for the use of **devoir.**
[2]This verb is used only in the third person singular: **il faut, il pleut.**

Other such verbs:

avancer	manger
changer	divorcer
lancer	partager

b. Verbs in **-yer: y** changes to **i** before endings in mute **e: -e, -es, -ent.**

nettoyer : nous nettoyons, vous nettoyez but **je nettoie, tu nettoies, elle nettoie, ils nettoient**

Other such verbs:

choyer	payer
essuyer	essayer
employer	envoyer

Verbs ending in **-ayer** may retain the **y: ils paient, ils payent.**

c. Verbs in **e** + *consonant* + **er: e** changes to **è (e accent grave)** before endings in mute **e.**

lever : nous levons, vous levez but **je lève, tu lèves, il lève, ils lèvent**

Other such verbs:

mener	promener
élever	peser

Verbs in **-eler** or **-eter** are exceptions. They double the **l** and **t** before endings in mute **e.**

appeler : nous appelons, vous appelez but **j'appelle, tu appelles, elle appelle, ils appellent**
jeter : nous jetons, vous jetez, but **je jette, tu jettes, elle jette, ils jettent**

The verbs **acheter** and **geler,** however, change **e** to **è** before endings in mute **e: j'achète, il gèle.**

d. Verbs in **é** + *consonant* + **er: é (e accent aigu)** changes to **è (e accent grave)** before endings in mute **e.**

suggérer : nous suggérons, vous suggérez but **je suggère, tu suggères, elle suggère, ils suggèrent**

Other such verbs:

considérer	répéter
préférer	posséder
espérer	exagérer

Exercices

A. Transformez les phrases.

1. Je fais la vaisselle tous les soirs. (Cendrillon, tu, on, Jules et Jim, vous, nous, je)
2. Je veux suivre un régime. (nous, vous, cette vedette de cinéma, tu, on, Babette et Brigitte, je)
3. Je vais à la crèche. (vous, nous, la petite Gigi, tu, on, M. et Mme Enfantin, je)
4. Je suis contre le chauvinisme. (tu, nous, Zelda, les hommes libérés, vous, on, je)

B. Complétez au présent.

1. (craindre) je, nous
2. (savoir) il, vous
3. (aller) tu, elles
4. (découvrir) je, nous
5. (pleuvoir) il
6. (faire) tu, vous
7. (voir) je, vous
8. (venir) il, ils
9. (commettre) tu, vous
10. (devoir) je, nous
11. (séduire) elle, nous
12. (pouvoir) je, nous
13. (écrire) tu, ils
14. (être) je, ils
15. (boire) je, nous
16. (avoir) tu, ils
17. (falloir) il
18. (croire) je, vous
19. (recevoir) elle, elles
20. (vouloir) je, nous
21. (rire) tu, nous
22. (plaire) elle, elles
23. (valoir) je, vous

C. Répondez aux questions suivantes.

1. Imaginez que vous êtes une femme enceinte. Voulez-vous un garçon ou une fille?
2. Imaginez que vous êtes une femme au foyer. Qu'est-ce que vous savez faire?
3. Imaginez que vous cherchez un mari (une femme). Où allez-vous le (la) chercher?
4. Imaginez que vous êtes dans un café. Qu'est-ce que vous buvez? Qu'est-ce que vous ne buvez pas?
5. Imaginez que vous êtes un phallocrate. Qu'est-ce que vous ne voulez pas faire?
6. Imaginez que vous êtes très riche. Qu'est-ce que vous pouvez faire?

D. Transformez les phrases.

1. J'achète des fausses dents. (nous, on, tu, Mme Defarge, ces dentistes, je)
2. J'appelle toujours la police. (vous, ma voisine, nous, on, la femme de l'inspecteur Clouseau, je)
3. Je préfère les femmes coquettes. (tu, Aldo, nous, vous, les hommes frustrés, on, je)

E. Complétez au présent.

1. (divorcer) nous, je
2. (étudier) ils, vous
3. (manger) nous, tu
4. (payer) elle, nous
5. (élever) tu, vous

6. (acheter) vous, elle
7. (appeler) nous, je
8. (préférer) je, nous
9. (posséder) vous, tu
10. (essayer) nous, ils

11. (envoyer) ils, vous
12. (espérer) tu, nous
13. (mener) nous, il
14. (partager) elles, vous
15. (considérer) je, nous

F. Demandez à un(e) autre étudiant(e)...

1. s'il (si elle) exaspère ses parents (ses amis, le professeur).
2. s'il (si elle) est timide (séduisant/e, antiféministe, jaloux/jalouse).
3. s'il (si elle) fait souvent la cuisine (la vaisselle, l'idiot/e).
4. quelle sorte de jeune fille (jeune homme) il (elle) préfère.
5. s'il (si elle) écrit beaucoup de billets doux *(love letters)*.
6. s'il (si elle) partage les travaux ménagers. Si oui, avec qui?
7. s'il (si elle) mène une vie bizarre.
8. s'il (si elle) tutoie le professeur (ses amis, ses parents, les animaux).

Use of the Present

The single form of the French present tense corresponds to several possible variations in English.

j'aime $\begin{cases} \textit{I love} \\ \textit{I do love} \\ \textit{I am loving} \\ \textit{I have been loving} \end{cases}$

The precise English equivalent of the French present tense depends on the use of the verb in the sentence.

Uses that correspond to the English present

Like the English present tense, the French present is used to indicate present or customary actions, and general truths.

Comment! Bruno flirte avec ma petite amie?
What! Bruno's flirting with my girlfriend?

Paul bavarde au téléphone tous les après-midi.
Paul gossips on the phone every afternoon.

L'amour idéal n'existe pas.
Ideal love doesn't exist.

The English progressive present

The French present tense is used to express the English progressive present: *I am walking.*

Que fait Nadine? —Elle cherche du travail.
What is Nadine doing? —She's looking for work.

The expression **être en train de** + *infinitive (to be busy, or in the act or process of doing something)* is used to stress the progressive nature of the present.

Silence! Je suis en train de travailler!
Quiet! I'm busy working!

La femme moderne est en train de se créer une nouvelle image.
Modern woman is in the process of creating a new image for herself.

With *depuis, il y a... que, voici... que, voilà... que, ça fait... que*

The French present is used with **depuis, il y a... que, voici... que, voilà... que, and ça fait... que** to express an action that began in the past and is still going on in the present (the English present perfect tense.)

Charles et Emma sortent ensemble depuis longtemps.
Il y a longtemps que Charles et Emma sortent ensemble.
Voici (Voilà) longtemps que Charles et Emma sortent ensemble.
Ça fait longtemps que Charles et Emma sortent ensemble.
Charles and Emma have been going out together for a long time.

Note that the verb precedes **depuis,** but follows the other three expressions.

Il y a meaning *there is (are)* or *ago* should not be confused with **il y a... que.**

Il y a deux crèches en ville.
There are two day-care centers in the city.

Ils se sont mariés il y a deux ans.
They got married two years ago.

Il y a deux ans qu'elle suit un régime!
She has been on a diet for two years!

The immediate future

The French present can also be used with a future temporal expression to indicate an action in the immediate future.

Elle vient dans une heure.   Je vous téléphone demain.
She's coming in an hour.   *I'll telephone you tomorrow.*

Exercices

A. Qu'est-ce que les personnes suivantes sont probablement en train de faire?

1. Mathilde est à la bibliothèque.
2. Micheline est à l'hôpital.
3. Georges est dans la cuisine.
4. Charles est au café.
5. Dorine et Marc sont à la piscine.
6. Sylvie et Louise sont au restaurant.
7. Jean-Pierre est au zoo.
8. Mimi et Gigi sont à une soirée.
9. Florence est dans le parc.

B. Récrivez les phrases suivantes en employant le temps présent avec **depuis.**

1. Voilà six mois que ma femme est enceinte.
2. Ça fait deux ans que je suis divorcé.
3. Il y a un mois que je suis au régime.
4. Voici quatre heures que Mimi fait la cuisine!
5. Ça fait longtemps que Normand cherche du travail.
6. Il y a deux heures que j'étudie.
7. Voici une heure que je vous attends!

C. Traduisez en français.

1. Jeanne is smart, attractive, and very liberated.
2. She has been married for four years.
3. A true feminist, she refuses the traditional feminine roles.
4. She and her husband Louis share the household chores.
5. Louis, for example, is raising their two children.
6. He also does the shopping, the cooking, and the housework.
7. He's so tired and frustrated that he's losing weight!
8. And Jeanne? She is busy pursuing a career in business *(dans les affaires)*.
9. But she does the dishes.

Related Expressions

depuis quand... ? and *depuis combien de temps... ?* + present tense

1. **Depuis quand... ?** *(since when)* is used to ask a question concerning the point of origin of an action. The answer will usually indicate a specific point in time: a year, day of the month or week, hour of the day, etc.

   Depuis quand êtes-vous marié? —Je suis marié depuis 1980.
   Since when have you been married? —I've been married since 1980.

2. **Depuis combien de temps... ?** *(how long)* is used to ask a question concerning the duration of an action. The answer will usually indicate a length of time.

   Depuis combien de temps êtes-vous divorcé? —Je suis divorcé depuis sept ans.
   How long have you been divorced? —I've been divorced for seven years.

venir de + infinitive

The present tense of **venir de** + *infinitive* indicates that an action has just been completed.

Elle vient d'avoir un bébé.   Elle vient de trouver un bon emploi.
She has just had a baby.   *She just found a good job.*

Note that the English equivalents do not use the present tense.

Exercices

A. Formulez des phrases originales en employant les expressions dans la colonne de gauche, l'expression **parce que je viens de,** et les expressions dans la colonne de droite.

1. Je suis triste   trouver un nouveau poste
2. Je suis jaloux (jalouse)   faire le ménage
3. Je suis fatigué(e)   me marier
4. Je suis dans les nuages *(clouds)*   faire la connaissance d'un phallocrate
5. Je suis nerveux (nerveuse)   embrasser mon ami(e)
6. Je suis content(e)   tromper mon ami(e)
7. J'ai peur   divorcer
8. Je suis furieux (furieuse)   perdre mon poste
                                           avoir un enfant
                                           tomber amoureux (amoureuse) d'une
                                               personne idéale

B. Traduisez en français.

1. Annie just lost a boyfriend.
2. They have just gone shopping.
3. Simone has just gone out with Jean-Paul.
4. Fifi just found a job!
5. Marguerite and Guy have just had a baby.

C. Traduisez en français, puis jouez les dialogues.

1. A: How long have you been looking for a job?
   B: For four years.
   A: ! ! !
2. A: How long have you been pregnant, Miss?
   B: Since when have you been so indiscreet, Sir?
3. A: How long have you been married, *(nom)*?
   B: For 40 years.
   A: How long have you been in love?
   B: For 40 years.
   A: *(un sourire)*
4. A: Since when have you been cooking, *(nom)*?
   B: Since 6:00 a.m.
   A: But it's noon!
   B: Do you want a good meal or not?
5. A: How long have you been on a diet, *(nom)*?
   B: For 22 years.
   A: But you're 22 years old!

—*Maman, je viens de trouver un emploi! Je suis mécanicienne!*

THE IMPERATIVE

The imperative mood expresses a command or a request. In French, it has three forms: the second person singular, and the first and second person plural.

Regular Imperatives[1]

The imperatives of most verbs have the same form as the present indicative without the subject pronouns.

Present indicative	**Imperative**
Tu attends	Attends!
You are waiting.	*Wait!*
Tu fais ton lit.	Fais ton lit!
You make your bed.	*Make your bed!*
Vous suivez un régime.	Suivez un régime!
You are on a diet.	*Go on a diet!*
Nous faisons le ménage.	Faisons le ménage!
We're doing the housework.	*Let's do the housework!*

The negative imperative

The negative imperative is formed by placing **ne** before the verb and **pas** after it.

Ne trompez pas Robert!	Ne faisons pas cela.
Don't cheat on Robert!	*Let's not do that.*

The second person singular of *-er* verbs

The second person singular of **-er** verbs (and of verbs like **offrir, ouvrir,** and **souffrir,** which conjugate like **-er** verbs) does not take **s** except when followed by **y** or **en**.

Reste à la maison.	BUT:	Restes-y.
Stay home.		*Stay there.*
Va à la crèche.	BUT:	Vas-y.
Go to the day-care center.		*Go there.*
Mange des légumes.	BUT:	Manges-en.
Eat some vegetables.		*Eat some.*

[1]The imperative of reflexive verbs will be treated in Chapter 4.

Irregular Imperatives

The verbs **avoir, être, savoir,** and **vouloir** have irregular imperatives.

avoir	être	savoir	vouloir
aie	sois	sache	veuille
ayons	soyons	sachons	veuillons
ayez	soyez	sachez	veuillez

Aie de la patience!
Have patience!

Sachez la leçon par cœur.
Know the lesson by heart.

Ne soyons pas idiots!
Let's not be silly!

Veuillez is a formal, polite form of *please.*

Veuillez vous asseoir, Mme Deslauriers.
Please be seated, Mrs. Deslauriers.

Exercices

A. Répondez en employant l'impératif à la deuxième personne du singulier selon le modèle.

    MODÈLE Je ne veux pas faire la vaisselle!
               Fais la vaisselle!

    1. Je ne veux pas faire mon lit!
    2. Je ne veux pas partager les travaux ménagers!
    3. Je ne veux pas chercher du travail!
    4. Je ne veux pas avoir de la patience!

B. Répondez en employant l'impératif négatif à la deuxième personne du singulier selon le modèle.

    MODÈLE Qu'est-ce que vous dites à votre ami(e) s'il (si elle) mange trop?
               Ne mange pas trop!

Qu'est-ce que vous dites à votre ami(e)...

    1. s'il (si elle) va au bar tous les soirs?
    2. s'il (si elle) prend trop de vitamines?
    3. s'il (si elle) sort avec un(e) imbécile?
    4. s'il (si elle) trompe son ami (amie)?

C. Répondez en employant l'impératif à la première personne du pluriel selon le modèle.

MODÈLE   Invitez un(e) ami(e) à étudier.
          Etudions!

Invitez un(e) ami(e)...

1. à aller à Nice avec vous.
2. à regarder la lune.
3. à commander une pizza.
4. à suivre un régime.

D. Traduisez en français.

1. Let's slim down.
2. Don't listen to the feminists!
3. Avoid household chores.
4. Be independent.
5. Don't put on airs, Brigitte!
6. Work, don't dream!
7. Choose *(sing.)* your friends with prudence.
8. Do *(sing.)* the cooking tonight, Jean-Pierre.
9. Let's chat in my room.

Related Expressions

Some imperatives have become commonplace in the spoken language and are often used as interjections.

tiens (from *tenir*)

Tiens expresses surprise.

Tiens! J'ai une bonne idée!
Hey! I've got a good idea!

Tiens! Le voilà!
Look—there he is!

voyons (from *voir*)

Voyons expresses disapproval or disbelief.

Voyons! Vous savez que c'est impossible!
Come on! You know that's impossible!

Voyons! Elle grossit, oui, mais après tout elle est enceinte!
Come now! She's putting on weight, all right, but after all she's pregnant!

Exercice

Remplacez les tirets par **Tiens** ou **Voyons** selon le cas.

1. _____ ! Je viens d'avoir une idée exceptionnelle!
2. _____ ! Vous êtes beau, oui, mais vous n'êtes pas Roméo!

3. _____ ! Pourquoi vous impatientez-vous? Ce n'était qu'un petit mensonge!
4. _____ ! Elle sait la réponse!
5. _____ ! Voilà Maurice!
6. _____ ! Elle a quitté son poste? Mais elle n'est pas si frustrée que ça!
7. _____ ! Je sais que ce n'est pas possible!

PERSONAL PRONOUNS

A pronoun is a word that replaces a noun. In French, a pronoun has the same gender and number as the noun it replaces.

Connaissez-vous les Giroud? —Oui, je les connais.
Do you know the Girouds? —Yes, I know them.

Condamnez-vous le divorce? —Non, je ne le condamne pas.
Do you condemn divorce? —No, I don't condemn it.

Parle-t-il avec Adèle? —Oui, il parle avec elle.
Is he speaking with Adele? —Yes, he's speaking with her.

Direct and Indirect Object Pronouns; *y* and *en*

A direct object receives the action of the verb directly.

Il embrasse Françoise.   Il l'embrasse.
He kisses Françoise.   *He kisses her.*

An indirect object receives the action of the verb indirectly—that is, through the preposition **à** (*to* in English), expressed or understood.

Elle donne la bague à son fiancé.   Elle lui donne la bague.
She gives the ring to her fiancé.   *She gives him the ring.*

Direct object pronouns

me	me	**nous**	us
te	you	**vous**	you
le	him, it	**les**	them
la	her, it		

Je la traite comme une égale.
I treat her as an equal.

Je te vois demain.
I'll see you tomorrow.

The pronouns **me, te, le,** and **la** adopt the elided forms **m', t', l'** before verbs beginning with a vowel or mute **h.**[1]

Je l'aime beaucoup.
I love her (him, it) very much.

Je t'attends depuis une heure!
I've been waiting for you for an hour!

BUT :

Ils me huent!
They are booing me!

Indirect object pronouns

me	to me		**nous**	to us
te	to you		**vous**	to you
lui	to him, to her		**leur**	to them

Sa femme lui parle tendrement.
His wife speaks tenderly to him.

Il me donne son chèque.
He gives me his check.

Keep in mind that some common French verbs followed by **à** (e.g., **téléphoner à, plaire à, offrir à, demander à, dire à**) require an indirect object in French, but are often not introduced by *to* in English.

Ce roman plaît-il à Ophélie? —Oui, il lui plaît beaucoup!
Does this novel please Ophelia? —Yes, it pleases her a lot!

Téléphones-tu à Pierre? —Oui, je lui téléphone.
Are you phoning Peter? —Yes, I'm phoning him.

Il m'a offert sa bague.
He offered me his ring.

---

[1]There are two kinds of **h**'s in French, the mute **h** and the aspirate **h**. In pronunciation, both are silent. Elision occurs before a word beginning with a mute **h** (**l'heure**), but not before a word beginning with an aspirate **h** (**le héros**). Words beginning with an aspirate **h** are marked with an asterisk in most French dictionaries, as in the end vocabulary of this book.

Exercices

A. Comment trouvez-vous les personnes et les choses suivantes? Répondez en employant **le, la** ou **les,** et un adjectif de la colonne de droite selon le modèle.

> MODÈLE   Comment trouvez-vous les romans de Flaubert?
> *Je les trouve intéressants (difficiles, sublimes, beaux, etc.)*

Comment trouvez-vous...

1. votre vie?	triste
2. votre chambre?	beau
3. les vins français?	romantique
4. le président?	idiot
5. la musique de Mozart?	sale
6. les films de Woody Allen?	impossible
7. les tableaux de Renoir?	intéressant
8. les pièces de Molière?	fascinant
9. vos parents?	ridicule
10. le mariage?	amusant
11. le divorce?	bizarre
	sublime
	petit
	bon
	intelligent
	bête
	difficile
	ennuyeux

B. Qu'est-ce que vous offrez aux personnes suivantes? Répondez en employant **lui** ou **leur** selon le modèle.

> MODÈLE   Qu'est-ce que vous offrez à un ami qui a soif?
> *Je lui offre de l'eau (de la limonade, de la bière, etc.)*
>
> Qu'est-ce que vous offrez à vos chats?
> *Je leur offre du lait (des sardines, du jambon, etc.).*

1. Qu'est-ce que vous offrez à vos amis au café?
2. Qu'est-ce que vous offrez à votre petit(e) ami(e) pour son anniversaire?
3. Qu'est-ce que vous offrez aux enfants?
4. Qu'est-ce que vous offrez à un(e) ami(e) qui vous invite à dîner chez lui (elle)?
5. Qu'est-ce que vous offrez aux végétariens?

C. Répondez en employant *lui* ou *leur.*

1. Téléphonez-vous au professeur (au président, au père Noël, à la femme du président)?

2. Qu'est-ce que vous ne donnez pas aux végétariens (aux alcooliques, aux petits enfants)?
3. Plaisez-vous à vos parents (à votre meilleur ami, à vos ennemis)?
4. Qu'est-ce que vous dites à vos amis quand vous les quittez dans la rue (quand vous les rencontrez dans la rue, quand vous êtes fâché avec eux)?

D. Traduisez en français.

1. They are lying to us!
2. Her boyfriend is cheating on her.
3. He offers me a happy life if I marry him.
4. When I speak to her, she doesn't hear me!
5. Our parents write us often.

y as an adverb and pronoun

1. As a pronoun, **y** refers to things or ideas, singular or plural. It is used as the object of verbs and expressions ending in **à. Y** is not used to refer to persons.

   Pensez-vous à la soirée? —Oui, j'y pense.
   Are you thinking about the party? —Yes, I'm thinking about it.

   S'intéresse-t-elle aux mouvements qui s'opposent à la discrimination entre les sexes? —Oui, elle s'y intéresse énormément!
   Is she interested in the movements against sexual discrimination? —Yes, she's very much interested in them!

2. As an adverb, **y** means *there*. It refers to a previously mentioned noun preceded by a preposition of place such as **à, dans,** or **chez.** It is almost always expressed in French, though often it need not be translated in English.

   Je vois Marc dans la rue. Il y fait quelque chose.
   I see Marc in the street. He's doing something there.

   Allez-vous à Paris? —Oui, j'y vais.
   Are you going to Paris? —Yes, I'm going.

   If a place has not been previously mentioned, **là** is used instead of **y.**

   Mettez-vous là, s'il vous plaît.   Où est-elle? —Là, dans la cuisine.
   Sit there, please.   *Where is she? —There, in the kitchen.*

   The adverb **y** is not used with the verb **aller** in the future and conditional tenses because the two juxtaposed *i-* sounds cannot be easily pronounced: **j'y vais,** but **j'irai** and **j'irais; nous y allons,** but **nous irons** and **nous irions.**

en as an adverb and pronoun

1. As a pronoun, **en** usually refers to things or ideas, singular or plural. It replaces nouns in expressions formed with **de:** the partitive (**de l'argent, du pain,** etc.); objects of expressions of quantity (**assez de, beaucoup de,** etc.); and objects of verbs and expressions ending in **de** (**parler de, être capable de,** etc.). Its English equivalents are *some, any, of it,* or *of them,* expressed or understood.

   A-t-elle des vêtements élégants? —Oui, elle en a.
   Does she have any elegant clothes? —Yes, she has (some).

   A-t-elle beaucoup d'ambition? —Oui, elle en a beaucoup.
   Does she have a lot of ambition? —Yes, she has a lot.

   Parle-t-elle de son mariage? —Oui, elle en parle.
   Does she talk about her marriage? —Yes, she talks about it.

   Est-elle capable de poursuivre une carrière? —Oui, elle en est très capable.
   Is she capable of pursuing a career? —Yes, she's very capable of it.

   En also replaces nouns modified by numbers.

   Combien de pièces l'appartement a-t-il? —Il en a huit.
   How many rooms does the apartment have? —It has eight (of them).

   En may replace persons with numbers and expressions of quantity, and with indefinite plural nouns.

   Combien d'enfants avez-vous? —J'en ai six.
   How many children do you have? —I have six (of them).

   Combien d'amis ta femme a-t-elle? —Elle en a beaucoup.
   How many friends does your wife have? —She has a lot (of them).

   A-t-elle des ennemis aussi? —Oui, elle en a.
   Does she also have enemies? —Yes, she does (have some).

   To avoid confusing **y** and **en,** remember that **y** (one letter) is associated with **à** (one letter), while **en** (two letters) is associated with **de** (two letters).

2. As an adverb, **en** means *from there,* expressed or understood.

   Viennent-ils d'Allemagne? —Oui, ils en viennent.
   Do they come from Germany? —Yes, they come from there.

   Reste-t-elle à Paris? —Non, elle en revient demain.
   Is she staying in Paris? —No, she's coming back (from there) tomorrow.

Exercices

A. Répondez en employant **y** ou **en.**

1. Allez-vous à la bibliothèque (en prison, au restaurant, au café, au bureau, à la plage, chez le président, à la crèche) aujourd'hui?
2. Est-ce que vous vous intéressez à l'art (aux travaux ménagers, au mariage, à la poésie, aux sports, au jazz, à la philosophie)?
3. Combien de bicyclettes (de professeurs de français, de parents, de problèmes, de dollars, de voitures, de nez) avez-vous?
4. Avez-vous des idées originales (des dettes, du café express, des millions, de la chance, des opinions bizarres)?

B. Posez les questions suivantes à un(e) autre étudiant(e) qui y répondra en employant **y** ou **en** selon le modèle.

MODÈLE   Professeur : Brigitte, demandez à Philippe s'il pense à l'amour.
Brigitte : Pensez-vous à l'amour?
Philippe : Oui, j'y pense souvent!
ou : Non, je n'y pense jamais.
ou : Oui, j'y pense de temps en temps.

Demandez à un(e) autre étudiant(e)...

1. s'il (si elle) pense au mariage (au choix d'une carrière).
2. s'il (si elle) a peur du mariage (de la pollution, des rats).
3. s'il (si elle) a besoin d'argent (d'imagination).

—*Est-ce que tu penses au mariage quelquefois?*
—*Oui, j'y pense... souvent.*

4. s'il (si elle) va au bar (à la bibliothèque, à l'hôpital) aujourd'hui.
5. combien de télévisions en couleur il (elle) a.
6. s'il (si elle) parle de son emploi (de la libération des femmes).

C. Remplacez les tirets par **y** ou **en.**

1. Obéissez-vous à votre conscience? —Oui, j' _____ obéis souvent.
2. Avez-vous beaucoup de frères? —J' _____ ai deux.
3. Anne pense-t-elle à son rendez-vous avec Jacques? —Non, elle n' _____ pense pas du tout!
4. Elle vient de voir ses amis en ville. Elle les _____ voit souvent.
5. Vient-elle de France? —Oui, elle _____ vient.
6. Votre sœur a-t-elle trouvé une crèche pour le petit Marc? —Elle a eu de la chance; elle _____ a trouvé deux!
7. Je vais participer à ce mouvement militant. Voulez-vous _____ participer aussi?
8. Avez-vous besoin de patience dans votre travail? —Oui, j' _____ ai besoin!
9. Achetez-vous des robes aujourd'hui? —Oui, je vais _____ acheter deux.
10. J'ai envie de maigrir. _____ avez-vous envie aussi?

Position of pronouns

1. Except in the affirmative imperative, **y** and **en** and the other object pronouns directly precede the verb. If there is more than one pronoun with a verb, the order is as follows:

me te nous vous se[1]	before	le la les	before	lui leur	before	y	before	en	before	*verb*

Me donnez-vous ces fleurs? —Oui, je vous les donne.
Are you giving me these flowers? —Yes, I'm giving them to you.

Mettez-vous le vase sur cette table? —Oui, je l'y mets.
Are you putting the vase on this table? —Yes, I'm putting it there.

[1]The reflexive pronoun **se** is treated in Chapter 4.

This order is also observed with infinitives and negative imperatives.

Je vais les leur donner
I am going to give them to them.

Il veut nous y envoyer.
He wants to send us there.

Ne le lui montrez pas!
Don't show it to him (her)!

Ne m'en donne pas.
Don't give me any.

2. In the affirmative imperative, however, the pronouns follow the verb and are joined to it by hyphens. If there is more than one pronoun with a verb, the order is as follows:

> *verb* before *direct object* before *indirect object* before **y** before **en**

Donnez-les-leur.
Give them to them.

Envoyons-les-y.
Let's send them there.

The pronouns **me** and **te** change to **moi** and **toi** in final position.

Si vous avez un secret, dites-le-
        moi.
If you have a secret, tell it to me.

Explique-toi!
Explain yourself!

Note that when **me, te, le,** or **la** elide with **y** or **en,** the hyphen between them disappears.

Achetez-m'en!
Buy me some!

Exercices

A. Imaginez que le professeur vous offre les choses suivantes. Les voulez-vous ou préférez-vous qu'il les donne à votre voisin(e) de droite ou de gauche? Répondez selon le modèle.

MODÈLE   Voici quelques bonbons délicieux!
           Donnez-les-moi!

           Voici un serpent dangereux!
           Donnez-le-lui!

1. Voici quelques escargots.
2. Voici quelques roses.
3. Voici un petit chat.
4. Voici un grand rat.
5. Voici une cigarette.
6. Voici une photo du président.
7. Voici les clés d'une nouvelle voiture.
8. Voici une grande fortune.

B. Répondez aux questions suivantes en employant les pronoms **lui** et **en** selon le modèle.

> MODÈLE   Donneriez-vous des fleurs au professeur?
> *Oui, je lui en donnerais.*
> *ou :*   *Non, je ne lui en donnerais pas!*

Donneriez-vous...

1. du whisky à une femme enceinte?
2. de l'argent à un pauvre?
3. du caviar à un chat?
4. des bananes à King Kong?
5. des bombes à un terroriste?
6. des perruques *(wigs)* à Marie-Antoinette?
7. du chocolat à quelqu'un qui est au régime?
8. des vêtements à Tarzan?

C. Répondez en employant les pronoms **lui (leur)** et **en** selon le modèle.

> MODÈLE   Parlez-vous de l'avortement à vos parents?
> *Oui, je leur en parle.*
> *ou :*   *Non, je ne leur en parle pas.*

1. Parlez-vous de votre vie intime à vos parents?
2. Donnez-vous du bifteck (des carottes) à un végétarien?
3. Donnez-vous du café (du café décaféiné) aux insomniaques?
4. Donnez-vous des cigarettes (des bonbons) aux enfants?
5. Donnez-vous du whisky (du lait) aux alcooliques?
6. Offrez-vous des livres français (des disques de rock) à vos parents?

Disjunctive Pronouns

Disjunctive pronouns are personal pronouns that do not form a word group with the verb (hence the name *disjunctive*).

moi	**nous**
toi	**vous**
lui	**eux**
elle	**elles**
soi	

Lui and **eux** are masculine; **elle** and **elles** are feminine. **Soi** is reflexive and indefinite, corresponding to the English *oneself* or *itself*.

Use of disjunctive pronouns

1. To respond directly to a question without using a verb:

   Qui frappe à la porte? —Moi!
   Who's knocking at the door? —I am!

2. After a preposition:

   Il part sans elle.
   He leaves without her.

   Elle va arriver avant vous.
   She's going to arrive before you.

   But the disjunctive pronoun is used with **à** only after reflexive verbs (e.g., **s'intéresser à, s'habituer à, se fier à**) and a small group of expressions such as **faire attention à, penser à**, and **songer à**. In most cases **à** + *person* is replaced by an indirect object pronoun.

   Je pense à lui.   Je m'intéresse à elle.
   I am thinking of him.   *I'm interested in her.*

        BUT:

   Je lui parle.   Je leur obéis.
   I'm speaking to him (to her).   *I obey them.*

   When replacing persons after verbs or verbal expressions ending in **de** (e.g., **avoir besoin de, parler de, avoir peur de, être content de**, etc.), a disjunctive pronoun is usually used for definite nouns.

   Avez-vous peur de votre mari? —Non, je n'ai pas peur de lui!
   Are you afraid of your husband? —No, I'm not afraid of him!

   Êtes-vous content de votre secrétaire? —Oui, je suis content d'elle.
   Are you happy with your secretary? —Yes, I'm happy with her.

   Avez-vous besoin de Gigi et Louis? —Oui, j'ai besoin d'eux.
   Do you need Gigi and Louis? —Yes, I need them.

3. To emphasize the subject:

   Toi, tu es toujours contre la tradition.
   <u>*You*</u> *are always against tradition.*

   Moi, je suis pour la tradition.
   <u>*I*</u> *am for tradition.*

Both a disjunctive and a subject pronoun are used, except in the third person, where a disjunctive pronoun may be used alone.

Lui ne part pas!
He's not leaving!

Eux ne vont jamais l'accepter!
They will never accept it!

4. In compound subjects:

Toi et moi ferons le ménage ensemble.
Toi et moi, nous ferons le ménage ensemble.
You and I will do the housework together.

Hélène et moi faisons la vaisselle.
Hélène et moi, nous faisons la vaisselle.
Helen and I do the dishes.

In compound subjects the disjunctive pronouns are often summed up by a personal pronoun (**nous** in the above examples). If both disjunctive pronouns are of the third person, however, they are generally not summed up.

Lui et elle travaillent ensemble.
He and she work together.

5. With comparisons and the expression **ne... que** *(only)*:

Sa sœur est plus honnête que lui.
His sister is more honest than he.

Elle est si amoureuse qu'elle ne voit que lui!
She is so in love that she sees only him!

6. After **ni:**

Elle n'aime ni lui ni moi.
She likes neither him nor me.

7. After **c'est** and **ce sont:**

C'est moi.	C'est lui.	Ce sont eux.
It is I.	*It is he.*	*It is they.*

Note that **ce sont** is used only with the third person plural: **ce sont elles, ce sont eux,** but **c'est nous, c'est vous.**

8. To express the emphatic *myself (yourself,* etc.):

Je le fais moi-même.   Eux-mêmes sont jaloux!
I do it myself.   *They themselves are jealous!*

In this case the disjunctive pronoun is joined by a hyphen to **même,**
which takes **-s** in the plural.

9. With indefinite subjects:
The indefinite disjunctive **soi** is used after prepositions in sentences
with indefinite subjects like **on, chacun,** and **tout le monde;** after
impersonal verbs; and in fixed indefinite expressions such as **chacun
pour soi, en soi,** and **de soi.**

Quand on est triste, on a pitié de soi.
When one is sad, one pities oneself.

Il faut être content de soi.
One must be content with oneself.

Le divorce est-il condamnable en soi?
Is divorce to be condemned in itself?

Exercices

A. Remplacez les mots anglais par les **pronoms disjoints** *(disjunctive)* convenables.

1. Je m'intéresse tellement à _____ *(her)*!
2. Je n'aime que _____ *(you)*.
3. _____ *(I)* ne vais jamais mentir!
4. Elles n'ont pas confiance en _____ *(themselves)*.
5. On a tendance à parler de _____ *(oneself)*.
6. _____ *(Paul and she)* rêvent d'une vie heureuse.
7. Elle et _____ *(I)*, nous allons nous marier l'année prochaine.
8. _____ *(It is they)* qui m'ont menacé!
9. Je pense à _____ *(her)*.
10. Sa femme est plus forte que _____ *(he)!*
11. Tu tombes amoureuse de lui _____ *(yourself)*.
12. Elle ne trompe ni _____ *(them)* ni _____ *(me)*.
13. Pour élever mes enfants, chérie, je n'ai que _____ *(you)*.
14. _____ *(I)* dénonce la discrimination; _____ *(you)* l'approuves!
15. Tu es moins naïve qu' _____ *(she)*.
16. Alphonse n'a pas besoin de Nina, mais André a besoin d' _____ *(her)*.

B. Répondez en employant des **pronoms disjoints** selon le modèle.

> MODÈLE Dînez-vous avec Georges le clochard?
> *Non, je ne dîne pas avec lui.*
>
> ou : *Oui, je dîne avec lui.*

1. Est-ce que vous pensez à votre mère (au marquis de Sade, à Roméo et Juliette)?
2. Jouez-vous avec les enfants (les terroristes)?
3. Est-ce que vous vous moquez de vos parents (du professeur, du président, de la femme du président)?
4. Est-ce que vous vous méfiez des hommes d'affaires (des criminels, des chiens, des petits chats adorables)?
5. Étudiez-vous avec votre meilleur(e) ami(e)?

C. Répondez en employant un **pronom disjoint, y** ou **en,** selon le modèle.

> MODÈLE Avez-vous peur de l'amour?
> *Oui, j'en ai peur.*
>
> ou : *Non, je n'en ai pas peur*
>
> Avez-vous peur de votre mère?
> *Oui, j'ai peur d'elle.*
>
> ou : *Non, je n'ai pas peur d'elle.*

1. Avez-vous peur des féministes militantes (des femmes coquettes, du professeur, des étrangers)?
2. Obéissez-vous à votre conscience (aux agents de police, au président)?
3. Avez-vous besoin de patience (d'argent, de vos ennemis, de vos parents)?
4. Êtes-vous content(e) de vos cours (de votre vie, de vos notes, de vos camarades de chambre)?

Related Expressions

The neuter pronoun *le*

Pronouns generally replace nouns. The invariable neuter pronoun **le,** however, is used to replace an adjective or an entire phrase or clause. It is the equivalent of *it* or *so* in English, but often is not translated.

Mon père est indépendant mais mes sœurs ne le sont pas.
My father is independent but my sisters aren't.

Croyez-vous qu'elles vont réussir? —Oui, je le crois.
Do you think they'll succeed? —Yes, I think so.

Exercices

A. Posez une question à un(e) autre étudiant(e) selon le modèle.

MODÈLE   nerveux
    Étudiant(e) A: Es-tu nerveux (nerveuse)?
    Étudiant(e) B: Oui, je le suis.
        ou : Non, je ne le suis pas.

1. frustré
2. satisfait
3. critique
4. amoureux
5. doux

6. sentimental
7. libéré
8. coquet
9. modeste
10. honnête

B. Traduisez en français les mots entre parenthèses.

1. Est-ce que cet homme est vraiment libéré?—Non, _____ *(he isn't)*.
2. Est-ce que votre fiancée est très intelligente?—Oui, _____ *(she is)*.
3. Les femmes sont-elles quelquefois frustrées?— _____ *(They are)* quelquefois, mais les hommes _____ *(are)* aussi.
4. Est-elle toujours jalouse?—Non _____ *(she isn't)*.
5. Voulez-vous que j'épouse un homme riche?— _____ *(I do and I don't)*.

Exercices d'ensemble

I. Répondez en remplaçant les mots en italiques par un pronom.

MODÈLE   Êtes-vous *mariée?*
    Je le suis.
    ou :   Je ne le suis pas.

1. Aimez-vous partager *les travaux ménagers?*
2. Faut-il accepter ou refuser *les rôles féminins traditionnels?*
3. Qui fait *la cuisine* chez vous?
4. Voulez-vous avoir *des enfants?* Si oui, combien?
5. Aimez-vous *les hommes qui flirtent?*
6. Caractérisez-vous! Êtes-vous *doux? séduisant? jaloux? traditionaliste? indépendant? frustré? fidèle?*
7. Avez-vous l'intention *de poursuivre une carrière?*
8. Approuvez-vous *la limitation des naissances?*
9. L'avortement est-il *immoral?*
10. Bavardez-vous *en classe?*
11. Respectez-vous *les clochards?*
12. Les femmes et les hommes sont-ils *égaux* aux États-Unis?

13. Qui fait *la vaisselle* chez vous?
14. Avez-vous jamais envie *de tromper votre ami(e)?*
15. Avez-vous peur *de votre professeur?*
16. Discutez-vous *vos problèmes personnels* avec *votre (ami(e)?*
17. Rêvez-vous quelquefois *d'un amour idéal?*
18. Connaissez-vous *des couples satisfaits?*
19. Avez-vous *des amis fidèles?*

II. Traduisez en français.

1. My husband and I are equal; we share the household chores.
2. Let's avoid feminine stereotypes because they aren't true.
3. She has just found a good job.
4. Don't go out with him if he's jealous!
5. Let's do the cooking together tonight.
6. Jean-Louis wants to get married and have a family.
7. Janine refuses traditional feminine roles.
8. How long has she been going out with David?
9. Don't put on airs if you want to get married.
10. He's frustrated because his girfriend doesn't treat him like an equal.
11. If that young woman wants to pursue a career, send her to me.
12. Renée is pregnant, but I'm not.

III. Reliez *(link)* un verbe de la première colonne à une expression de la deuxième colonne et formulez des phrases en suivant le modèle.

MODÈLE   condamner l'avortement
           Condamnons l'avortement.
           Condamnons-le.
           Ne le condamnons pas.

	la fidélité
	le divorce
	l'avortement
1. abolir	le chauvinisme
2. craindre	la coquetterie des femmes
3. condamner	l'égalité des sexes
4. encourager	les unions libres
5. avoir peur de	la naïveté des jeunes filles
6. décourager	le mariage
7. recommander	le mouvement de libération des femmes
8. dénoncer	la chasteté
9. défendre	les vices des jeunes
	les bébés
	la famille

IV. En employant les deux colonnes de l'exercice III, reliez un verbe de la première colonne à une expression de la deuxième colonne et formulez des phrases en suivant le modèle.

MODÈLE   recommander le mariage
           Recommandez-vous le mariage?
           Oui, je le recommande.
           Non, je ne le recommande pas.

Sujets de discussion ou de composition

1. Une féministe essaie de convertir à son opinion une femme au foyer traditionaliste. Imaginez les arguments qu'elle va employer.
2. Imaginez que vous êtes parent et que votre fille sort régulièrement avec un jeune homme qu'elle veut épouser. Quels conseils allez-vous lui donner à propos du mariage?
3. Nommez une femme que vous admirez et expliquez pourquoi vous l'admirez.
4. Pour les femmes : Quel rôle féminin voulez-vous adopter maintenant et à l'avenir?
5. Pour les hommes : Quelle sorte de femme préférez-vous?
6. À votre avis, y a-t-il des différences essentielles entre la mentalité féminine et la mentalité masculine? Expliquez.

3

Nouns and Articles

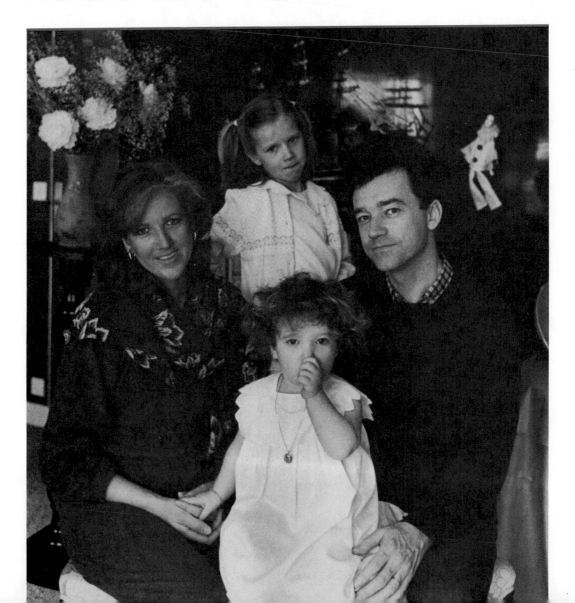

Chapter 3 at a Glance

Nouns

I. Indiquez le genre (**masculin** ou **féminin**) sans consulter le dictionnaire.

1. communication
2. biologie
3. latin
4. Californie
5. promesse
6. travail
7. moment
8. symbolisme

II. Mettez au féminin.

1. l'ami
2. l'oncle
3. l'acteur
4. le chat

III. Mettez au pluriel.

1. la mère
2. l'œil
3. le fils
4. le bijou
5. le journal
6. le feu

IV. Remplacez les mots entre parenthèses par la forme convenable de **gens, personnes, peuple** ou **on**.

1. _____ *(The people)* américain respecte la famille.
2. Il y avait vingt _____ *(people)* à notre réunion de famille.
3. _____ *(People)* dit qu'il ressemble à sa mère.
4. Ces vieilles _____ *(people)* sont très sympathiques.

Articles

V. Traduisez en français les mots entre parenthèses.

1. _____ *(Parents)* devraient-ils jouer avec leurs enfants?
2. _____ *(Little Robert)* est impossible _____ *(in the morning)*!

VI. Situez le nom donné.

MODÈLE   Montréal
Montréal se trouve au Canada.

1. Paris
2. La Nouvelle-Orléans
3. New York
4. Londres
5. les Champs-Élysées
6. Tokyo

VII. Remplacez les tirets par **les** ou **des**.

    1. _____ enfants ont-ils _____ obligations envers leurs parents?

    2. J'ai _____ tantes qui adorent _____ chats.

VIII. Remplacez les tirets par **du, de la, des** ou **de**.

    1. Il a deux sœurs mais il n'a pas _____ frères.

    2. Les Mercier font beaucoup _____ sacrifices pour leurs enfants.

    3. Je connais _____ filles qui n'obéissent pas à leurs parents.

    4. Ma camarade de chambre a _____ bons rapports avec sa famille.

    5. Avez-vous souvent _____ disputes avec vos parents?

IX. Remplacez les tirets par **de, des** ou **du**.

    1. Quand votre famille va-t-elle revenir _____ France?

    2. Mon avion part _____ États-Unis la semaine prochaine.

    3. Mon camarade de chambre vient _____ Canada.

Vocabulaire du thème : *La famille*

Membres du foyer

le **foyer**   the home

les **parents** *m*   parents, relatives

le **père**   father

la **mère**   mother

l' **enfant** *m, f*   child

la **fille**   daughter

le **fils**   son

les **grands-parents**   grandparents

le, la **gosse** (*fam*)   kid

l' **enfant unique** *m, f*   only child

l' **aîné** *m*, l'**aînée** *f*   the elder, the eldest

le **cadet** *m*, la **cadette** *f*   the younger, the youngest

le **jumeau** *m*, la **jumelle** *f*   twin

l' **orphelin** *m*, l'**orpheline** *f*   orphan

Rapports familiaux

avoir de bons (mauvais) rapports avec   to have a good (bad) relationship with

s' **entendre avec (quelqu'un)**   to get along with (someone)

faire des sacrifices pour   to make sacrifices for

mériter l'amour de   to deserve, to earn the love of

respecter   to respect

soigner   to care for, to take care of

admirer   to admire

faire une sortie en famille   to have a family outing

ensemble   together

le **fossé entre les générations**   generation gap

le **manque de communication**   lack of communication

se **séparer de**   to break away from

la **dispute**   quarrel

L'éducation

l' **éducation** *f* upbringing
indulgent lenient
négliger to neglect
négligé neglected
irresponsable irresponsible
mal élevé badly brought up
gâté spoiled
ingrat ungrateful
désobéir à to disobey

strict strict
exigeant demanding
responsable responsible

bien élevé well brought up
sage well-behaved
poli polite
obéir à to obey

La discipline

être juste (injuste) envers to be fair (unfair) to
corriger to correct
punir to punish
gronder to scold
gifler to slap
donner une fessée à to give a spanking to

Exercices

A. **Mise en scène**. Complétez en employant une ou plusieurs expressions du *Vocabulaire du thème*, puis jouez les dialogues.

1. A: Ma famille me dégoûte!
   Psychiatre : Mais pourquoi donc?
   A: Eh bien, mon père...
   P: Continuez.
   A: Et ma mère...
   P: Je comprends. Continuez.
   A: Et mon frère cadet...
   P: Vous ne vous entendez avec personne?
   A: Si! Je m'entends bien avec mon chat. Il est toujours gentil!
2. A: (nom), pourquoi est-ce que tu donnes toujours des fessées à tes enfants?
   B: Parce qu'ils sont...
   A: Mais si tu continues à les gifler,...
   B: Tant pis! La discipline est nécessaire pour les enfants!

B. **Situations**. Répondez en employant une ou plusieurs expressions du *Vocabulaire du thème*.

1. M. et Mme Céleste sont des parents modèles. Ils ont de très bons rapports avec leurs deux enfants, Paul et Virginie. Pouvez-vous deviner pourquoi?
2. Lisette, qui a 18 ans, ne s'entend pas avec ses parents. Ils se disputent tout le temps! Pouvez-vous deviner pourquoi?

3. Le petit Toto a volé le parfum de sa mère et il en a mis partout—sur son lit, sur ses vêtements, sur ses oreilles, même sur son chien! Vous êtes la mère de Toto. Qu'est-ce que vous allez faire?

—Toto chéri, qu'est-ce que tu fais?

NOUNS

A noun is a word used to name a person, place, or thing. Unlike English nouns, all French nouns are either masculine or feminine in gender.

Recognition of Gender

The gender of most nouns is arbitrary and must be learned. However, certain indications can be helpful.

Sex

Nouns that refer to persons and animals of the male or female sex are usually masculine and feminine, respectively.

le père	la mère
le chat	la chatte

Endings and words usually masculine

1. Nouns endings in **-ail, -eau, -ent, -ier**, and **-isme** are usually masculine.

    le travail   le papier
    le couteau   le classicisme
    le gouvernement

    Exceptions : **l'eau** (*f*), **la peau** (*skin*), **la dent** (*tooth*).

2. The names of languages, trees, metals, days, months, and seasons, and adjectives used as nouns, are usually masculine.

    le français   l'or (*gold*)   l'hiver
    le russe   le mardi   le pauvre
    le chêne (*oak*)   le (mois de) septembre   le beau

Endings and words usually feminine

1. Nouns endings in **-esse, -ette, -ie, -ion, -té**, and **-ure** are usually feminine.

    la finesse   la copie   la société
    la cigarette   la génération   la nourriture

    Exceptions: **le génie, le parapluie** (*umbrella*).

2. The names of natural and social sciences are usually feminine.

    la biologie   la chimie
    la physique   la sociologie

3. The names of continents, countries, provinces, and states ending in unaccented **e** are usually feminine.

    l'Asie   la Bretagne   l'Angleterre
    la Virginie   la France   la Floride

    Exceptions: **le Mexique, le Maine**

Exercices

A. Indiquez le genre sans consulter le dictionnaire.

1. français	7. vrai	13. manteau	19. octobre
2. partialité	8. eau	14. conception	20. allocation
3. lundi	9. botanique	15. ceinture	21. détail
4. fer (*iron*)	10. peuplier (*poplar*)	16. discernement	22. promesse
5. Louisiane	11. moment	17. latin	23. assiette
6. Afrique	12. communication	18. activité	24. communisme

B. Complétez au **temps présent**. Faites tous les accords nécessaires.

> MODÈLE   nous / aller / visiter / France, / Angleterre, / et Mexique.
> *Nous allons visiter la France, l'Angleterre, et le Mexique.*

1. romantisme / être / mouvement / littéraire.
2. tradition / jouer / rôle / important / dans / société / français.
3. mon / enfants / étudier / grec, / latin, / et / géographie.
4. éducation / français / être / très différent de / éducation / américain.

C. Préparez une liste de cinq mots et demandez à un(e) autre étudiant(e) d'en identifier le genre sans consulter le dictionnaire. (Si vous en avez besoin, consultez le vocabulaire à la fin du livre.)

Formation of the Feminine Singular

Feminine nouns derived from the masculine

1. French nouns usually form the feminine singular by adding an unaccented **e** to the masculine singular.

Masculine singular	Feminine singular
un avocat	une avocate
un orphelin	une orpheline
un Français	une Française

2. Nouns with certain endings form the feminine in other ways.

ending	masculine	feminine
el ⎫ eau ⎬ → **elle**	Gabriel jumeau	Gabrielle jumelle
en → **enne**	lycéen	lycéenne
on → **onne**	baron	baronne
et → **ette**	cadet	cadette
eur → **euse**	danseur[1]	danseuse
teur → **trice**	acteur[2]	actrice
er → **ère**	écolier	écolière
x → **se**	époux	épouse
f → **ve**	veuf (*widower*)	veuve (*widow*)

[1]Like **danseur**: other nouns derived from the present participle (**buvant, buveur**), such as **chanteur, flatteur, menteur, trompeur, travailleur,** etc.

[2]Like **acteur**: other nouns ending in **-teur** that are not derived from the present participle: **auditeur, conducteur, directeur, instituteur,** etc.

Feminine nouns not derived from the masculine

The feminine of some common nouns is not derived regularly from the masculine and simply must be learned.

Masculine	Feminine
le fils	la fille
le frère	la sœur
le mari	la femme
le neveu	la nièce
l'oncle	la tante
le père	la mère
le roi	la reine
le dieu	la déesse
le héros	l'héroïne

Nouns without a separate feminine form

1. Many masculine nouns indicating professions previously associated with males do not have a feminine form.

auteur	ingénieur	ministre
diplomate	juge	peintre
écrivain	médecin	professeur

   The feminine of these nouns is often indicated by using a feminine personal pronoun in the sentence, or by placing the word **femme** or **femmes** before or after the noun.

   J'aime mon professeur parce qu'elle est sympathique.
   I like my teacher because she's nice.

   Il y a trois femmes écrivains dans la famille.
   There are three women writers in the family.

2. Some nouns indicating persons form the feminine by simply using the feminine article **la** or **une**. Many of these nouns end in unaccented **e**.

architecte	dentiste	pianiste
artiste	élève	secrétaire
athlète	enfant	touriste
célibataire	journaliste	

Exercices

A. Mettez au féminin.

1. le menteur
2. le chien
3. l'Italien
4. le conducteur
5. le dieu
6. l'aîné
7. le cousin
8. le frère
9. le chanteur
10. le fils
11. le cadet
12. le chat
13. le Juif
14. l'infirmier
15. le héros
16. le neveu

B. Complétez en identifiant les personnes suivantes selon le modèle.

MODÈLE   Ma tante est
Ma tante est la sœur de ma mère ou de mon père.

1. Mon oncle est
2. Mon cousin est
3. Ma cousine est
4. Mon grand-père est
5. Ma grand-mère est
6. Ma nièce est
7. Mon neveu est

—*J'aime ma mère parce qu'elle est la fille de mon grand-père, et j'adore mon grand-père!*

C. Identifiez les personnages suivants.

MODÈLE   Homère
Homère était poète.

1. Le Corbusier
2. Édith Piaf
3. Honoré de Balzac
4. Simone de Beauvoir
5. Laurence Olivier
6. Louis XIV
7. Picasso
8. Marie-Antoinette
9. Babe Ruth
10. Sarah Bernhardt

D. Préparez une liste de trois personnes célèbres et demandez à un(e) autre étudiant(e) d'identifier leur profession.

Formation of the Plural

The plural with *s*

The plural of French nouns is generally formed by adding **s** to the singular. A noun that already ends in **s** in the singular will not change in the plural.

la fille   les filles

Names of families do not take **s** in the plural.

Je suis allé chez les Dupont hier.
I went to the Duponts' yesterday.

The plural with *x* or *z*

1. Nouns with certain endings form the plural in **x** or **z**.

change		singular	plural
al	→ **aux**[1]	le cheval	les chevaux
au	→ **aux**	le noyau (*stone of a fruit*)	les noyaux
eau	→ **eaux**	le couteau	les couteaux
eu	→ **eux**	le neveu	les neveux
x	(no change)	le prix	les prix
z	(no change)	le nez	les nez

2. Seven nouns ending in **-ou** form the plural in **x**.

le bijou *jewel*	**les bijoux**	le hibou *owl*	**les hiboux**
le caillou *pebble*	**les cailloux**	le joujou *toy*	**les joujoux**
le chou *cabbage*	**les choux**	le pou *louse*	**les poux**
le genou *knee*	**les genoux**		

[1]The nouns **le bal, le récital, le carnaval,** and **le festival** add **s** to form the plural.

Irregular plurals

A small group of common nouns have unusual plurals.

Singular	Plural
le ciel	**les cieux**
l'œil	**les yeux**
le travail	**les travaux**
madame	**mesdames**
mademoiselle	**mesdemoiselles**
monsieur	**messieurs**

The Plural of Compound Nouns

A compound noun is a noun formed by two or more words connected by a hyphen: **le grand-père, le premier-né**. The formation of the plural depends on the words that make up the compound noun. As a rule, only nouns and adjectives can be made plural in a compound noun, the other elements—verbs, adverbs, prepositions, pronouns—being invariable. Since this rule has many exceptions, the plural of compound nouns should always be checked in a dictionary. Here are the plurals of some common ones:

le beau-fils *stepson*	**les beaux-fils**	la belle-fille *stepdaughter*	**les belles-filles**
le beau-frère *brother-in-law*	**les beaux-frères**	le grand-parent *grandparent*	**les grands-parents**
la belle sœur *sister-in-law*	**les belles-sœurs**	le premier-né *firstborn (child)*	**les premiers-nés**
le beau-père *father-in-law,* *stepfather*	**les beaux-pères**	le dernier-né *last child*	**les derniers-nés**
la belle-mère *mother-in-law,* *stepmother*	**les belles-mères**	le nouveau-né *newborn child*	**les nouveau-nés**
le demi-frère *stepbrother*	**les demi-frères**	la demi-sœur *stepsister*	**les demi-sœurs**
le grand-père *grandfather*	**les grands-pères**	le pique-nique *picnic*	**les pique-niques**
la grand-mère *grandmother*	**les grands-mères**	le réveille-matin *alarm clock*	**les réveille-matin**

Exercices

A. Mettez au pluriel.

1. madame
2. le carnaval
3. le fou
4. le ciel
5. le tapis

6. le feu
7. le tableau
8. la grand-mère
9. le pique-nique
10. l'œil

11. le général
12. la croix
13. le beau-frère
14. le manteau
15. le nez

B. Mettez les phrases suivantes au pluriel.

1. Il y a un joujou sous le genou de mon neveu.
2. L'œil de ma fille est très beau.
3. Ce chou n'est pas un bijou!
4. Il y a un cheveu blanc sur la tête de ce nouveau-né.

Related Expressions

In French, a number of words are used to express the word *people*.

les gens

The word **gens** is a collective plural meaning *people*. It is unusual in that it is feminine if an adjective precedes it, but masculine if an adjective follows it.

Il faut aider les vieilles gens.
One must help old people.

Les gens ingrats ont probablement des enfants ingrats.
Ungrateful people probably have ungrateful children.

Note also that **jeunes gens** (*young people*) is used as the plural of **jeune homme** (**jeunes hommes** is rarely used).

Ces jeunes gens ont des liens de famille étroits.
These young men have close family ties.

le monde

Le monde refers to people in the collective singular. The expression **tout le monde** (*everybody*) is very common.

J'ai invité du monde à dîner ce soir.
I invited people to dinner tonight.

Tout le monde ici parle français.
Everybody here speaks French.

les personnes

Les personnes *(f)* usually indicates a small number of people who can be counted (the collective nouns **gens** and **monde** cannot be counted).

J'ai rencontré plusieurs personnes intéressantes chez les Pelletier.
I met several interesting people at the Pelletiers'.

le peuple

Le peuple refers to those who constitute a nation. It also has the somewhat pejorative meaning of *the masses, the common people.*

Le peuple français a élu un nouveau chef d'état.
The French people elected a new leader.

Sans une presse libre, le peuple est ignorant.
Without a free press, the masses are ignorant.

on

On is an indefinite pronoun expressing *people* in the indefinite sense of *they, you, one,* or *we.*

On dit que la famille traditionnelle va durer.
People say that the traditional family will last.

Exercice

A. Remplacez les mots entre parenthèses par la forme convenable de **gens, monde, personnes, peuple** ou **on**.

1. _____ *(The people)* du quartier trouvent cette famille un peu bizarre.
2. Plusieurs _____ *(people)* m'ont demandé le prix de ce joujou.
3. _____ *(The American people)* est souvent généreux.
4. _____ *(People)* dit que les enfants uniques sont souvent gâtés.
5. Il y a des _____ *(people)* qui détestent les gosses.
6. J'ai invité cinq _____ *(people)* à dîner.
7. Les vieilles _____ *(people)* ressemblent souvent aux enfants.
8. Parfois les jeunes _____ *(men)* font très bien la cuisine.
9. _____ *(People)* admire les parents qui ont fait des sacrifices pour leurs enfants.
10. Combien de _____ *(people)* vont venir déjeuner chez nous cet après-midi?
11. Olga invite du _____ *(people)* chez elle ce soir.

ARTICLES

An article is a word placed before a noun to indicate its number and degree of determination. There are three kinds of articles in French: definite, indefinite, and partitive.

The Definite Article

	simple form	with *à*	with *de*
masculine singular	le	au	du
feminine singular	la	à la	de la
plural	les	aux	des

The elided form **l'** replaces **le** and **la** before singular nouns and adjectives beginning with a vowel or mute **h**: **l'enfant, l'hôtel, l'autre gosse.**
The definite article has varied uses in French.

To indicate a particular noun

Here the French definite article is used like *the* in English.

La mère a oublié la moutarde et la limonade pour la sortie en famille.
The mother forgot the mustard and the lemon drink for the family outing.

In French the article is generally repeated after each noun in a series, whereas in English often it is not.

Je ne peux pas trouver le pain, le vin et le fromage!
I can't find the bread, wine, and cheese!

Before nouns used in a general sense

Here usage differs from English, which uses no article at all in generalizations and abstractions.

La vie est difficile.
Life is difficult.

L'histoire me passionne.
History excites me.

Les femmes sont aussi ambitieuses que les hommes.
Women are just as ambitious as men.

Since noun objects following the verbs **adorer, aimer, détester,** and **préférer** are usually understood in a general sense, the definite article is almost always used with these nouns.

Louise aime les bonbons.
Louise likes candy.

Mes parents préfèrent les enfants sages.
My parents prefer well-behaved children.

With temporal expressions

The singular definite article is used with days of the week, and with the nouns **matin, après-midi**, and **soir**, to indicate habitual recurrence.[1]

Papa nous emmène au cinéma le vendredi.
Dad takes us to the movies on Fridays.

En été notre famille fait un pique-nique le dimanche.
In the summer our family goes on a picnic on Sundays.

Je fais le lit le matin et elle fait la vaisselle le soir.
I make the bed in the morning and she washes the dishes at night.

Note, however, that when a particular day is indicated, the article with the day is omitted.

Ces gosses sont ravis parce que les vacances commencent vendredi.
These kids are delighted because vacation begins Friday.

With proper nouns

1. The definite article is used with proper names preceded by a title or an adjective.

   Le général de Gaulle a gouverné la France.
   General de Gaulle governed France.

   Dans ce roman de Balzac, le vieux Goriot fait beaucoup de sacrifices pour ses filles ingrates.
   In this novel by Balzac, old Goriot makes many sacrifices for his ungrateful daughters.

   Otherwise, proper names are used without the article.

   Jules est un père juste et raisonnable.
   Jules is a fair and reasonable father.

[1]For the use of the definite article with days and dates, see p. 297 in the appendix.

2. The definite article is not used before a title, if one is speaking to the person directly.

Docteur Leblond, comment va notre enfant?
Doctor Leblond, how is our child?

With units of weight and measure

Les bonbons coûtent vingt francs la livre.
The candy costs twenty francs a pound.

Les œufs coûtent trente francs la douzaine.
Eggs cost thirty francs a dozen.

But note these related expressions:

1. frequency or amount per unit of time = **par** + *noun*

Je vais à New York deux fois par an (mois, semaine, etc.).
I go to New York twice a year (month, week, etc.).

Nous gagnons trente dollars par jour.
We earn thirty dollars a day.

2. money per hour = **de l'heure**

Mon fils gagne quatre dollars de l'heure pendant les vacances d'été.
My son earns four dollars an hour during summer vacation.

3. speed per hour = **à l'heure**

La voiture roulait à 130 kilomètres à l'heure!
The car was traveling at 130 kilometers an hour!

Exercices

A. Traduisez les mots entre parenthèses.

1. _____ *(Professor)* Dubonnet dîne chez nous _____ *(on Mondays)*.
2. Abraham Lincoln est né _____ *(on February 12)*.
3. _____ *(Responsible parents)* corrigent leurs enfants.
4. _____ *(Dr. Janvier)* sera absent _____ *(Saturday)* parce qu'il est malade.
5. Comment! Vous avez payé cette viande quatre dollars _____ *(a pound)*?
6. _____ *(Little Babette)* est toujours impossible _____ *(in the morning)*.
7. _____ *(Children)* sont parfois plus exigeants que leurs parents!
8. Elle rencontre son ami _____ *(on Sundays)*.

B. Complétez au présent en remplaçant le tiret par un **chiffre**.

> MODÈLE   Je / étudier / français / _____ fois / semaine.
> *J'étudie le français quatre fois par semaine.*

1. Je / nettoyer / ma / chambre / _____ fois / mois.
2. Je / faire / _____ kilomètres[1] / heure / sur / autoroute.
3. Je / gagner / _____ dollars / heure.
4. Le chewing-gum / coûter / _____ cents / paquet.

The Definite Article with Geographical Names

The definite article is used with most geographical names (continents, countries, provinces, states, mountains, rivers, oceans, etc.): **l'Afrique, la France, la Normandie, le Massachusetts, la Seine, la Nouvelle-Zélande.**

Le Mexique est riche en pétrole.
Mexico is rich in oil.

La Seine est polluée.
The Seine is polluted.

The definite article is not used with cities unless it forms an integral part of the name: **Le Havre, La Haye** *(The Hague),* **La Nouvelle-Orléans.**

Boston est une ville historique.
Boston is a historical city.

Le Havre est un port important.
Le Havre is an important port.

to and *in* with geographical names

1. With cities
   The preposition **à** alone is used before names of cities.

   Nous comptons passer nos vacances à Paris et à Londres.
   We intend to spend our vacation in Paris and London.

   The names of cities that include the article make the normal contraction with **à**.

   Demain je vais au Havre.
   Tomorrow I'm going to Le Havre.

2. With states
   En is used before the feminine states of the union (i.e., Californie, Caroline du Nord, Caroline du Sud, Floride, Géorgie, Louisiane, Pennsylvanie, Virginie, Virginie de l'Ouest): **dans** + *definite article*, or the expression **dans l'état de**, is often used before masculine states (i.e., those not ending in unaccented **e**).

[1]un mile = 1.6 kilomètres

Si vous avez froid l'hiver, allez en Floride ou en Californie.
If you are cold in winter, go to Florida or California.

Elle est née dans l'état d'Indiana.
She was born in Indiana.

Mon père est né dans le Kentucky.
My father was born in Kentucky.

Exceptions: **au Texas, au Nouveau-Mexique, dans le Maine, dans le New Hampshire**.

3. With countries
    En is used before continents and feminine countries, and before masculine singular countries beginning with a vowel.

    Je l'ai rencontré en France.
    I met him in France.

    Michel a visité ses parents en Israël.
    Michael visited his parents in Israel.

    Je vais en Asie et en Europe.
    I'm going to Asia and Europe.

    The preposition *à* + *definite article* is used before plural names of countries, and masculine singular countries beginning with a consonant.

    Les enfants sont-ils gâtés aux États-Unis?
    Are children spoiled in the United States?

    Je vais au Portugal.
    I'm going to Portugal.

Mexique (m)

From with geographical names

In French, *from* is expressed by **de** alone before most feminine singular geographical names, and before islands and cities. *From* is expressed by **du** before masculine singular names, and by **des** before all plural names.

D'où venez-vous, des États-Unis ou de France?
Where are you coming from, the United States or France!

Toute ma famille vient du Japon.
My whole family comes from Japan.

Je viens de rentrer de Paris.
I just returned from Paris.

Exercices

A. Situez le nom donné.

MODÈLE Rome
Rome se trouve en Italie.

1. Tokyo
2. San Francisco
3. Miami
4. Detroit
5. la Vatican
6. le Nations Unies
7. Moscou
8. Houston
9. la vallée de la Loire
10. Tel-Aviv
11. la Chine
12. Québec

B. Dans quel pays, quel état ou quelle ville êtes-vous...

1. si vous êtes en train de visiter l'Arc de Triomphe?
2. si vous portez un kimono?
3. si tout le monde parle chinois?
4. si vous montez dans la statue de la Liberté?
5. si tout le monde parle espagnol?
6. si vous êtes en train de manger beaucoup de spaghettis?
7. si vous prenez une photo du Kremlin?
8. si vous faites des courses à Montréal?

C. Préparez deux questions originales comme celles de l'exercice B et posez-les à un(e) autre étudiant(e).

D. Remplacez les tirets par **de, des, d',** ou **du**.

1. Mes parents viennent _____ Argentine.
2. Mon oncle revient _____ États-Unis.
3. Quand l'avion partira-t-il _____ New York?
4. Nos voisins reviennent _____ Mexique.
5. Ma tante Marie est arrivée _____ Canada hier.

E. De quel pays viennent probablement les personnes suivantes? Répondez en employant les pays de la colonne de droite.

MODÈLE Luigi Fiorentini   Italie
Il vient d'Italie.

1. Maria Garcia	Allemagne
2. Dimitrios Politakis	Mexique
3. Colleen O'Flanagan	Japon
4. Angelina Carifio	États-Unis
5. Horst Heine	Russie
6. Micheline Duchamp	Angleterre
7. Sally Jones	Grèce
8. Misako Kyoto (*f*)	France
9. Ivan Raskolnikov	Italie
10. Maxwell Hamilton	Irlande

F. Préparez une liste de deux personnes fictives comme celles de l'exercice E et demandez à la classe de quels pays viennent probablement leurs parents.

The Indefinite Article

	singular	plural
masculine	un	des
feminine	une	des

In the singular, the indefinite article in French expresses the English indefinite articles *a* and *an*. In the plural, the indefinite article in French is identical with the plural of the partitive (see box below), which is translated by *some* or *any* in English, or often by no word at all.

Nous avons un gosse de quinze ans.
We have a fifteen-year-old kid.

Mon fils a acheté des pommes et des oranges.
My son brought (some) apples and oranges.

Unlike in English, however, the indefinite article in French is normally repeated before each noun in a series.

Je vois un homme, une femme et un enfant.
I see a man, woman, and child.

The Partitive Article

	singular	plural
masculine	du de l'	des
feminine	de la de l'	des

As its name indicates, the partitive article designates a part of the whole represented by the noun. English does not possess a partitive article, but expresses the partitive notion by placing *some* or *any* before the noun, or by using the noun alone.

Achetez-moi du pain et du vin, s'il vous plaît.
Buy me some bread and wine, please. or:
Buy me bread and wine, please.

Avez-vous des enfants?
Do you have any children? or:
Do you have children?

Remember that after a negative verb other than **être, de (d')** usually replaces the indefinite and partitive article accompanying the unmodified noun.

Avez-vous une voiture?—Non, je n'ai pas de voiture.
Do you have a car?—No, I don't have a car.

Votre sœur a-t-elle de l'argent?—Non, elle n'a pas d'argent.
Does your sister have any money?—No, she doesn't have any money.

Before an adjective preceding a plural noun

Before a plural adjective, **de** alone expresses the partitive.[1]

Ils ont de beaux enfants.
They have beautiful children.

Des is used, however, if the adjective and the plural noun form a unity: **les petits pois** *(peas)*, **les jeunes filles, les jeunes gens**.

Je connais des jeunes filles qui ne veulent pas se marier.
I know some girls who don't want to get married.

quelques

The adjective **quelques** is the equivalent of the expression *a few*.

Maman, as-tu quelques dollars?
Mom, do you have a few dollars?

---

[1]Although this rule is followed by many cultivated speakers and writers, the use of **des** + *adjective* + *plural noun* is becoming increasingly popular and is not, in fact, considered incorrect.

Exercices

A. Remplacez les tirets par **du, de la, des** ou **de**.

1. M. Maquet a _____ fils remarquables.
2. Notre père a _____ bons rapports avec nous.
3. Connaissez-vous _____ jeunes gens responsables?
4. Nous avons entendu _____ belle musique au concert.
5. Nos parents ont fait _____ grands sacrifices pour nous.

B. Traduisez en français

1. I have some friends.
2. I have a few friends.
3. I have friends.
4. Do you have any friends?
5. I have good friends.
6. I have no friends.

C. Demandez à un(e) autre étudiant(e) ce qu'il (elle) mange ou boit, en employant **du, de la** ou **des** selon le modèle.

MODÈLE   les sardines
           Étudiant(e) 1 : Manges-tu des sardines?
           Étudiant(e) 2 : Oui, je mange des sardines.
                    ou : Non, je ne mange pas de sardines.

           le jus de tomate
           Étudiant(e) 1 : Bois-tu du jus de tomate?
           Étudiant(e) 2 : Oui, je bois du jus de tomate.
                    ou : Non, je ne bois pas de jus de tomate.

1. les escargots
2. le jus de carotte
3. le caviar
4. le vin français
5. la soupe à l'oignon

6. la pizza
7. les cuisses de grenouille
8. le pop-corn
9. les omelettes
10. le lait

The Partitive Article Versus the Definite Article

The distinction between the partitive article and the definite article used in the general sense may sometimes be confusing. A convenient rule of thumb is to insert in the sentence the word *some* or *any* as a test for the partitive, and *all* or *in general* as a test for the definite article. The word that fits most naturally *without changing the sentence's meaning* indicates the appropriate article.

Men are mortal.

All men or *some* men? Clearly, *all* men, since *some* would change the meaning of the sentence. The definite article is therefore appropriate:

Les hommes sont mortels.

Do you have brothers?

All or *any* brothers? Clearly, *any* brothers, since *all* brothers is awkward and does not convey the meaning of the sentence. The partitive article is therefore appropriate:

Avez-vous des frères?

Exercices

A. Remplacez les tirets par la forme convenable de l'**article défini** ou de l'**article partitif**.

1. Je déteste[1] _____ disputes.
2. Nos parents ont _____ idées intéressantes.
3. Ma mère préfère _____ enfants bien élevés.
4. Les Dupont ont _____ problèmes avec leur aîné.
5. J'aime _____ les enfants sages.
6. _____ enfants adorent _____ bonbons.
7. Avez-vous _____ enfants parfaits?
8. _____ adolescents ont parfois besoin de solitude.
9. Je ne peux pas sortir parce que j'ai _____ travail à faire.
10. Est-ce que _____ jumeaux se ressemblent toujours?

B. Traduisez en français, puis jouez les dialogues.

1. A: Do you have brothers?
   B: Yes.
   A: Do you have sisters?
   B: Yes. And you?
   A: I am an only child. I only have parents!

---

[1]Remember that after the verbs **adorer, aimer, détester,** and **préférer** the definite article is almost always used because the noun is usually considered in the general sense.

2. A: I hate stereotypes.
   B: So do I (*Moi aussi*). "Only children are spoiled!"
   A: "Orphans are sad!"
   B: "Parents are always right!"
   A: "Stereotypes are stupid!"

—*Tout le monde dit que je suis un enfant gâté, mais je déteste les stéréotypes!*

Omission of the Article

Under certain circumstances, nouns may be used in French without any article at all. It is important to note that in all the cases that follow, the noun is understood in a general, indefinite sense, and not in a specific sense.

After certain expressions ending in *de*

1. After expressions of quantity
   After expressions of quantity such as **beaucoup de, combien de, trop de, peu de, plus de, assez de, une boîte de, un sac de, un million de, une douzaine de,** etc., no article is used.

   Beaucoup de mères croient que leurs enfants sont parfaits.
   Many mothers think that their children are perfect.

   Il y avait peu de disputes chez nous.
   There were few quarrels at our house.

   However, **de** + *definite article* (**du, de la, de l', des**) is used after certain expressions: **bien de, la plupart de, la plus grande partie de,** and **la majorité de**.

   Bien des enfants admirent leurs parents.
   A good many children admire their parents.

   La plupart des enfants tiennent de leurs parents.
   Most children take after their parents.

2. After **ne... pas de** and other general negations
   Like all expressions of quantity, the negative expression of quantity
   ne... pas de is followed directly by an indefinite noun without an article.
   Remember that **ne... pas de** may be the negative of both the partitive
   article (**du, de la, des**) and the indefinite article (**un, une, des**).

   Cette pauvre fille a-t-elle des joujoux?—Non, elle n'a pas de joujoux.
   Does this poor girl have any toys?—No, she doesn't have any toys.

   Avez-vous un frère?—Non, je n'ai pas de frère.
   Do you have a brother?—No, I don't have a brother.

   De without an article is also used after other negative expressions like
   ne... plus and **ne... jamais**.

   Jean a-t-il toujours de l'ambition?—Non, il n'a plus d'ambition.
   Does John still have ambition?—No, he no longer has any ambition.

   Il n'a jamais gagné d'argent.
   He has never earned any money.

   But the normal indefinite and partitive forms are used after **être** in
   the negative.

   Ce ne sont pas des enfants sages!
   They are not well-behaved children!

   Ce n'est pas une bonne idée!
   It's not a good idea!

3. After verbal and adjectival expressions with **de**
   No article is used after verbal and adjectival expressions ending in **de,**
   such as **avoir besoin de** *(to need),* **avoir envie de** *(to feel like),* **manquer
   de** *(to lack),* **remplir de** *(to fill with),* **entouré de** *(surrounded by),* **plein de**
   (full of), and **couvert de** *(covered with).*

   Les enfants ont-ils besoin de liberté?
   Do children need freedom?

   Mon frère manque de prudence.
   My brother lacks prudence.

   After **de** + *noun* used to qualify another noun
   In French, when a noun qualifies another noun, it follows that other
   noun and is joined to it by **de**; no article is used after **de**.

   une robe de soie
   a silk dress

   la maison de campagne
   the country house

   un guide de voyage
   a travel guide

   des souvenirs d'enfance
   childhood memories

After *avec* and *sans*

After the prepositions **avec** (with abstract nouns only) and **sans**, no article is used.

La famille a accueilli l'enfant avec enthousiasme.
The family welcomed the child enthusiastically.

Un ménage sans enfants est incomplet.
A household without children is incomplete.

But if the noun with **avec** is not abstract, the partitive is used.

Mon frère est allé jouer au tennis avec des amis.
My brother went to play tennis with friends.

With languages after *parler* and *en*

No article is used if the verb **parler** or the preposition **en** are directly followed by the name of a language.

Je parle russe.   Je ne peux pas lire cet article écrit en français.
I speak Russian.   *I can't read this article written in French.*

When **parler** is followed by **pas**, no article is used. When other adverbial expressions intervene between **parler** and the name of a language, the article may or may not be used.

Elle ne parle pas chinois.
She doesn't speak Chinese.

Ma femme parle couramment (le) portugais.
My wife speaks Portuguese fluently.

Vous parlez très bien (le) japonais!
You speak Japanese very well!

Note that languages do not take a capital letter in French.

With qualifying nouns after *être*

No article is used when nouns designating profession, nationality, political allegiance, religion, or social class follow the verb **être**.

Mon père est employé de bureau.
My father is an office worker.

Sa grand-mère est américaine.
His grandmother is an American.

Son père est conservateur, mais lui est communiste.
His father is a conservative, but he's a Communist.

Ils sont catholiques.
They are Catholics.

Il est avocat, mais ses amis sont ouvriers.
He is a lawyer, but his friends are workers.

The indefinite article is used, however, when the sentence begins with **c'est** or **ce sont**. It is also usually used when the noun is modified by an adjective.

C'est un docteur.
He is a doctor.

Le Corbusier était un excellent architecte.
Le Corbusier was an excellent architect.

Remember that the article is retained after **ce n'est pas** and **ce ne sont pas**.

Ce n'est pas un docteur.
He is not a doctor.

Ce ne sont pas des amis.
They are not friends.

Note that in all the cases just covered, where a noun is used without any article, that noun is understood in a general, indefinite sense. If the noun is particularized in any way, an article must be used.

J'ai mangé trop de gâteau!
I ate too much cake.
>   BUT :
J'ai mangé trop du gâteau que vous m'avez donné!
I ate too much of the cake you gave me.

Cet enfant a besoin de joujoux.
This child needs toys.
>   BUT :
Cet enfant a besoin des joujoux de son frère.
This childs needs his brother's toys.

Balzac est auteur.
Balzac is a writer.
>   BUT :
Balzac est un auteur célèbre.
Balzac is a famous writer.

Exercices

A. Trouvez-vous les choses, les personnes ou les qualités suivantes chez vous? Répondez en employant **beaucoup de, trop de, assez de, peu de** ou **ne... pas** selon le modèle.

MODÈLE l'amour
   Il y a beaucoup d'amour (assez d'amour, peu d'amour, etc.) chez moi.

1. les enfants
2. les plantes
3. les disputes
4. la tolérance
5. les magazines
6. les animaux
7. la tendresse
8. l'humour

B. Qu'est-ce que les personnes suivantes n'ont pas?

1. un orphelin
2. un petit enfant
3. un pauvre
4. une femme divorcée
5. un enfant unique

C. Formulez une expression nouvelle en employant un mot de la colonne de gauche, la préposition **de** et un mot de la colonne de droite selon le modèle.

MODÈLE une maison   bois
   une maison de bois

1. une robe   bois
2. une assiette   anglais
3. un professeur   foie
4. un pâté   chêne
5. une femme   satin
6. une table   science-fiction
7. une chemise   coton
8. un écrivain   porcelaine
9. une maison   affaires

D. De quoi les personnes suivantes ont-elles besoin? Répondez selon le modèle.

MODÈLE les enfants gâtés
   Les enfants gâtés ont besoin de discipline (de fessées, de parents exigeants).

1. les nouveau-nés
2. les professeurs
3. les skieurs
4. les nageurs
5. les alcooliques
6. les étudiants
7. les parents
8. les vieux

E. Traduisez en français, puis jouez les dialogues.

1. A: Mark is a doctor, isn't he?
   B: No, he's a lawyer.
   A: But I was sure he was a doctor!
   B: You were wrong.
2. A: Do you take your coffee with milk or sugar?
   B: With sugar but without milk.
   A: And your tea?
   B: With milk but without sugar.
   A: But that's not logical!
   B: Is life logical?

F. Remplacez les tirets, si nécessaire, par **un** ou **une**.

1. J. P. Morgan était _____ banquier bourgeois.
2. Ma mère est _____ socialiste, mais mon père est _____ communiste enragé!
3. Êtes-vous _____ étudiant sérieux?
4. De Gaulle était _____ général.
5. Édith Piaf était _____ très bonne chanteuse.
6. Je veux être _____ artiste, mais mes parents veulent que je sois _____ médecin!
7. M. Lesage n'est pas _____ professeur exigeant.
8. Est-elle _____ protestante?

Exercices d'ensemble

I. Indiquez le genre sans consulter le dictionnaire.

1. espagnol
2. mariage
3. bonté
4. dimanche
5. imagination
6. brusquerie
7. Belgique
8. culture
9. pin (*pine tree*)
10. été
11. trompette
12. Floride
13. cynisme
14. politesse
15. vitrail

II. Mettez les mots en italiques au pluriel. Faites tous les autres changements nécessaires.

1. Le père a donné une fessée *au jumeau*.
2. Mon frère paresseux n'aime pas *le travail manuel*.
3. M. Dupuy a mal *au genou*.

4. Quand j'étais enfant, j'avais *un cheval*.
5. Ma tante a regardé *le bijou* de ma mère avec intérêt.
6. Voulez-vous répéter *le prix*, s'il vous plaît?
7. Invitons *notre beau-frère* à déjeuner.
8. Vous rappelez-vous *notre pique-nique* ensemble?
9. Vous êtes trop injuste envers *votre neveu américain*!

III. Dans l'histoire suivante, remplacez les tirets, si nécessaire, par la forme convenable de l'article (**défini, indéfini,** ou **partitif**) ou par **de**.

1. _____ membres de ma famille sont faciles à décrire.
2. Ma mère est _____ femme au foyer.
3. Mon père est _____ avocat célèbre.
4. Tous les deux sont _____ catholiques et _____ républicains.
5. Ils parlent couramment _____ français et _____ anglais.
6. Mon père est _____ républicain très sérieux; il travaille même pour _____ parti républicain.
7. Et moi? Je suis bien élevé maintenant, mais j'étais _____ enfant très gâté!
8. Quand j'étais petit, mes parents ne me donnaient pas _____ fessées.
9. Puisque mon éducation était négligée, j'étais vraiment _____ enfant impossible!
10. Je fumais _____ cigarettes dans ma chambre à l'âge de treize ans.
11. Je rentrais très tard _____ soir.
12. Quand mon professeur _____ français m'appelait, je dormais!
13. Je sortais avec _____ jeunes gens et _____ jeunes filles très mal élevés.
14. Mes parents ont finalement vu que je manquais _____ respect pour eux et que j'avais besoin _____ discipline.
15. Heureusement, j'avais assez _____ intelligence pour changer mes mauvaises habitudes.
16. Il n'y a plus _____ manque de communication entre mes parents et moi.
17. Maintenant je suis _____ avocat, _____ catholique et _____ républicain!

IV. Traduisez en français.

1. Do American parents often scold their children?
2. She has cousins who live in Mexico.
3. I have a good relationship with my parents.
4. Many parents do not make sacrifices for their children.
5. The Merciers like to have family outings on Sundays.
6. My stepbrother wants to be a teacher.
7. Doctor Colbert is not fair to his eldest son.
8. Can parents correct their children with love?
9. She doesn't speak French, but she speaks English very well.
10. Children obey their parents if they respect them.

Sujets de discussion ou de composition

1. Discutez le pour et le contre : le fossé entre les générations est inévitable.
2. Les parents et les enfants peuvent-ils être de véritables amis?
3. Discutez le pour et le contre : la famille est une institution en train de mourir.
4. Discutez le pour et le contre : un enfant est négligé si ses parents travaillent.
5. Quelles sont les obligations des parents envers leurs enfants et les obligations des enfants envers leurs parents?
6. Décrivez votre famille (membres, rapports, interêts, etc.)

4

Reflexives, *Passé Composé,* and Imperfect

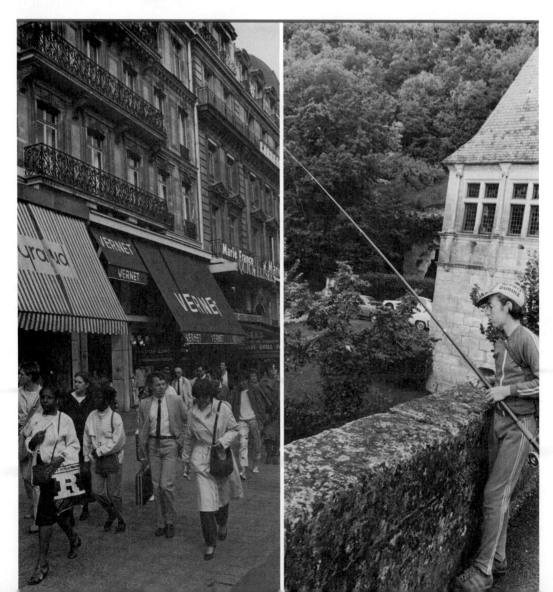

Chapter 4 at a Glance

Reflexive verbs

I. Complétez au **présent.**

1. je (se laver)
2. tu (se coucher)
3. elle (s'habiller)
4. nous (se parler)
5. vous (s'endormir)
6. ils (se téléphoner)

II. Mettez au **négatif.**

1. Asseyez-vous.
2. Dépêche-toi!
3. Marions-nous!

III. Traduisez en français en employant **l'un l'autre.**

1. They listen to each other.
2. We look at each other.

IV. Traduisez en français les verbes entre parenthèses en employant **se rappeler** et **se souvenir de.**

1. _____ *(We remember)* la pollution à Los Angeles.
2. Oui, _____ *(I remember)* Geneviève!

The *passé composé* and the imperfect

V. Mettez les verbes au **passé composé** en faisant l'accord du participe passé, s'il y a lieu.

1. nous (visiter)
2. ils (entendre)
3. je (finir)
4. nous (dire)
5. je (faire)
6. tu (prendre)
7. elle (aller)
8. elles (se promener)
9. ils (se parler)

VI. Mettez les verbes à **l'imparfait.**

1. je (danser)
2. tu (aller)
3. elle (choisir)
4. nous (être)
5. vous (avoir)
6. elles (nager)

VII. Traduisez au **passé composé** ou à **l'imparfait** les verbes entre parenthèses.

1. Elle _____ *(heard)* un oiseau chanter dans les arbres.
2. Ils _____ *(were talking)* de l'ambiance poétique de Paris.
3. Quand il _____ *(was)* jeune, il _____ *(used to look at)* ce lac pendant des heures!
4. Hier le ciel _____ *(was)* bleu et l'air _____ *(was)* frais!
5. Oui, nous *(did see)* _____ un artiste célèbre à Montmartre!
6. Ils _____ *(had been waiting)* depuis une heure quand ils ont vu le train.

VIII. Mettez les verbes entre parenthèses au **passé composé** ou à **l'imparfait,** selon le cas.

L'été dernier ma famille et moi, nous _____ (aller) à la campagne. Il _____ (faire) beau et le ciel _____ (être) bleu. Alors nous _____ (décider) de faire un pique-nique dans le bois. Pendant que nous _____ (déjeuner), nous _____ (entendre) un bruit étrange derrière nous. Nous _____ (se retourner) et nous _____ (voir) un ours [*bear*] qui _____ (s'approcher) de nous! Il _____ (être) très grand et _____ (avoir) l'air méchant! Nous _____ (se lever) tout de suite et nous _____ (courir) jusqu'à la voiture. L'ours _____ (manger) tous les sandwiches!

IX. Traduisez en français les mots entre parenthèses.

1. Nous _____ *(left)* du bar à trois heures du matin.
2. Où _____ *(did you leave)* votre chapeau?
3. Nous _____ *(left)* la ville à cause du bruit.

X. Traduisez en français les mots entre parenthèses.

1. Ils _____ *(had just finished)* l'examen quand le professeur a demandé les copies.
2. Nous _____ *(had just seen)* New York.

Vocabulaire du thème : *Ville et campagne*

Le milieu de la ville
- le **citadin**   city dweller
- le **quartier**   section, district
- le **métro**   subway
- la **voiture**   car
  - **garer une voiture**   to park a car
- la **banlieue**   suburbs
- le **gratte-ciel**   skyscraper

Plaisirs de la ville
- la **vie culturelle**   cultural life
- les **distractions** *f*   entertainment
- la **boîte de nuit**   night club
- le **grand magasin**   department store
- la **boutique**   shop
  - **faire des courses**   to shop
  - **stimulant**   stimulating

dynamique   dynamic
animé   lively
s' **amuser bien**   to have a good time
flâner   to stroll
se **promener**   to take a walk, to walk
visiter un endroit   to visit a place
rendre visite à une personne   to visit a person
fréquenter (un café, un bar, etc.)   to frequent (a café, a bar, etc.)

Problèmes de la ville
- le **bruit**   noise
- le **crime**   crime
- la **circulation**   traffic
- la **pollution**   pollution

le **mendiant** beggar
le **voyou** hoodlum, thug
le **clochard** bum
se **perdre** to get lost
    attaquer to attack, to mug
    louche shady, suspicious
    anonyme anonymous
    sale dirty
    inhumain inhuman

Le milieu de la campagne
le **campagnard** country dweller
le **paysan** peasant, hick
le **fermier** farmer
la **ferme** farm
le **bois** woods
le **champ** field
la **rivière** (small) river
le **lac** lake
le **poisson** fish
la **montagne** mountain

Plaisirs de la campagne
    faire du camping to go camping, to camp
    faire de la bicyclette to go bicycle riding

faire un pique-nique to have a picnic
aller à la pêche to go fishing
pêcher to fish
attraper un poisson to catch a fish
prendre un bain de soleil to sunbathe
bronzé tanned
se **reposer** to rest, to relax
coucher à la belle étoile to sleep outdoors
méditer (sur) to meditate (about)
paisible peaceful
isolé isolated
rustique rustic
la **solitude** solitude
tranquille tranquil, calm

Problèmes de la campagne
s' **ennuyer** to be bored
l' **ennui** *m* boredom
l' **insecte** *m* insect
l' **abeille** *f* bee
le **moustique** mosquito
piquer to sting
l' **ours** *m* bear
le **serpent** snake
le **provincialisme** provincialism

Exercices

A. **Mise en scène.** Complétez en employant une ou plusieurs expressions du *Vocabulaire du thème,* puis jouez les dialogues.

  1. (Deux hommes/femmes qui habitent à la campagne se parlent.)
    A: Qu'est-ce que tu as, (nom)? Tu as l'air triste!
    B: Ben, oui! Hier je suis allé(e) en ville et...
    A: C'est dommage!
    B: Et...
    A: Pauvre (nom)!
  2. A: Nous voilà à la montagne!
    B: Oui, nous voilà à la montagne.
    A: Est-ce que tu voudrais...?
    B: Non, ça ne m'intéresse pas.

A: Peut-être que tu aimerais... ?
B: Non, ça ne m'intéresse pas.
A: Qu'est-ce que tu veux faire, alors?
B: ...

—*Est-ce que tu voudrais faire une promenade?*
—*Non, ça ne m'intéresse pas.*

B. **Situations.**   Répondez en employant une ou plusieurs expressions du *Vocabulaire du thème.*

1. Vous avez gagné 25.000 dollars à la loterie et vous avez décidé de visiter Paris (ou une autre ville de votre choix). Qu'est-ce que vous y avez fait?
2. Hier Marc et Marie ont fait un pique-nique dans un bois isolé. Il faisait beau, les oiseaux chantaient, et leurs cœurs chantaient aussi. Tout à coup, Marie a poussé un cri. Pouvez-vous deviner pourquoi?
3. Vous êtes un écrivain célèbre, un naturaliste qui déteste la ville. Vous adorez les plaisirs de la campagne. Un journaliste vous demande d'expliquer votre point de vue. Répondez-lui en quelques phrases.

REFLEXIVES

Reflexives may express either reflexive action (reflexive verbs) or reciprocal action (reciprocal verbs).

Reflexive Verbs

The subject acts upon itself in reflexive verbs. This reflexive action is expressed by a reflexive pronoun: **se voir** (*to see oneself*), **s'admirer** (*to* *admire oneself)*, **se parler** *(to speak to oneself)*. Most of the common reflexive verbs in French have lost their reflexive meaning and are not translated as reflexives in English:

s'amuser *to have a good time*	se méfier de *to distrust*
se coucher *to go to bed*	se moquer de *to make fun of*
s'en aller *to go away, to leave*	se promener *to take a walk*
s'endormir *to fall asleep*	se reposer *to rest*
se fier à *to trust*	se réveiller *to wake up*
s'habiller *to get dressed*	se sauver *to run away*
s'habituer à *to get used to*	se suicider *to commit suicide*
se laver *to wash up*	se taire *to be quiet, to shut up*
se lever *to get up*	se tromper *to be mistaken*
se marier *to get married*	

Reflexive pronouns

1. The reflexive pronouns **me, te, se, nous,** and **vous** agree in person and number with the subject.

se laver

je me lave	nous nous lavons
tu te laves	vous vous lavez
il	ils
elle } se lave	elles } se lavent
on	

2. Reflexive pronouns follow the same rules of position as object pronouns in the formation of questions and negative expressions.

Simone se lève-t-elle de bonne heure?
Does Simone get up early?

Vous lavez-vous tous les soirs?
Do you wash up every night?

Je ne me couche pas avant minuit.
I don't go to bed before midnight.

Je ne m'habille jamais devant la fenêtre!
I never get dressed in front of the window!

The pronouns **me, te,** and **se** change to **m', t',** and **s'** before a verb beginning with a vowel or mute **h: je m'habille, elle s'endort.**

3. Reflexive pronouns used in an infinitive construction must also agree with the subject.

> Allez-vous vous lever de bonne heure à la campagne?
> *Are you going to get up early in the country?*

4. Reflexive pronouns are either direct or indirect, depending on whether the verb takes a direct or indirect object.

Direct: Elle se voit dans le lac. (**Voir** takes a direct object.)
           She sees herself in the lake.

Indirect: Il se parle quand il est seul dans le bois. (**Parler** takes an indirect object.)
           He speaks to himself when he's alone in the woods.

Exercices

A. Transformez les phrases.

1. Je m'ennuie à la campagne, (nous, ce clochard, vous, tu, ces voyous, on, je)
2. Je ne me rase pas (vous, ma grand-mère, tu, nous, les enfants, on, je)
3. Je veux me marier (tu, Jules, nous, on, Bubu et son frère, vous, je)

B. Complétez au **présent.**

1. (se laver) vous, nous
2. (se réveiller) ils, je
3. (se regarder) nous, tu
4. (se lever) elles, vous
5. (se coucher) tu, elles
6. (se marier) ils, nous
7. (se perdre) nous, il
8. (s'endormir) nous, je
9. (se méfier) elles, nous
10. (se raser) ils, vous
11. (s'habiller) vous, je
12. (se parler) nous, tu
13. (se taire) elles, je
14. (se fatiguer) je, vous

C. Complétez au présent en employant un des verbes de la colonne de droite.

MODÈLE   à minuit   se coucher
          Je me couche à minuit.

1. à sept heures du matin	s'amuser
2. au bord de la mer	se lever
3. quand je suis sale	se raser
4. quand je n'ai rien à faire	se promener
5. quand je fais du camping avec mes amis	se déshabiller
6. avant de me coucher	se dépêcher
7. quand je suis fatigué(e)	s'ennuyer
8. devant le miroir	s'admirer
9. quand je suis en retard	se coucher
10. à une heure du matin	se laver
11. tous les jours	se reposer

D. Qu'est-ce que vous faites probablement dans les situations suivantes? Répondez en employant le verbe **se reposer** ou le verbe **se sauver.**

1. Vous faites du camping et vous voyez un ours derrière un arbre.
2. Vous vous promenez à minuit à Paris et vous voyez un voyou qui semble vous suivre.
3. Vous allez au lit et il est très confortable!
4. Vous êtes au lit et vous entendez un soupir *(sigh)* sous le lit!
5. Vous faites un pique-nique et vous entendez beaucoup d'abeilles!
6. Vous pêchez au bord d'un lac très tranquille.

E. Demandez à un(e) autre étudiant(e) ou au professeur...

1. à quelle heure il (elle) se couche.
2. à quelle heure il (elle) se lève.
3. où il (elle) s'amuse.
4. s'il (si elle) se moque du président.
5. où il (elle) se promène.
6. s'il (si elle) s'ennuie en ville (à la campagne, dans la banlieue).
7. s'il (si elle) s'endort souvent dans la classe de français.
8. s'il (si elle) s'habille devant la fenêtre.
9. s'il (si elle) va se marier cette année.
10. s'il (si elle) aime se promener dans le bois (à la campagne).

F. Répondez en employant un verbe réfléchi.

1. Que faites-vous quand vous êtes très fatigué(e)?
2. Qu'est-ce que Brigitte peut faire si elle adore Louis et voudrait passer sa vie avec lui?
3. Que fait Ricardo à la soirée d'Isabelle?
4. Que font la petite Tina et la petite Mimi après avoir joué dans la boue *(mud)* pendant quatre heures?
5. Que fait le professeur quand son réveille-matin sonne?
6. Que fait un citadin à la campagne?
7. Que fait un campagnard en ville?

The imperative

1. In the affirmative imperative the reflexive pronouns follow the verb and are connected to it by a hyphen. Note that in the affirmative imperative **te** becomes **toi.**

Indicative	Imperative
Tu te couches.	Couche-toi!
You go to bed.	*Go to bed!*
Vous vous levez.	Levez-vous!
You get up.	*Get up!*
Nous nous sauvons.	Sauvons-nous!
We run away.	*Let's run away!*

2. In the negative imperative the reflexive pronouns precede the verb.

Ne vous dépêchez pas!   Ne te marie pas!
Don't hurry!   *Don't get married!*

Exercices

A. Répondez en employant à **l'impératif** un des verbes de la colonne de droite.

Que dites-vous à votre ami...

1. quand il parle pour parler?	se réveiller
2. quand il est en retard pour le cinéma?	s'amuser bien
3. quand il est fatigué après avoir fait de la bicyclette?	se laver
4. quand il est tout sale parce qu'il pleuvait quand il est allé à la pêche?	se raser
	se lever
5. quand il va dans une boîte de nuit avec sa petite amie?	se taire
6. quand il s'endort pendant que vous parlez brillamment?	se reposer
7. quand il a une grande barbe qui vous fait horreur?	se dépêcher
8. quand il fait la grasse matinée?	

—*Réveille-toi, lève-toi, rase-toi... et marie-toi!*

B. Répondez en employant l'impératif d'un verbe réfléchi.

1. Il est dix heures du matin et votre camarade de chambre est toujours au lit. Mais il (elle) a une classe à dix heures dix! Qu'est-ce que vous lui dites?
2. Votre petite sœur a mangé du chocolat et elle en a sur ses mains, sur ses vêtements, partout! Qu'est-ce que vous lui dites?
3. Votre cousine a été demandée en mariage par un homme très riche et distingué. Son problème : elle le respecte beaucoup mais elle ne l'aime pas. Qu'est-ce que vous lui dites?
4. Vous êtes très pressé(e) et vous voulez entrer dans la salle de bains, mais votre petit frère y est déjà! Qu'est-ce que vous lui dites?

Reciprocal Verbs

In a reciprocal action the subjects act on each other. Reciprocal verbs are formed in exactly the same way as reflexive verbs. Since a reciprocal action requires at least two people, reciprocal verbs exist only in the plural.

Depuis leur premier rendez-vous, ils s'écrivent tous les jours.
Since their first date, they have been writing to each other every day.

Pourquoi vous regardez-vous avec dédain?
Why do you look at each other with disdain?

Although reflexive and reciprocal verbs are identical in form, their context usually makes the meaning clear. If confusion does arise, however, the expressions **l'un(e) l'autre,** and **les un(e)s les autres** are used with reciprocal verbs.

Jean et Marie se regardent.
John and Mary are looking at themselves.
John and Mary are looking at each other.

Jean et Marie se regardent l'un l'autre.
John and Mary are looking at each other.

Est-ce que les Américaines et les Françaises se comprennent?
Do American and French women understand themselves?
Do American and French women understand one another?

Est-ce que les Américaines et les Françaises se comprennent les unes les autres?
Do American and French women understand one another?

When a reciprocal verb requires a preposition, the preposition is placed between the two parts of **l'un(e) l'autre** or **les un(e)s les autres: l'un à l'autre, les uns des autres,** etc.

Les frères se moquent les uns des autres.   Ils se plaisent l'un à l'autre.
The brothers make fun of one another.   *They please each other.*

Exercices

A. Formulez une phrase en employant un verbe réfléchi ou un verbe réciproque. Si nécessaire, pour éviter l'ambiguïté, employez **l'un(e) l'autre** ou **les un(e)s les autres** avec le
verbe réciproque.

MODÈLE   Hélène se maquille le matin et Andréa se maquille le matin.
           Elles se maquillent le matin.

           Jean regarde Marie et Marie regarde Jean.
           Ils se regardent l'un l'autre.

1. Jean se rase et Henri se rase.
2. Groucho frappe Harpo et Harpo frappe Groucho.
3. Napoléon écrit à Joséphine et Joséphine lui écrit.
4. Antoine se suicide et Cléopâtre se suicide.
5. Pierre embrasse Catherine et Catherine embrasse Pierre.
6. Elle dit bonsoir à Agnès et Agnès lui dit bonsoir.
7. Sa sœur se fie à lui et il se fie à sa sœur.
8. Maigret se méfie de Sherlock et Sherlock se méfie de Maigret.
9. Le voyou attaque Merlin et Merlin attaque le voyou.
10. Isabelle se couche de bonne heure et Ferdinand se couche de bonne heure.

B. Traduisez en français, puis jouez les dialogues.

1. A: Pierre and Jean-Louis, why are you hitting each other?
   B: We're brothers, aren't we?
2. A: Are Héloïse and Guy kissing each other again?
   B: Why not? They got married yesterday, didn't they?
3. A: Let's write to each other.
   B: Let's not write to each other.
   A: Are you serious?

Related Expressions

se souvenir de and *se rappeler:* to remember

1. **Se souvenir** is used with the preposition **de.**

   Vous souvenez-vous de cet auto-stoppeur?
   Do you remember that hitchhiker?

   Je me souviens très bien de lui.
   I remember him very well.

   Vous souvenez-vous de la circulation à Rome?
   Do you remember the traffic in Rome?

   Non, je ne m'en souviens pas.
   No, I don't remember it.

2. **Se rappeler** is not used with **de.**

Il se rappelle notre rendez-vous au Quartier latin.
He remembers our meeting in the Latin Quarter.

Vous rappelez-vous son adresse? —Non, je ne me la rappelle pas.
Do you remember his address? —No, I don't remember it.

Exercices

A. Employez au temps présent **se souvenir de** ou **se rappeler.**

1. Je _____ la jolie vendeuse du grand magasin *Au Printemps.*
2. Ils _____ de leurs excursions au bord de la mer.
3. Elle _____ la vie stimulante de Paris.
4. Nous _____ de nos promenades charmantes au Jardin du Luxembourg.
5. Je _____ les vues pittoresques de Californie.

B. Répondez par une phrase complète.

1. Vous rappelez-vous votre jeunesse? De qui ou de quoi vous souvenez-vous?
2. Vous rappelez-vous les Beatles (Elvis, Mae West)?
3. Vous souvenez-vous de votre première bicyclette (de votre naissance, du président Nixon, d'Édith Piaf, de Roy Orbison)?

THE *PASSÉ COMPOSÉ* AND THE IMPERFECT

The *passé composé* (compound past) and the imperfect are treated together here because they are often used together in expressing past actions and states.

Formation of the *passé composé*

The *passé composé* is composed of two parts:

parler

j'ai parlé	nous avons parlé
tu as parlé	vous avez parlé
il \	ils \
elle } a parlé	elles } ont a parlé
on /	

Formation of the past participle

1. The past participle of regular verbs is formed from the infinitive: parler, **parlé;** finir, **fini;** vendre, **vendu.**
2. The past participles of irregular verbs must simply be learned.

avoir, **eu**	boire, **bu** ⎫
être, **été**	connaître, **connu**
faire, **fait**	courir, **couru**
	croire, **cru**
couvrir, **couvert** ⎫ -ert	devoir, **dû**
offrir, **offert** ⎭	falloir, **fallu**
	lire, **lu** ⎬ -u
rire, **ri** ⎫ -i	paraître, **paru**
suivre, **suivi** ⎭	pouvoir, **pu**
	recevoir, **reçu**
s'asseoir, **assis** ⎫	savoir, **su**
mettre, **mis** ⎬ -is	tenir, **tenu**
prendre, **pris** ⎭	vivre, **vécu**
	vouloir, **voulu** ⎭
construire, **construit** ⎫	
dire, **dit** ⎬ -it	
écrire, **écrit** ⎭	

Formation of the auxiliary verb

The auxiliary verb is the present tense of either **avoir** or **être.**

1. **Avoir** is used in the *passé composé* of most verbs.

   J'ai vécu à Grenoble pendant cinq mois.
   I lived in Grenoble for five months.

   Ils ont bu de l'eau de source à la campagne.
   They drank spring water in the country.

2. **Être** is used in the *passé composé* of certain verbs.
   a. All reflexive and reciprocal verbs.

se lever	
je me suis levé(e)	nous nous sommes levé(e)s
tu t'es levé(e)	vous vous êtes levé(e)(s)
il ⎫ levé	ils ⎫ se sont levés
elle ⎬ s'est levée	elles ⎭ levées
on ⎭ levé	

Je me suis amusé dans ce bistro.
I had a good time in that bistro.

Ils se sont téléphoné tous les jours.
They telephoned each other every day.

b. Certain intransitive[1] verbs of motion

aller	
je suis allé(e)	nous sommes allé(e)s
tu es allé(e)	vous êtes allé(e)(s)
il ⎱	ils ⎱
elle ⎰ est allé/allée	elles ⎰ sont allés/allées
on	

Hier nous sommes allés en ville.
Yesterday we went downtown.

Following are the intransitive verbs that take **être.** Some are grouped by opposites to help you remember them.

aller / venir
arriver / partir
descendre / monter
entrer / sortir
naître / mourir

passer
rester
retourner
tomber

Ils sont tombés dans la rivière.
They fell in the river.

Elle est morte jeune.
She died young.

Compounds of these verbs also take **être.**

Ils sont redescendus du train.
They got off the train again.

Le voyou est devenu violent.
The hoodlum became violent.

Agreement of the past participle

In certain cases there is agreement of the past participle in the *passé composé.*

1. Verbs conjugated with **avoir**

   a. The past participle of verbs conjugated with **avoir** generally remains invariable.

---

[1]A transitive verb takes a direct object. In the sentence *She throws the ball, ball* is the direct object of the transitive verb *throws.* An intransitive verb does not take a direct object: *She is coming from France; They went out; He died yesterday.*

Elle a médité sur la destinée humaine au sommet d'une montagne isolée.
She meditated about human destiny on top of an isolated mountain.

Nous avons respiré l'air frais et pur de la campagne.
We breathed the fresh, pure air of the country.

b. However, the past participle agrees in number and gender with any *preceding direct object*. The preceding direct object may appear in the form of a personal pronoun, the relative pronoun **que**, or a noun preceded by the adjective **quel**.

Où avez-vous vu les serpents? —Je les ai vus dans un champ.
Where did you see the snakes? —I saw them in a field.

Voici les poissons gigantesques que nous avons attrapés!
Here are the gigantic fish that we caught!

Quelles boutiques avez-vous visitées?
What shops did you visit?

c. But there is *no* agreement with a preceding indirect object or with the pronoun **en.**

Elle leur a dit au revoir à l'aéroport.
She said goodbye to them at the airport.

Avez-vous vu des jeunes filles au bar? —Oui, j'en ai vu.
Did you see any girls in the bar? —Yes, I saw some.

2. Verbs conjugated with **être**

a. Reflexive and reciprocal verbs:
In most cases the reflexive pronoun is a direct object. This is true for verbs that have an obvious reflexive value, such as **se voir** (*to see oneself*), and for those that do not translate as reflexives in English, such as **se lever** (*to get up*). With these verbs the past participle agrees with the direct object reflexive pronoun. If the reflexive pronoun is clearly an indirect object, however, there is no agreement with the past participle.

Elle s'est levée de bonne heure.
She got up early.

Elles se sont regardées au même instant et se sont mises à rire!
They looked at each other at the same moment and began to laugh!

BUT:

Elles se sont parlé au téléphone pendant quatre heures!
They spoke to each other on the phone for four hours!

Ils se sont dit au revoir les larmes aux yeux.
They said goodbye to each other with tears in their eyes.

Note that when a reflexive verb is used with a part of the body in expressions such as **se laver les mains, se brosser les dents,** and **se gratter le dos,** the part of the body is the direct object and the reflexive pronoun is the indirect object. There is therefore no agreement with the past participle.

Elle s'est lavé les mains et s'est brossé les dents.
She washed her hair and brushed her teeth.

Note that the past participle also remains invariable in the common expressions **se rendre compte de** *(to realize)* and **se rappeler** *(to remember),* since the reflexive pronoun is an indirect object.

Nous ne nous sommes pas rendu compte des conséquences de nos
      actions.
We did not realize the consequences of our actions.

Elle s'est rappelé son séjour à la campagne.
She remembered her stay in the country.

b. The intransitive verbs of motion:
The past participle agrees in gender and number with the subject of the verb.

Nous sommes montés dans l'autobus.
We got on the bus.

Elles sont passées quatre fois devant la boutique.
They passed in front of the shop four times.

Occasionally, some of these verbs are used transitively: that is, they take a direct object. When used transitively, they are conjugated with **avoir,** in which case the past participle does not agree with the subject.

Malheureusement nous avons monté la tente sous une ruche!
Unfortunately, we put up the tent under a beehive!

Elles ont passé leurs vacances à Cannes.
They spent their vacation in Cannes.

Elle a sorti sa voiture du garage.
She took her car out of the garage.

Exercices

A. Transformez les phrases.

1. J'ai fait du camping. (nous, vous, ces citadins blasés, tu, le vieux général, on, je).
2. Je me suis promené(e) à Paris. (tu, ces amoureux, nous, vous, ce clochard, on, je)
3. Je suis sorti(e) du café (vous, tu, ces paysans, on, nous, le mendiant, je)

B. Mettez les verbes au **passé composé** en faisant l'accord s'il y a lieu.

1. (aller) elle, nous
2. (courir) nous, je
3. (couvrir) je, vous
4. (flâner) nous, tu
5. (faire) ils, vous
6. (offrir) je, nous
7. (s'amuser) elle, je
8. (se rendre compte) ils, tu
9. (rire) nous, elle
10. (visiter) elles, nous
11. (se chercher) ils, nous
12. (se sauver) elles, nous
13. (se parler) nous, elles
14. (rentrer) ils, vous
15. (se mentir) elles, ils
16. (voir) vous, je
17. (se téléphoner) nous, elles
18. (devenir) elle, je
19. (se dire au revoir) nous, elles
20. (se suicider) ils, elles

C. Complétez en employant un des verbes de la colonne de droite.

MODÈLE   trop tard   je suis rentré(e)
          Je suis rentré(e) trop tard.

1. à la pêche
2. un pique-nique
3. un bain de soleil
4. trop tard
5. dans les rues de Paris
6. un gratte-ciel magnifique
7. le 25 décembre
8. «l'addition, s'il vous plaît!»
9. de la limonade
10. mon travail
11. mon innocence

je suis rentré(e)
j'ai pris
j'ai fait
j'ai flâné
j'ai fini
je suis né(e)
j'ai dit
j'ai perdu
je suis allé(e)
j'ai bu
j'ai visité

D. Demandez à un(e) autre étudiant(e) ou au professeur...

1. s'il (si elle) a jamais visité Paris. Si oui, quels endroits il (elle) a visités.
2. s'il (si elle) a pris une douche (s'est lavé les cheveux, s'est brossé les dents) ce matin.
3. à quelle heure il (elle) s'est couché(e) hier soir.
4. s'il (si elle) a jamais habité dans une grande ville (dans une ferme).
5. à quelle heure il (elle) s'est réveillé(e) (s'est levé/e) ce matin.
6. s'il (si elle) est jamais allé(e) à Monte Carlo (en Afrique, en Chine).
7. s'il (si elle) a jamais couché à la belle étoile. Si oui, où?

E. Lisez chaque passage en entier, puis changez chaque phrase au **passé composé.**

   1. Babette se réveille.
     Elle se lève.
     Elle se lave.
     Elle s'habille.
     Elle regarde par la fenêtre.
     Elle voit un éléphant.
     Elle se déshabille.
     Elle retourne au lit.
   2. André va à la pêche.
     Il attrape un grand poisson.
     Il met le poisson dans son sac.
     Le poisson saute du sac!
     Le poisson tombe dans l'eau!
     André rentre.
     Il mange une pizza.

F. Faites l'accord du **participe passé** s'il y a lieu.

   1. Voici la cathédrale que nous avons _____ (visité).
   2. Est-elle _____ (allé) à la campagne pour oublier ses ennuis?
   3. Ils ont _____ (fait) un pique-nique au bord du lac.
   4. Quels champs le fermier a-t-il _____ (cultivé)?
   5. Je les ai _____ (vu) dans cette boutique hier soir.
   6. La pollution atmosphérique a _____ (couvert) la ville.
   7. Je leur ai _____ (téléphoné) trois fois hier soir.
   8. Regardez les poissons malsains que les gens ont _____ (attrapé) dans la Seine.
   9. Malheureusement ils ne se sont pas _____ (rendu) compte de l'indifférence des citadins.
  10. Nous nous sommes vite _____ (habitué) à la vie de banlieue.
  11. Voici la maison que nous avons _____ (construit).
  12. Quelle circulation nous avons _____ (vu) en ville!
  13. Ils sont _____ (allé) à la pêche à deux heures du matin!
  14. Voici un des grands magasins où nous avons _____ (fait) des courses.
  15. Les chauffeurs ont _____ (garé) leurs élégantes voitures dans l'avenue des Champs-Élysées.
  16. Pourquoi se sont-ils _____ (moqué) des mendiants?
  17. Dorine s'est _____ (lavé) les cheveux dans le lac.

Formation of the Imperfect

The imperfect is formed by replacing the **-ons** ending of the first person plural of the present tense with the imperfect endings **-ais, -ais, -ait, -ions, -iez, -aient.**

boire	stem: nous **buv**ons
je buv**ais**	nous buv**ions**
tu buv**ais**	vous buv**iez**
il ⎱ elle ⎬ buv**ait** on ⎰	ils ⎱ buv**aient** elles ⎰

Both regular and irregular verbs follow this rule: nous parlons, **je parlais;** nous finissons, **je finissais;** nous vendons, **je vendais;** nous avons, **j'avais;** nous faisons, **je faisais;** etc.

Note, however, the irregular imperfect stem of the verb **être : j'étais, tu étais,** etc. Note also the spelling changes of the **-cer** and **-ger** verbs:

commencer	stem: nous **commenç**ons
je commen**çais**	nous commen**cions**
tu commen**çais**	vous commen**ciez**
il ⎱ elle ⎬ commen**çait** on ⎰	ils ⎱ commen**çaient** elles ⎰
manger	stem: nous **mange**ons
je man**geais**	nous man**gions**
tu man**geais**	vous man**giez**
il ⎱ elle ⎬ man**geait** on ⎰	ils ⎱ man**geaient** elles ⎰

Exercice

Mettez les verbes à l'**imparfait.**

1. (tenir) elle
2. (flâner) nous
3. (mentir) il
4. (être) vous
5. (avoir) je
6. (faire) vous
7. (piquer) il
8. (sortir) je
9. (finir) nous
10. (construire) ils
11. (punir) on
12. (recevoir) tu
13. (rendre) je
14. (pouvoir) vous
15. (courir) nous
16. (se connaître) elles
17. (arranger) on
18. (rire) nous
19. (offrir) vous
20. (avancer) ils

Use of the *passé composé* and the *imperfect*

The *passé composé*

The *passé composé* is used to express a complete action in the past. The single form of the *passé composé* corresponds to three forms of the English past tense.

ils ont couru $\begin{cases} \textit{they ran} \\ \textit{they have run} \\ \textit{they did run} \end{cases}$

Hier j'ai visité quatre musées et trois cathédrales!
Yesterday I visited four museums and three cathedrals!

Avez-vous jamais couché à la belle étoile?
Have you ever slept outdoors?

Avez-vous entendu le bruit de la circulation hier soir?
Did you hear the noise of the traffic last night?

The action expressed is always a completed action. It may have been of short or long duration, or have been repeated a specified number of times.

Ma mère et moi, nous avons vécu à Rome pendant dix ans.
My mother and I lived in Rome for ten years.

Je vous ai téléphoné quatre fois lundi dernier.
I phoned you four times last Monday.

The imperfect

The imperfect is used to express past actions or states that were not completed ("imperfect" means, in fact, "not completed").

1. It expresses a continuous action in the past (equivalent to *was + verb + -ing,* in English). The *passé composé* is used to indicate any action that interrupts this continuous action.

   Elle traversait la rue quand elle a vu l'accident.
   She was crossing the street when she saw the accident.

   Je rentrais à bicyclette quand il a commencé à pleuvoir.
   I was going home on my bicycle when it began to rain.

2. It indicates a customary action in the past (equivalent to the past tense, or to *used to* + verb, in English).

   Quand j'étais jeune, je faisais du camping presque tous les mois.
   When I was young, I went (used to go) camping almost every month.

L'année dernière je quittais la ville le vendredi soir et j'y revenais le lundi matin.
Last year I used to leave (left) the city on Friday night and come back (came back) on Monday morning.

3. It is used to describe a past condition or state of mind that has no beginning or end.

Hier le ciel était bleu et la campagne était belle.
Yesterday the sky was blue and the country was beautiful.

Il savait que je n'aimais pas la ville!
He knew I didn't like the city!

However, when verbs denote a *change* in conditions or in a state of mind, they are put into the *passé composé*. Such states have a beginning and an end, and are therefore considered completed.

Soudain il a fait nuit.
Suddenly it became dark.

Il a eu peur quand ce type louche s'est approché de lui.
He got scared when that shady character approached him.

4. It is used with **depuis** or **il y avait... que** to express an action that began in the past and continued until another time, also in the past. English uses the progressive form of the pluperfect *(had been + present participle, or had been)* to express this idea.

Ils faisaient de la bicyclette depuis cinq minutes quand il a commencé à pleuvoir.
They had been bicycle riding for five minutes when it began to rain.

Il y avait cinq heures qu'elle flânait à Paris quand elle est tombée malade.
She had been strolling in Paris for five hours when she got sick.

Il y avait deux heures qu'il était dans le bois quand il a vu le feu.
He'd been in the woods for two hours when he saw the fire.

Exercices

A. Traduisez à l'**imparfait** ou au **passé composé** les verbes entre parenthèses.

1. Elle _____ *(was meditating)* sur la condition humaine quand un méchant moustique l'a piquée!

2. Quand je _____ *(was)* étudiant à Paris, je _____ *(used to frequent)* un petit café à côté de Notre-Dame de Paris.

3. Comment! Vous _____ *(visited)* le Louvre trois fois en une journée!
4. Heureusement, nous _____ *(were eating)* dans la tente quand il _____ *(began)* à pleuvoir.
5. Je _____ *(was taking a walk)* aux Champs-Élysées quand une femme un peu louche m' _____ *(said)* bonsoir.
6. Parlez-moi de tous les musées, les monuments et les grands magasins que vous _____ *(visited)* à Paris.
7. Gérard et son amie Nathalie _____ *(were having a picnic)* à Versailles quand _____ *(it got cold)*.
8. Ils _____ *(returned)* à la campagne à cause de la pollution et du bruit de la ville.
9. Nous _____ *(were sleeping outdoors)* quand soudain j' _____ *(felt)* quelque chose dans mon sac de couchage *(sleeping bag)*!
10. Nous _____ *(could not)* garer notre voiture parce que la circulation _____ *(was)* trop intense.
11. Pendant nos vacances d'été, nous _____ *(used to go fishing)* tous les matins.
12. Il _____ *(was)* très chaud ce matin-là, mais nous y _____ *(went)* quand même.
13. Pendant son séjour à Paris, elle _____ *(used to stroll)*, anonyme, dans les rues étroites du Quartier latin.
14. Les campagnards qui _____ *(were visiting)* Paris _____ *(got lost)* dans un grand magasin.
15. Il _____ *(became frightened)* quand il _____ *(heard)* un bruit étrange dans la rue derrière lui.
16. Il _____ *(was snowing)* quand Louise _____ *(had)* l'accident.

B. Répondez par une phrase complète.

1. Où êtes-vous allé(e) hier? Pleuvait-il? Faisait-il beau? Neigeait-il? De quelle couleur était le ciel?
2. Où avez-vous dîné hier? Qu'est-ce que vous avez mangé? Comment était le repas? Comment était le décor?
3. Quand vous étiez petit(e), quelles émissions *(programs)* regardiez-vous à la télévision? Où habitiez-vous? Quel était votre bonbon préféré?
4. Qu'est-ce que je faisais à six heures ce matin? Je dormais! Qu'est-ce que vous faisiez à six heures (à huit heures)?

C. Traduisez en français.

1. She had been shopping for five minutes when she lost her purse *(le sac)*.
2. They were walking in the woods when the bees stung them.
3. We'd been strolling in the Latin Quarter for an hour when the hoodlum attacked us!
4. He had been meditating for two days when he found the solution *(la solution)*.
5. The farmer had been in the field for two minutes when he saw the snake.

The *passé composé* and imperfect in narration[1]

The *passe composé* and the imperfect often appear together in past narrations. The *passé composé,* with its emphasis on completed action, is used to advance the narration: it indicates facts, actions, and events. The imperfect, with its emphasis on incomplete actions or states, is used to set the background: it describes outward conditions and inner states of mind.

Exercices

A. Voici un passage anglais écrit au temps passé. Identifiez (ne traduisez pas) les verbes qu'il faut mettre au **passé composé** ou à l'**imparfait.** Expliquez précisément les raisons de votre choix.

Yesterday morning I woke up early. I didn't feel well. I got out of bed, walked to the bedroom window, lifted the shade, and looked out. I immediately felt better. It was a beautiful summer day. There were no clouds in the sky and the sun was shining gloriously. I could hear the usual cacophony of city sounds. I went into the kitchen and kissed Barbara, who was already awake. She knew that I wanted to take a walk in the park.

We quickly ate breakfast, left the building, took the subway, got off after a short ride, and began our walk in the Luxembourg Gardens. We were quietly walking along, minding our own business, when we suddenly heard the sound of music behind us. We stopped, turned around, and saw an odd-looking old man who was playing the accordion. Passers-by were throwing coins at his feet while a small monkey was picking them up and putting them in a tin cup. As this one-man show was passing in front of me, I threw a couple of coins at his feet. Barbara barked approvingly. We then continued our walk.

B. Mettez les verbes entre parenthèses à l'**imparfait** ou au **passé composé.**

1. Michel et André, deux petits jumeaux gâtés, _____1_____ (entrer) dans le salon. Leur père _____2_____ (fumer) sa pipe. Leur mère _____3_____ (lire) un magazine. Leur frère _____4_____ (regarder) le télé.

   Tout d'un coup, ils _____5_____ (crier) ensemble : «Il y a un feu dans le jardin!» Leur père, leur mère et leur frère _____6_____ (se lever) et _____7_____ (regarder) par la fenêtre. Tout y _____8_____ (être) calme. Il n'y _____9_____ (avoir) pas de feu dans le jardin.

   Quand ils _____10_____ (se retourner) ils _____11_____ (voir) Michel et André qui _____12_____ (rire) aux éclats *(heartily)*. Leur père leur _____13_____ (donner) une bonne fessée.

---

[1]In formal narrations—historical works, novels, short stories, etc.—the *passé simple* (past definite) is often used instead of the *passé composé* (see p. 12).

2. Il _____<u>1</u> (être) sept heures du matin et Julie _____<u>2</u> (dormir) encore. Tout à coup sa mère l'a _____<u>3</u> (appeler). Julie _____<u>4</u> (se réveiller) mais elle _____<u>5</u> (ne pas bouger). Son lit _____<u>6</u> (être) le paradis! Alors, sa mère _____<u>7</u> (avoir) une idée. Elle _____<u>8</u> (téléphoner) à Julie! Quand Julie _____<u>9</u> (répondre) au téléphone, qui _____<u>10</u> (se trouver) à côté de son lit, elle _____<u>11</u> (entendre) sa mère qui _____<u>12</u> (dire) : «Lève-toi, paresseuse, tu vas être en retard!»

C. **Une visite à Paris.** Lisez le passage suivant en entier, puis mettez les verbes au **passé composé** ou à **l'imparfait,** selon le cas.

1. Georges le fermier décide de visiter Paris.
2. Il se lève à quatre heures du matin,
3. il prend son petit déjeuner,
4. et il part en voiture.
5. Il arrive à Paris à six heures du matin.
6. Comme Paris est beau à six heures du matin!
7. Il n'y a pas de bruit,
8. il n'y a pas de circulation,
9. il n'y a pas de pollution.
10. Georges fait beaucoup de choses.
11. Il flâne le long des quais,
12. il regarde les pigeons,
13. et il parle aux clochards.
14. À sept heures du matin il monte dans sa voiture
15. et il rentre chez lui.

—*Alors, Georges, est-ce que tu as visité quelques boîtes de nuit à Paris?*

Related Expressions

The verbs **partir, sortir, s'en aller, quitter,** and **laisser** all mean *to leave.* The first three are conjugated with **être,** the last two with **avoir.**

partir: **to leave**

À quelle heure est-elle partie hier soir?
What time did she leave last night?

sortir: **to go out**

Il est sorti il y a dix minutes, mais il va revenir tout de suite.
He left (went out) ten minutes ago, but he'll be back right away.

Je suis sorti avec Hélène parce qu'elle adore faire de la bicyclette.
I went out with Helen because she adores bike riding.

When **sortir** means *to leave* or *go out of* a place, it must be followed by **de.**

Ils riaient quand ils sont sortis du café.
They were laughing when they left the café.

Like the English verb *to go out,* **sortir** often implies leaving an enclosed area, such as a room, a car, a restaurant, etc.

s'en aller: **to go away**

Le voyou s'en est allé après avoir vu le gendarme.
The hoodlum left (went away) after seeing the policeman.

Allez-vous-en! Vous nous avez assez tourmentés!
Go away! You've bothered us enough!

quitter: **to leave someone or something**

Nous avons quitté la ville à cause de la pollution.
We left the city because of the pollution.

Elle faisait des courses quand je l'ai quittée.
She was shopping when I left her.

Quitter is never used alone; it always takes a direct object.

laisser: **to leave someone or something somewhere**

Zut! J'ai laissé mon parapluie au Louvre!
Darn it! I left my umbrella at the Louvre!

Quand j'ai laissé Hubert à la soirée, il s'amusait beaucoup.
When I left Hubert at the party, he was having a great time.

Like **quitter, laisser** always takes a direct object.

venir de + **infinitive**

The imperfect tense of **venir de** + *infinitive* is the equivalent of the English *had just* + *past participle.*

Elles venaient de prendre un bain de soleil quand elles sont tombées malades.
They had just sunbathed when they got sick.

Remember that the present tense of **venir de** + *infinitive* means *have (has) just* + *past participle* in English.

Je viens de rentrer.
I have just returned home.

Exercices

A. Traduisez en français les mots entre parenthèses.

1. Ils _____ *(left the city)* pour faire un petit séjour à la campagne.
2. Nous _____ *(left Madeleine)* à Chartres parce qu'elle voulait y passer toute la journée!
3. Nous _____ *(left the house)* parce qu'il faisait beau.
4. Elle m'a dit qu'elle allait rester avec moi, mais elle _____ *(left)* quand même.
5. Quand le clochard _____ *(left)* le bar, tout le monde s'est mis à rire.
6. Elle _____ *(left her book)* sur la littérature romantique au bord d'un lac.
7. Après avoir passé deux jours à Paris, le campagnard _____ *(left)*.
8. Quand les abeilles _____ *(left)*, nous avons recommencé notre pique-nique.
9. _____ *(Leave)!* J'en ai assez de vos histoires!
10. Elle avait si peur de faire son exposé qu'elle _____ *(left the classroom)*.

B. Traduisez en français, puis jouez le dialogue.

A: Why are you leaving the restaurant?
B: I left my keys in the car.
A: Again?
B: Do you want to come with me?
A: Leave!

C. Qu'est-ce que le petit Toto vient de faire? Répondez en employant *venir de* avec une expression de la colonne de droite.

MODÈLE   Toto est bronzé.   jouer au soleil
         Il vient de jouer au soleil.

1. Toto pleure.   faire du ski
2. Toto est bronzé.   tomber dans l'escalier
3. Toto a peur.   faire des courses
4. Toto est tout mouillé.   jouer dans la boue *(mud)*
5. Toto est très content.   attraper un gros poisson
6. Toto s'est cassé le bras.   jouer au soleil
7. Toto est très sale.   perdre sa bicyclette
                                voir un grand serpent
                                se perdre dans la forêt
                                tomber dans un lac

D. Traduisez en français en employant **venir de.**

1. I had just left the night club when I had the accident.
2. A mosquito had just stung me.
3. M. Saumon had just caught a fish when we arrived.
4. They had just left.
5. They'd just gotten lost when I found them!
6. She was quite tanned because she had just taken a sunbath.

Exercices d'ensemble

I. Répondez en français par une phrase complète.

1. Vous coupez-vous quand vous vous rasez?
2. Êtes-vous de bonne ou de mauvaise humeur quand vous vous réveillez?
3. Aimez-vous vous coucher tôt ou tard?
4. Quand est-ce que vous vous taisez? Quand est-ce que vous ne vous taisez pas?
5. En quoi vous spécialisez-vous à l'université?
6. Vous intéressez-vous à la vie culturelle de la ville?
7. Vous fiez-vous aux autres ou vous méfiez-vous des autres?
8. Êtes-vous né(e) en ville ou à la campagne?
9. À quelle heure vous êtes-vous couché(e) hier soir?
10. Vous fâchez-vous souvent?

II. Répondez précisément en employant deux ou trois phrases complètes.

1. Avez-vous peur de vous promener en ville le soir?
2. Avez-vous jamais fait du camping?
3. Si vous avez visité récemment une grande ville, expliquez comment vous l'avez trouvée et ce que vous y avez fait.
4. Avez-vous jamais rencontré un serpent? Si oui, qui s'est sauvé plus vite, vous ou lui?
5. Êtes-vous jamais allé(e) en France? Si oui, quand?
6. Comment comptez-vous vous amuser ce week-end?
7. Qu'est-ce que vous avez fait pendant votre dernier séjour à la campagne?
8. Vous ennuyez-vous en ville?
9. Vous êtes-vous jamais perdu(e) en ville ou à la campagne?
10. Avez-vous jamais couché à la belle étoile? Si oui, où?

III. Traduisez en français.

1. They had just visited friends in Marseille when they got sick.
2. We had been waiting for him for two hours when he arrived!
3. We had just returned from the suburbs.
4. We have just visited an interesting shop.
5. We had been bicycling for five days when finally we saw Paris!

IV. Décrivez au présent une de vos journées typiques en employant les verbes suivants. Arrangez-les par ordre chronologique.

se raser	se couper	se mettre au travail
se coucher	s'endormir	s'habiller
se regarder dans la glace	se maquiller	se mettre à table
se laver	se lever	se reposer
	se réveiller	se déshabiller

V. Lisez les passages suivants en entier, puis mettez les verbes au **passé composé** ou à **l'imparfait,** selon le cas.

1. Il est onze heures du matin.
   Il fait beau.
   Mais il fait chaud.
   Brigitte entre dans un café.
   Elle commande un thé glacé.
   Bruno entre dans le café.
   Il voit Brigitte.
   Brigitte est belle!
   Elle est fascinante!
   Bruno sourit à Brigitte.
   Brigitte lui sourit aussi.

2. Il fait très beau à Paris.
   Le soleil brille, et le ciel est bleu.
   À dix heures Sally et Peggy quittent leur hôtel.
   Elles vont tout de suite au Louvre.
   Le Louvre est très intéressant.
   Après la visite elles prennent une bière.
   À midi elles visitent Notre-Dame.
   La cathédrale est magnifique!
   Après la visite elles prennent une autre bière.
   À deux heures elles montent à la Tour Eiffel.
   La tour est belle.
   Après la visite, elles prennent une autre bière
   Sally et Peggy sont très fatiguées.
   Elles rentrent à l'hôtel, où elles boivent du café!

VI. Mettez les verbes entre parenthèses au **passé composé** ou à **l'imparfait,** selon le cas.

A. Il _____ 1 (faire) frais et le ciel _____ 2 (être) bleu à Paris. Roger et Suzanne Smith, touristes intrépides et hardis, _____ 3 (prendre) le petit déjeuner, un café crème et des croissants, dans un café. Ils _____ 4 (venir) de se lever. Ils _____ 5 (se parler) et _____ 6 (lire) avec beaucoup d'attention le guide Michelin. Ils _____ 7 (avoir) l'air un peu gênés parce qu'ils _____ 8 (savoir) que la fin de leur tour d'Europe était arrivée et ils n'_____9 (avoir) qu'une journée à passer à Paris! Leur avion _____10 (aller) partir le lendemain matin.

À 9 h. précises, ils _____11 (aller) en taxi au Musée du Louvre. Ils y _____12 (admirer) la Mona Lisa et la Vénus de Milo. Malheureusement, ils n'y _____13 (rester) pas longtemps parce qu'il _____14 (falloir) se dépêcher! Entre 10 h. et 11 h. ils _____15 (courir) dans les galeries du Musée d'Orsay, le musée des peintres impressionnistes. Les tableaux de Van Gogh les _____16 (impressionner). Entre 11 h. et 12 h. 30 ils _____17 (se promener) sur les Champs-Élysées, le grand boulevard chic de Paris. Il y _____18 (avoir) beaucoup de distractions intéressantes : des boutiques, des cinémas, des boîtes de nuit et le fameux Drugstore. Ils _____19 (se promener) depuis une heure quand ils _____20 (décider) d'entrer dans un café pour déjeuner. Ils _____21 (être) si pressés qu'ils _____22 (finir) de déjeuner en un quart d'heure! Pendant le reste de l'après-midi ils _____23 (visiter) la cathédrale de Notre-Dame de Paris, la Sainte-Chapelle, les Invalides (le tombeau de Napoléon) et, finalement, le Quartier latin. À 5 h. ils _____24 (rentrer) à l'hôtel où ils _____25 (se reposer) un peu.

Ils _____26 (passer) une soirée aussi magnifique que leur journée. Ils _____27 (dîner) dans un restaurant de luxe, et puis, ils _____28 (aller) voir *Le Bourgeois gentilhomme* de Molière à la Comédie-Française. À minuit, pendant que Roger _____29 (faire) les valises, Suzanne _____30 (remarquer) qu'ils avaient oublié de visiter la Tour Eiffel. Quel dommage!

B. Quand Chantal _____1 (être) élève à l'école primaire, elle _____2 (passer) chaque été en Bretagne chez son oncle Marc et sa tante Agnès. Ils _____3 (habiter) une petite ferme à la campagne. Le matin Chantal _____4 (accompagner) son oncle aux champs où il _____5 (cultiver) la terre. Elle _____6 (aimer) respirer l'air pur et goûter le silence dans cet endroit tranquille et paisible. Le soir elle _____7 (écouter) le chant des insectes en se reposant sur son lit.

La petite Chantal ne _____8 (s'ennuyer) jamais avec son oncle et sa tante. Ils la _____9 (traiter) bien mieux que ses parents qui ne _____10 (s'occuper) jamais d'elle et qui ne _____11 (sembler) pas l'aimer.

Sujets de discussion ou de composition

1. Racontez une historie (réelle ou imaginaire, amusante ou sérieuse) qui vous est arrivée en ville.
2. Racontez une histoire (réelle ou imaginaire, amusante ou sérieuse) qui vous est arrivée à la campagne.
3. On a tendance à stéréotyper la vie en ville, la vie en banlieue et la vie à la campagne. Présentez quelques stéréotypes et expliquez pourquoi ils sont faux.
4. Vous avez l'occasion de passer une semaine à la campagne ou dans une ville de votre choix. Où voudriez-vous aller? Pourquoi?

5

Interrogatives and Negatives

Chapter 5 at a Glance

Interrogatives

I. Posez une question en employant l'**inversion**.

1. Il respecte les pauvres.
2. Une société sans classes est possible.
3. Cette jeune fille a de la classe.
4. Ses parents ont gagné beaucoup d'argent.

II. Posez des questions avec **est-ce que** et **n'est-ce pas** en employant les phrases de l'exercice I.

III. Formulez une question en employant **combien, comment, où, pourquoi** ou **quand**.

1. Il ira loin parce qu'il est ambitieux.
2. Ce charpentier est gentil et poli.

IV. Posez une question en employant les pronoms interrogatifs **qui, qui est-ce qui, que, qu'est-ce que** ou **qu'est-ce qui**.

1. Il est devenu médecin après ses études.
2. Une vie confortable l'intéresse beaucoup!
3. C'est Jeanne qui a une grande fortune.

V. Traduisez en employant la forme convenable de **quel** ou **lequel**.

1. _____ *(What a)* mauvaise odeur!
2. _____ *(Which one)* de ces jeunes filles a de si bonnes manières?

VI. Traduisez en français en employant **quelle est** ou **qu'est-ce que c'est que**.

1. _____ *(What is)* la bourgeoisie?
2. _____ *(Which is)* la date aujourd'hui?

Negatives

VII. Mettez au **négatif** en employant **ne... pas**.

1. Elle est vendeuse.
2. Jouent-ils au bridge ce soir?
3. J'aime critiquer les gens.
4. Pourquoi suis-je né riche?
5. Il est important d'être snob. *(Mettez l'infinitif au négatif.)*

VIII. Répondez au **négatif** en employant **ne... jamais** ou **ne... plus**.

1. Êtes-vous jamais allé à l'opéra?
2. Avez-vous encore de la bière?

IX. Répondez au **négatif** en employant **ne... personne, personne ne, ne... rien** ou **rien ne.**

    1. Qu'est-ce que ce millionnaire a fait pour aider les pauvres?
    2. Qui veut vivre dans la misère?

X. Substituez l'expression **ne... que** pour l'adverbe **seulement.**

    1. Elle est vulgaire seulement avec ses amies.
    2. Elle aime seulement les gens cultivés.

XI. Répondez au **négatif** en employant **ne... aucun(e), aucun(e)... ne** ou **ne... ni... ni.**

    1. Ont-ils l'intention de partir?
    2. Quelle classe sociale est parfaite?
    3. Qu'est-ce que votre frère veut devenir, médecin ou avocat?

XII. Traduisez en français.

    1. I don't think so.
    2. There is nothing interesting here!
    3. Thanks.—It's nothing.

Vocabulaire du thème : *Les classes sociales*

Les classes

la **haute société** high society
la **classe moyenne** middle class
la **classe ouvrière** working class
le **clochard**, la **clocharde** bum
le **peuple** the people
le **patron**, la **patronne** boss
l' **ouvrier** *m,* l' **ouvrière** *f* worker

la **profession**[1] profession
le **métier** trade
le **charpentier** carpenter
l' **électricien** *m,* l' **électricienne**
    electrician
le **mécanicien**, la **mécanicienne**
    mechanic
le **plombier** plumber

Le succès

l' **ambition** *f* ambition
ambitieux, ambitieuse ambitious
gagner sa vie to earn one's living
aller loin to go far, get ahead
améliorer sa condition sociale to
    improve one's social position
le, la **millionnaire** millionaire
le **nouveau riche** nouveau riche
l' **arriviste** *m, f* social climber
le, la **snob** snob
impressionner to impress

le **pouvoir** power
le **prestige** prestige
le **luxe** luxury
somptueux, somptueuse
    luxurious
aisé well-to-do
propre clean

---

[1]For a list of the masculine and feminine forms of many professions, see p. 58.

La pauvreté

les **taudis** *m*   slums
la **misère**   misery, distress
misérable   miserable
malsain   unhealthy
pénible   hard (difficult), painful
sale   dirty

se **révolter contre**   to revolt against
faire la grève   to go on strike, to strike
être exploité   to be exploited
le **syndicat**   union

Manières et goût

les **manières** *f*   manners
être bien élevé   to be well-bred
avoir bon (mauvais) goût   to have good (bad) taste
avoir de la classe   to have class
comme il faut   proper
poli   polite
raffiné   refined
sophistiqué   sophisticated
élégant   elegant

être mal élevé   to be ill-bred
grossier, grossière   gross, coarse
vulgaire   vulgar

Exercices

A. **Mise en scène.**   Complétez en employant une ou plusieurs expressions du *Vocabulaire du thème*, puis jouez les dialogues.

1. A: Tu veux devenir avocat(e)? Mais c'est impossible! Tu n'as pas d'argent.
   B: Je suis pauvre, c'est vrai, mais...
   A: Tu devrais choisir un bon métier. C'est plus sage.
   B: Non, (nom), je vais devenir avocat(e). Je...
2. A: J'aime Isabelle, tu sais. Elle a de la classe.
   B: C'est vrai. Elle...
   A: Elle est si différente de sa sœur Babette!
   B: Tu as raison. Babette est...

B. **Situations.**   Répondez en employant une ou plusieurs expressions du *Vocabulaire du thème*.

1. Vous êtes Lucie Lachaise, une pauvre jeune fille sans fortune. Vous êtes intelligente, vous avez du talent, et vous voulez réussir. Dites à votre amie, Mimi Dubois, ce que vous rêvez de faire plus tard.
2. Quelle sorte de personnes préférez-vous? Complétez le monologue suivant : "J'aime beaucoup les gens..., j'aime assez les gens..., mais je déteste les...!"
3. À qui allez-vous téléphoner :
   a. si votre voiture ne marche pas?
   b. si l'électricité ne fonctionne pas?
   c. si vous voulez faire construire un nouveau garage?
   d. si vous êtes malade et ne pouvez pas aller au bureau?
   e. si vous avez mal aux dents?
   f. si vous ne savez pas la grammaire française?

INTERROGATIVES

Formation of Questions

Inversion of the subject and verb

1. Simple tenses

    a. If the subject is a pronoun, it is inverted with the verb and connected to the verb by a hyphen.

    Voudriez-vous être riche?
    Would you like to be rich?

    Vous méfiez-vous de votre patron?
    Do you distrust your boss?

    Verbs ending in a vowel in the third person singular insert **-t-** between the verb and the inverted subject pronoun.

    Travaille-t-elle maintenant comme électricienne?
    Is she working now as an electrician?

    Admire-t-il vraiment less nobs?
    Does he really admire snobs?

    b. If the subject is a noun, the order is *noun subject + verb + pronoun subject.*

    Marie habite-t-elle une grande maison?
    Does Mary live in a large house?

    Une société sans classes est-elle possible?
    Is a classless society possible?

2. Compound tenses

    In compound tenses inversion takes place only with the auxiliary verb. Inversion of the auxiliary verb follows the same rules as for simple verbs.

    Cet arriviste a-t-il impressionné le patron?
    Did that social climber impress the boss?

    Avez-vous remarqué ses manières impeccables?
    Did you notice his impeccable manners?

    Vous êtes-vous reposé après le travail?
    Did you rest after work?

est-ce que

The question **est-ce que** placed before any sentence transforms it into a question.

Est-ce que vous êtes trop ambitieux?
Are you too ambitious?

Est-ce que les bourgeois respectent les pauvres?
Do members of the middle class respect the poor?

Est-ce que is almost always used when asking a question in the first person singular. However, the expression **ai-je** *(have I)*, **dois-je** *(must I)*, **puis-je** *(may I)*, and **suis-je** *(am I)* are sometimes used.

Est-ce que j'ai l'air d'être avare?
Do I look greedy?

Est-ce que je vous gêne parce que je ne suis pas comme il faut?
Do I bother you because I'm not proper?

Puis-je vous poser une question indiscrète?
May I ask you an indiscreet question?

n'est-ce pas

The expression **n'est-ce pas,** usually placed at the end of a sentence, expresses confirmation or denial. It is equivalent to the expressions *aren't you, didn't you, isn't he, isn't it,* etc., in English.

Vous êtes fauché, n'est-ce pas?
You're broke, aren't you?

Vous cherchez une situation satisfaisante, n'est-ce pas?
You're looking for a satisfying job, aren't you?

Rising intonation

Any sentence can be made interrogative by pronouncing it with a rising intonation. This manner of asking a question is conversational and colloquial; the other interrogative patterns should be used in formal writing.

Salut! Vous avez bien dormi?
Hi! Did you sleep well?

Tu viens à la réunion du syndicat demain?
(Are) you coming to the union meeting tomorrow?

Exercices

A. Voici des réponses. Posez les questions convenables en employant l'inversion.

1. Au contraire, je gagne très peu d'argent.
2. De la classe? Vous plaisantez. Louise n'a pas de classe!
3. Oui, Delphine est très snob!
4. Oui, il m'a beaucoup impressionné.
5. Mécanicien? Non, Pierre n'est pas mécanicien. Il est charpentier.
6. Oui. Malheureusement, les pauvres sont exploités.
7. Oui. Malheureusement, les millionnaires réussissent toujours!
8. Non, Sylvie n'est pas devenue professeur. Elle est devenue médecin.

B. En employant les phrases de l'exercice A, posez des questions avec **est-ce que** et **n'est-ce pas.**

C. En employant l'inversion ou **est-ce que**, demandez à un(e) autre étudiant(e) ou au professeur...

—*Pourquoi est-ce que vous vivez comme ça?*
—*Parce que je suis libre, idiot!*

1. s'il (si elle) aime les snobs.
2. si ses amis ont de la classe.
3. si son(sa) meilleur(e) ami(e) est aisé(e).
4. où ses parents sont nés.
5. s'il (si elle) a jamais travaillé dans une usine (dans une banque, dans un bar).
6. s'il (si elle) s'est jamais révolté(e) contre ses parents (le professeur).
7. s'il (si elle) se méfie des riches (des hommes d'affaires, des vendeurs d'automobiles).
8. s'il (si elle) a jamais eu un accident de voiture.

Interrogative Words

The interrogative adverbs

With the common interrogative adverbs **combien** *(how much)*, **comment** *(how)*, **où** *(where)*, **pourquoi** *(why)*, and **quand** *(when)*, the order *adverb + inverted verb* is always correct.

Comment les pauvres vont-ils sortir du ghetto?
How are the poor going to get out of the ghetto?

Pourquoi ce mécanicien n'aime-t-il pas son métier?
Why doesn't this mechanic like his trade?

Quand cessera-t-il de faire ce travail ingrat?
When will he stop doing this thankless work?

In short questions composed only of **combien, comment, où,** or **quand** with a noun subject and a verb, the order *adverb + verb + noun* may be used. The adverb **pourquoi**, however, does not follow this rule.

Combien a gagné le patron?
How much did the boss make?

Comment vont les ouvriers?
How are the workers?

Où vont les employés?
Where are the employees going?

BUT:

Pourquoi ce clochard chante-t-il?
Why is that bum singing?

Note that **Comment + être** asks for a description: it corresponds to *What is (are) . . . like?* in English.

Comment est la haute société en France?—Très snob!
What's high society like in France?—Very snobbish!

Comment est ton patron?—Il est poli mais sévère.
What's your boss like?—He's polite but stern.

Exercices

A. Ces phrases sont des réponses. Formulez des questions en employant **combien, comment, où, pourquoi** ou **quand.**

1. Ce clochard s'appelle Georges.
2. Il est sale et vulgaire, mais il est intelligent aussi.
3. Il habite sous un pont.
4. Il ne travaille pas parce que le travail l'ennuie.
5. Il a beaucoup d'amis.
6. Il a très peu de vêtements.
7. Il se lève de bonne heure.
8. Il se couche après minuit.
9. Il est clochard parce qu'il aime la liberté.

B. Préparez trois questions originales en employant **comment, combien, où, pourquoi** ou **quand,** et posez-les à un(e) autre étudiant(e) ou au professeur.

C. Imaginez que vous pouvez poser une seule question aux personnes suivantes. Commencez votre question par **comment, combien, où, pourquoi** ou **quand.**

MODÈLE   à un clochard
            Pourquoi ne travaillez-vous pas?
     ou :   *Où dormez-vous?*

1. à un gangster
2. à un millionnaire
3. au président de l'université
4. au professeur

5. au président des États-Unis
6. à un alcoolique
7. à un snob
8. à un chat

The invariable pronouns

function	persons	things
subject	qui *or* qui est-ce qui *(who)*	qu'est-ce qui *(what)*
direct object	qui *(whom)*	que *(what)*
object of preposition	qui *(whom)*	quoi *(what)*

As the table shows, the invariable interrogative pronouns are classified according to their nature (persons, things) and their function (subject, direct object, object of a preposition). Both factors must be considered in choosing the proper interrogative pronoun. Note, however, that **qui** referring to persons is correct for all functions.

Qui (qui est-ce qui) va travailler dans ce bureau?
Who (person, subject) *is going to work in this office?*

Qu'est-ce qui vous empêche d'aller loin?
What (thing, subject) *keeps you from getting ahead?*

Que voulez-vous comme salaire?
What (thing, direct object) *do you want for a salary?*

Qui veut-elle impressionner?
Whom (person, direct object) *does she want to impress?*

Avec quoi le charpentier réparera-t-il cette maison?
With what (thing, object of preposition) *will the carpenter repair this house?*

Contre qui allez-vous vous révolter?
Against whom (person, object of preposition) *are you going to revolt?*

Note that **que** elides to **qu'** before a vowel or mute **h.**

Qu'a-t-il choisi comme profession?
What has he chosen as a profession?

1. In sentences beginning with the subject pronouns, the order *pronoun + uninverted verb* is always followed.

   Qui remplacera notre patronne?   Qu'est-ce qui se passe?
   Who will replace our boss?   *What's happening?*

2. In sentences beginning with the object pronouns (direct objects and objects of prepositions), the two most common ways of asking questions, **est-ce que** or inversion, are used.

   Qui a-t-elle embarrassé?
   Qui est-ce qu'elle a embarrassé?
   Whom did she embarrass?

   Qu'avez-vous trouvé comme emploi?
   Qu'est-ce que vous avez trouvé comme emploi?
   What have you found for a job?

   De quoi a-t-il besoin pour aller loin?
   De quoi est-ce qu'il a besoin pour aller loin?
   What does he need to get ahead?

3. However, if a sentence beginning with **que** has a noun subject, inversion of the subject pronoun cannot be used. The order **que** + *verb* + *noun subject* must be used instead.

   Que veut la classe ouvrière?
   What does the working class want?

Exercices

A. Quelle question allez-vous poser aux personnes suivantes? Répondez en employant **qu'est-ce que** selon le modèle.

MODÈLE   à un vendeur
          Qu'est-ce que vous vendez?

1. à un professeur   5. à un compositeur
2. à un grand fumeur   6. à un mécanicien
3. à un grand buveur   7. à un étudiant
4. à un écrivain

B. Imaginez que vous êtes une personne très curieuse. Un de vos amis est allé aux endroits suivants. Demandez-lui ce qu'il y a fait en employant **qu'est-ce que** et le **passé composé** selon le modèle.

MODÈLE   Votre ami est allé au restaurant.
          Qu'est-ce que vous avez mangé?

Votre ami est allé...

1. au bar.
2. au magasin.
3. au cinéma.
4. au concert.
5. à la bibliothèque.

C. Posez une question en employant l'expression **avoir besoin de** et le pronom **quoi** selon le modèle.

MODÈLE   d'une voiture à réparer
          De quoi un mécanicien a-t-il besoin?

1. d'un verre de lait
2. d'une maison à construire
3. d'une nouvelle pipe
4. d'une bouteille de vin
5. d'inspiration
6. de beaucoup d'ambition
7. de beaucoup d'argent
8. d'un W.C. qui ne fonctionne pas

D. Remplacez les tirets par **qui** ou **qu'est-ce qui,** puis jouez les dialogues.

1. A: _____ vous ennuie à l'école?
   B: Tout!
2. A: _____ a causé l'accident?
   B: C'est lui! C'est lui qui l'a causé!
3. A: _____ vient de frapper à la porte?
   B: Je, je ne sais pas... j'ai peur!
4. A: _____ se passe?
   B: _____ se passe?
   A: Oui, _____ se passe?
   B: Rien.
5. A: _____ impressionne ce snob?
   B: L'argent, imbécile, l'argent!

E. Traduisez en français puis jouez les dialogues.

1. A: What's happening?
   B: Not much. What do you want to do?
   A: What interests you?
   B: Nothing.
   A: Whom do you want to see?
   B: No one.

2. A: Why did you say I was a snob?
    B: Who told you that?
    A: Jean-Louis.
    B: What was he talking about?
    A: I don't know.
    B: Never listen to Jean-Louis. He's crazy!

F. Préparez cinq questions originales (amusantes? sérieuses? impertinentes?) en employant
    qui, qu'est-ce qui, que, qu'est-ce que et **quoi,** et posez-les à un(e) autre étudiant(e) ou
    au professeur.

The variable pronoun *lequel* (which one, which)

	masculine	feminine
singular	lequel	laquelle
plural	lesquels	lesquelles

Lequel agrees in gender and number with the noun to which it refers.

Ma sœur est au chômage.—Laquelle?
My sister is unemployed.—Which one?

Lequel de ces ouvriers a volé l'argent?
Which (one) of these workers stole the money?

Lequel and **lesquel(le)s** contract with the prepositions **à** and **de : auquel,
auxquel(le)s, duquel, desquel(le)s.**

J'ai parlé à certains membres du syndicat.—Auxquels?
I spoke to certain members of the union.—To which ones?

Il y a deux syndicats dans cette entreprise. Duquel voulez-vous faire partie?
There are two unions in this company. Which do you want to belong to?

The adjective *quel* (which, what)

	masculine	feminine
singular	quel	quelle
plural	quels	quelles

The adjective **quel** agrees in number and gender with the noun it modifies.

Quelle profession a-t-elle choisie?
What (which) profession did she choose?

Quelles conditions de travail existent dans cette usine?
What working conditions exist in this factory?

Quelle est la date de la grève?
What is the date of the strike?

Quel is also used to express the English exclamations *What a . . . !* or *What . . . !*

Quelle maison propre et confortable!
What a clean and comfortable house!

Quelle bêtise!
What nonsense!

Quel culot!
What nerve!

Exercices

A. Traduisez en employant la forme convenable de **quel** ou **lequel.**

1. _____ *(What)* jolies jambes!
2. Diane, je parle de votre amie.— _____ *(which one)*?
3. _____ *(What)* milieux sociaux fréquentez-vous?
4. _____ *(Which one)* de ces jeunes filles veut devenir électricienne?
5. Un de ses fils a dépensé trop d'argent.— _____ *(Which one)*?
6. _____ *(What a)* employé ingrat!
7. _____ *(What an)* odeur!
8. _____ *(What)* conditions de vie déplorables!
9. Il y a deux usines dans la ville. _____ *(Which)* voulez-vous visiter?
10. _____ *(What a)* villa somptueuse!

B. Posez des questions à un(e) autre étudiant(e) ou au professeur en employant la forme correcte de **quel** selon le modèle.

MODÈLE　son adresse
Quelle est ton (votre) adresse?
ses écrivains préférés
Quels sont tes (vos) écrivains préférés?

1. ses boissons préférées
2. son bonbon
3. son sport préféré
4. ses musiciens préférés
5. ses magazines préférés
6. sa voiture préférée
7. sa couleur préférée
8. son poète préféré

Related Expressions

The interrogative construction *what is . . . ?*

1. If the answer to the question *What is . . . ?* is a definition, the expressions
    qu'est-ce que or **qu'est-ce que c'est que** are used. These are fixed
    forms; they agree in neither gender nor number.

    Qu'est-ce qu'un arriviste?   Qu'est-ce que c'est que la haute société?
    What is a social climber?   *What is high society?*

2. If the answer is anything other than a definition—dates, names, facts,
    etc.—the adjective **quel** is generally used, agreeing with the noun in
    question.

    Quelle est la date de son anniversaire?   Quel est son rôle dans l'entreprise?
    What is the date of his birthday?   *What is his role in the business?*

    When the adjective **quel** modifies plural nouns, the English equivalent
    is *What are . . . ?*

    Quelles sont les règles de la société?
    What are society's rules?

Exercices

A. Traduisez en français les mots entre parenthèses.

1. *(What is)* la dignité humaine?
2. *(What are)* ses conclusions définitives?
3. *(What is)* le métier de votre père?
4. *(What is)* la démocratie?
5. *(What is)* la politesse française?
6. *(What is)* la date aujourd'hui?
7. *(What is)* sa classe sociale?
8. *(What is)* une classe sociale?
9. *(What are)* les plus grandes villes du monde?

—Papa, qu'est-ce que c'est qu'un snob?

B. Posez une question en employant **qu'est-ce que c'est que** ou la forme correcte de **quel** selon le modèle.

> MODÈLE C'est une personne qui a des millions.
> *Qu'est-ce que c'est qu'un millionnaire?*
>
> 10, rue de l'Université.
> *Quelle est votre (ton) adresse?*

1. C'est une personne qui répare les voitures.
2. C'est l'interruption du travail par des ouvriers.
3. Je suis femme d'affaires.
4. C'est un endroit où on passe beaucoup de temps à boire et à bavarder.
5. C'est une personne, généralement insupportable, qui essaie d'impressionner les autres par ses manières artificielles.
6. Je m'appelle Louis XIV.
7. 15, rue Saint-Jacques.
8. C'est la classe qui a beaucoup de pouvoir.

C. Préparez deux questions personnelles comme celles de l'exercice B.

NEGATIVES

ne... pas	*not*	**ne... rien**	*nothing*
ne... jamais	*never*	**ne... que**	*only*
ne... plus	*no longer, not any more*	**ne... aucun**	*no, not any*
ne... point	*not*	**ne... ni... ni**	*neither . . . nor*
ne... personne	*no one*		

The Basic Negative: *ne... pas*

Position

1. With simple verbs

   a. To form the negative, **ne** is normally placed before the verb and **pas** after it.[1] If the sentence contains object pronouns, they are placed between **ne** and the verb.

   Elle ne travaille pas dans ce magasin.
   She doesn't work in this store.

---

[1]The omission of **ne** is frequent in current popular speech: **C'est pas vrai; J'en veux pas; J'étais pas comme ça.**

Ne faites pas attention à ses remarques présomptueuses.
Don't pay attention to his presumptuous remarks.

Il ne me les donne pas tout de suite.
He doesn't give them to me right away.

Je ne me moque pas de toi!
I'm not making fun of you!

Note that **ne** changes to **n'** before a verb beginning with a vowel or mute **h.**

David n'habite pas dans un appartement somptueux.
David doesn't live in a luxurious apartment.

Elle n'aime pas les snobs.
She doesn't like snobs.

b. In interrogative sentences, **ne** is placed before the inverted subject pronoun and verb, and **pas** after them. If the sentence contains object pronouns, they are placed between **ne** and the inverted subject pronoun and verb.

N'a-t-il pas l'air un peu trop raffiné?
Doesn't he look a little too refined?

Les patrons n'exploitent-ils pas leurs employés?
Don't the bosses exploit their employees?

Ne les préférez-vous pas?
Don't you prefer them?

If the interrogative form **est-ce que** is used, the general rule in the preceding section 1.a is followed.

Est-ce qu'il n'a pas l'air un peu trop raffiné?
Est-ce que les patrons n'exploitent pas leurs employés?

c. In sentences containing a verb followed by a complementary infinitive, only the main verb is made negative.

Ma sœur n'aime pas critiquer les gens.
My sister doesn't like to criticize people.

Ne voulez-vous pas m'accompagner à l'usine?
Don't you want to accompany me to the factory?

2. With compound verbs

The negative of compound verbs is built around only the auxiliary verb **avoir** or **être.**

Pourquoi n'a-t-il pas remercié le patron?   Il n'était pas allé loin.
Why didn't he thank the boss?   *He hadn't gone far.*

3. With infinitives

Both parts of the negation precede a negative infinitive. This rule applies to both the present and the past infinitives.

Il est important de ne pas gêner le patron.
It is important not to bother the boss.

Je regrette de ne pas avoir réussi.
I regret not having succeeded.

Followed by the indefinite article or the partitive

Remember that after **ne... pas** (and other negatives) the indefinite article (**un, une, des**) and the partitive article (**du, de la, de l', des**) generally change to **de**: they are translated by *not any* or *no*, or sometimes by no word at all.

Avez-vous un métier?—Non, je n'ai pas de métier.
Do you have a trade?—No, I don't have a trade.

Elle n'a pas trouvé de travail.
She didn't find any work.   OR:
She found no work.   OR:
She didn't find work.

Used without **ne** or a verb, **pas de** renders *no* with a noun.

Pas de travail! Pas de chance!
No work! *No luck!*

Exercices

A. Mettez les phrases suivantes au négatif en employant **ne... pas.** Faites les changements nécessaires.

1. Je gagne beaucoup d'argent.
2. Je me lave les oreilles.
3. Denise va loin.
4. Nous avons impressionné le patron.
5. Ce clochard a de la classe (des manières, un lit, du travail).
6. Cette famille est cultivée.
7. Henri a pris une douche (mes clés).

B. Demandez à un(e) autre étudiant(e)...

1. s'il (si elle) veut être plombier (professeur, médecin, clochard/e).
2. s'il (si elle) a mauvais goût.

3. s'il (si elle) aime faire des manières.
4. s'il (si elle) s'est levé(e) à cinq heures.
5. s'il (si elle) s'est révolté(e) contre ses parents.
6. s'il (si elle) a gagné des millions.
7. s'il (si elle) se sent supérieur(e) à tout le monde.
8. s'il (si elle) veut vivre dans les taudis.

C. Traduisez en français, puis jouez le dialogue.

A: Why don't you want to become a mechanic?
B: Mechanics don't make enough money.
A: That's not true.
B: And they have no prestige.
A: Well, why don't you become a plumber?
B: That's not very chic.
A: An electrician?
B: They aren't sophisticated.
A: Well, become a sophisticated bum!

D. Dans les phrases suivantes, mettez seulement les infinitifs au **négatif**.

1. Il est important de parler anglais en classe.
2. Je suis content d'être né riche.
3. Il est étrange d'aimer l'argent.
4. Elle espère perdre sa fortune.

Other Negatives

ne... jamais, ne... plus, ne... point

The position of **ne... jamais** *(never)*, **ne... plus** *(no longer, not any more)*, and the more literary **ne... point** *(not)* is the same as that of **ne... pas.**

Cette dame n'est plus riche.
This woman is no longer rich.

Je ne veux plus de vin.
I don't want any more wine.

Il n'a jamais fait la connaissance d'un millionnaire.
He never met a millionaire.

Cette famille misérable n'a point perdu sa dignité humaine!
This miserable family has not lost its human dignity!

After these negatives, as after **ne... pas,** the indefinite article and the partitive generally change to **de**.

Ce clochard ne porte jamais de manteau!
This bum never wears a coat!

Après la révolution, il n'y aura plus de misère!
After the revolution there will be no more misery!

Exercices

A. Imaginez que vous êtes une des personnes suivantes. Qu'est-ce que vous ne faites plus?

Vous êtes...

1. une chanteuse qui a perdu la voix.
2. un grand buveur qui a mal à l'estomac.
3. un étudiant qui sait toutes les réponses.
4. une danseuse qui s'est cassé la jambe.
5. une serveuse qui est devenue charpentier.
6. un écrivain qui a peur d'écrire.
7. un professeur qui est devenu homme d'affaires.
8. une ouvrière qui a hérité d'une grosse fortune.

B. Répondez au négatif en employant **ne... jamais** ou **ne... plus**, selon le cas.

1. Dormez-vous encore avec une poupée?
2. Avez-vous jamais mangé des pieds de cochon?
3. Êtes-vous encore naïf (naïve)?
4. Avez-vous jamais habité dans le désert?
5. Le professeur regarde-t-il encore la télé le samedi matin?
6. Le vieux général a-t-il encore de l'ambition?
7. Avez-vous jamais visité la lune?
8. Votre grand-mère a-t-elle encore toutes ses dents?
9. Voulez-vous encore des questions?
10. Avez-vous jamais fait la grève?
11. Avez-vous jamais été snob?

C. Quand vous étiez petit(e), vous faisiez certaines choses que vous ne faites plus. Nommez-en deux. (Par exemple : Je ne regarde plus la télévision le samedi matin.)

D. Nommez deux choses (intéressantes? bizarres? ridicules?) que vous n'avez jamais faites.

ne... personne and *ne... rien*

The negative pronouns **ne... personne** (*no one, not anyone*) and **ne... rien** (*nothing, not anything*) are placed in the same position as **ne... pas** in simple tenses. In compound tenses, **rien** follows the auxiliary verb while **personne** follows the past participle. As the object of an infinitive, **rien** precedes the infinitive whereas **personne** follows it.

Cette famille pauvre ne possède rien.
This poor family possesses nothing.

Elle était fâchée parce qu'il n'y avait personne à la soirée.
She was angry because there was no one at the party.

Malheureusement, le propriétaire n'a rien compris.
Unfortunately, the owner didn't understand anything.

Je n'ai vu personne au bureau.
I didn't see anyone in the office.

Je ne peux rien faire; je ne veux voir personne.
I can't do anything; I don't want to see anybody.

When used with verbs that take a preposition, **personne** and **rien** directly follow the preposition.

À qui le patron s'intéresse-t-il?—Il ne s'intéresse à personne.
Whom is the boss interested in?—He's not interested in anybody.

De quoi avez-vous besoin?—Je n'ai besoin de rien.
What do you need?—I don't need anything.

The pronouns **personne ne** and **rien ne** are used as subjects.

Personne ne l'a remercié de ses sacrifices.
No one thanked him for his sacrifices.

Rien n'a changé dans sa vie.
Nothing changed in his life.

Note that **pas** is never used with the negative expressions **ne... personne** and **ne... rien**.

Exercices

A. Transformez les phrases en employant **ne... rien** et **ne... personne** selon le modèle.

MODÈLE   Je sais.
            Je ne sais rien.

            Il admire.
            Il n'admire personne.

1. J'aime.   3. Vous avez compris.
2. Nous voulons.   4. J'ai mangé.

B. Imaginez que vous êtes un(e) grand(e) pessimiste : vous voyez le monde tout en noir. Répondez aux questions suivantes en employant **ne... rien** ou **ne... personne** selon le modèle.

MODÈLE   Qu'est-ce que vous aimez?
           Je n'aime rien!

           Qui aimez-vous?
           Je n'aime personne!

1. Qui respectez-vous?
2. Qu'est-ce que vous désirez?
3. Qu'est-ce que vous voulez apprendre?
4. Qui embrassez-vous?
5. Avec qui flirtez-vous?
6. Avec qui sortez-vous?
7. À quoi vous intéressez-vous?
8. Qui voulez-vous voir?
9. Qu'est-ce que vous voulez apprendre?
10. Qu'est-ce que vous voulez faire?

—*Personne ne m'aime.*
—*Et toi, tu n'aimes personne!*

C. Imaginez que vous êtes un(e) grand(e) optimiste: vous voyez la vie en rose. Répondez en employant **personne ne** ou **rien ne** selon le modèle.

MODÈLE   Qu'est-ce qui vous décourage?
           Rien ne me décourage!

           Qui est-ce qui vous décourage?
           Personne ne me décourage!

1. Qu'est-ce qui vous rend triste?
2. Qu'est-ce qui vous gêne?
3. Qui est-ce qui vous fâche?
4. Qui est-ce qui vous insulte?
5. Qui est-ce qui vous énerve?
6. Qu'est-ce qui vous inquiète?
7. Qui est-ce qui vous traite mal?
8. Qu'est-ce qui vous ennuie?

D. Traduisez en français.

1. Nothing impresses her.
2. Nobody likes slums.
3. We didn't see anybody.
4. She insulted no one.
5. He spoke to nobody.
6. He didn't speak to anyone.
7. They aren't interested in anything.
8. No one likes to be exploited.

ne... que

In the restrictive expression **ne... que** *(only)*, **que** is placed directly before the word it modifies.

Ce millionnaire n'aimait que l'argent quand il était jeune.
This millionaire liked only money when he was young.

Pourquoi le patron n'a-t-il donné une augmentation de salaire qu'à ses amis?
Why did the boss give a raise only to his friends?

Note that the adverb **seulement** may replace **ne... que**[1].

Ce millionnaire aimait seulement l'argent quand il était jeune.
Pourquoi le patron a-t-il donné une augmentation de salaire seulement à ses amis?

Since **ne... que** is a restrictive rather than a negative expression, the indefinite and partitive articles (**un, une, du, de la, de l', des**) do not change to **de** after it.

Elle n'a invité que des jeunes gens bien élevés.
She invited only well-bred young men.

Exercices

A. Imaginez que je suis une personne qui exagère tout. Vous, par contre, vous êtes plus réaliste et plus honnête. Répondez en employant l'expression **ne... que** selon le modèle.

MODÈLE   J'ai cinq brosses à dents. Combien en avez-vous?
Je n'en ai qu'une (que deux).

1. J'ai vingt maillots de bain *(m)*. Combien en avez-vous?
2. J'ai dix montres *(f)*. Combien en avez-vous?
3. J'ai cent dollars sur moi. Combien en avez-vous?
4. J'ai cinq livres de français. Combien en avez-vous?
5. Je connais cinq millionnaires. Combien en connaissez-vous?
6. Je parle dix langues. Combien en parlez-vous?
7. J'ai quatre bicyclettes. Combien en avez-vous?
8. J'ai douze télévisions. Combien en avez-vous?

B. Substituez l'expression **ne... que** pour l'adverbe **seulement**.

1. Ils ont habité seulement des logements misérables.
2. Il mange beaucoup seulement quand il est nerveux.

---

[1]Do not confuse the adverb **seulement** *(only)* with the adjective **seul** *(only)*: **Il a seulement une ambition** *(He has only one ambition)*; **sa seule ambition** *(his only ambition)*.

3. Elle s'intéresse seulement aux jeunes gens riches et raffinés.
4. Cette dame lit seulement les magazines de mode.
5. Elle est polie seulement devant les adultes.

ne... aucun, aucun... ne

The adjective **aucun** *(no, not any)*, a stronger form of **ne... pas**, is placed before the noun it modifies. Like all adjectives, it agrees in number and gender with its noun. **Aucun** is almost always used in the singular.

Ces gens là n'ont-ils aucune envie de réussir?
Don't those people have any desire to succeed?

Je n'ai aucune idée.
I have no idea.

When **aucun... ne** modifies a subject, **aucun** precedes the noun it modifies and **ne** precedes the verb.

Aucun invité n'est venu à l'heure.
No guest arrived on time.

Note that **aucun(e)** *(not a single one, none)* can also be used as a singular pronoun.

Ces femmes d'affaires sont-elles américaines?—Non, aucune (de ces femmes d'affaires) n'est américaine.
Are these businesswomen American?—No, not a single one (of these businesswomen) is American.

Exercice

Répondez en employant l'expression **ne... aucun(e)** et un mot de la colonne de droite selon le modèle.

> MODÈLE Pourquoi Robert Hasard perd-il toujours aux courses de chevaux? chance *f*
> *Parce qu'il n'a aucune chance!*

1. Pauvre Georges! Il est si paresseux. Il ne fait rien! Pourquoi pas?
2. Pourquoi Charles n'est-il pas bon peintre?
3. Pourquoi Brigitte ne considère-t-elle pas les opinions de ses amis?
4. Pourquoi Jean-Pierre ne plaisante-t-il jamais?
5. Emma est très intelligente mais elle ne réussit jamais à ses examens. Pourquoi?

talent *m*
chance *f*
sens de l'humour *m*
discipline *f*
respect pour les autres *m*
envie de réussir *f*

ne... ni... ni

In the expression **ne... ni... ni** the negative adverb **ne** precedes the verb and the conjunctions **ni... ni** *(neither . . . nor)* precede the words they modify. The indefinite article and the partitive are omitted after **ni... ni,** but the definite article is retained.

Il n'a ni la formation ni l'expérience qu'il faut pour remplir ce poste.
He has neither the background nor the experience necessary to fill this position.

Un avocat n'est ni ouvrier ni patron.
A lawyer is neither a worker nor a boss.

Ce pauvre clochard n'a ni femme ni enfants ni amis.
This poor bum has neither a wife nor children nor friends.

Note that **ni** may be used more than twice.

Exercices

A. Répondez au **négatif** en employant **ne... ni... ni**.

1. Mon cher, allez-vous au théâtre ou à l'opéra?
2. Ce jeune homme est-il poli et sympathique?
3. Allez-vous devenir architecte, plombier ou cosmonaute?
4. Votre amie a-t-elle visité des musées ou des usines?
5. Avez-vous un bureau et une secrétaire?

B. Préparez une phrase originale en employant les noms suivants et l'expression **ne... ni... ni** selon le modèle.

MODÈLE   Un enfant unique n'a
          Un enfant unique n'a ni frères ni sœurs.

1. Un orphelin n'a...
2. Au printemps il ne fait...
3. La classe moyenne n'est...
4. Une personne qui a trente-cinq ans n'est...
5. Un chat gris n'est...

Related Expressions

Expressions meaning *yes* and *no*

1. **oui, non,** and **si**

   The adverbs **oui** and **non** are ordinarily used to mean *yes* and *no* in French. The more emphatic form, **si,** however, is used for *yes* in response to a negative statement or question.

Avez-vous de l'ambition?—Oui.	N'avez-vous pas d'ambition?—Si!
Do you have ambition?—Yes.	*Don't you have any ambition?—Yes! (I do!)*

2. **Je crois que oui** and **Je crois que non**

   The English expressions *I think so* and *I don't think so (I think not)* are expressed by **Je crois que oui** and **Je crois que non.**

   Les riches ont-ils des responsabilités envers les pauvres?—Je crois que oui.
   Do the rich have responsibilities toward the poor?—I think so.

   Allons-nous faire la grève?—Je crois que non.
   Are we going to strike?—I don't think so.

personne or *rien* + *de* + adjective

The preposition **de** followed by the masculine singular form of the adjective is always used with **personne** or **rien** to express *no one* or *nothing* + *adjective* in English. An adverb like **si, très, plus,** etc., is sometimes placed in front of the adjective for emphasis.

Personne d'intéressant n'est venu.
No one interesting came.

N'avez-vous rien d'original à dire?
Have you nothing original to say?

Je n'ai jamais vu personne de si charitable!
I never saw anyone so charitable!

1. Note that if **rien** is the direct object of a compound verb, it is separated from **de** and the adjective by the past participle.

   Il n'a rien dit d'intéressant.
   He said nothing interesting.

2. The indefinite pronouns **quelque chose** and **quelqu'un** are also used with **de** + *masculine adjective.*

quelqu'un de grossier	quelque chose de raffiné
someone vulgar	*something refined*

ne...pas du tout

The expression **ne... pas du tout** renders the English *not at all*.

Je n'ai pas du tout apprécié ses manières grossières!
I didn't appreciate his vulgar manners at all!

Aimeriez-vous habiter en ville?—Pas du tout.
Would you like to live in the city?—Not at all.

(ni)... non plus

Used with an emphatic pronoun, the expression **(ni)... non plus** renders the English *neither* in phrases like *neither do I, neither will he*, etc. In spoken French, **ni** is frequently dropped.

Je ne veux pas travailler dans cette usine malsaine!—Ni eux non plus!
I don't want to work in this unhealthy factory!—Neither do they!

Je ne pouvais pas supporter cet arriviste!—Moi non plus!
I couldn't stand that social climber!—Neither could I!

Emphatic pronouns are the only ones used in this expression.

de rien and *il n'y a pas de quoi*

The expressions **de rien** and **il n'y a pas de quoi** both translate the English *you're welcome*.

Je vous remercie de ce cadeau magnifique!—De rien.
                              ou :   —Il n'y a pas de quoi.
I thank you for that terrific gift!—You're welcome.

Exercices

A. Traduisez en français

1. He ate something good (bad)!
2. Nothing serious happened. (Use *arriver*.)
3. Nobody sophisticated came.
4. She said something coarse!
5. She married somebody ambitious.
6. Tell me something amusing.
7. He said nothing original.
8. Someone vulgar just phoned!
9. Something strange just happened.

B. Donnez une réponse plausible en employant **pas du tout, (ni)... non plus,** ou **il n'y a pas de quoi**.

1. Je te remercie, mon vieux, de m'avoir critiquée devant mon ami!
2. Je ne suis pas né très riche.
3. Voulez-vous dire que je suis grossier, vulgaire et ingrat?
4. Quel compliment! Merci!
5. Je ne voudrais pas habiter dans un château!
6. Soyons francs! N'êtes-vous pas un peu snob?
7. Merci pour ces compliments.
8. Je n'ai jamais fait la grève.

Exercices d'ensemble

I. Voici les réponses. Quelles sont les questions?

1. Non, le peuple n'a pas de privilèges.
2. Oui, je veux visiter votre bureau.
3. Un snob est une personne qui se sent supérieure à tout le monde.
4. Ils se sont révoltés contre leurs oppresseurs.
5. J'ai gagné beaucoup d'argent.
6. Si, cette dame élégante fait partie de la haute société!
7. Il n'a pas réussi parce qu'il se sent inférieur.
8. Le conflit entre les riches et les pauvres s'appelle la lutte des classes.
9. Ce clochard habite dans les taudis.
10. Je n'aime pas mon concierge parce qu'il a de mauvaises manières!
11. Les ouvriers font la grève parce que le patron ne veut pas augmenter leur salaire.
12. Un homme «arrivé» est une personne qui a réussi à monter l'échelle (*ladder*) sociale jusqu'au rang le plus élevé.
13. Si, elle a très bon goût!

II. Interrogez le professeur! Complétez les questions suivantes et posez-les au professeur.

1. Avez-vous jamais...
2. Comment...
3. Où...
4. Êtes-vous jamais...
5. Combien...
6. Pourquoi...

III. Traduisez en français.

1. Barbara is neither polite nor refined.
2. They lived in the slums last year, but they no longer live there.
3. I have never earned a lot of money.
4. Don't you want to get ahead?
5. I saw nothing.
6. These workers don't have a union.
7. His wealthy family has only one car?

8. The middle class has neither good manners nor good taste!
9. Not a single member of that family wants to work.
10. Doesn't he want to be rich?—Yes, he does.
11. She is not well bred.—Neither are you!
12. That snob impresses no one.
13. Is he late again?—I don't think so.
14. She has never seen any misery.
15. Do you want to be a millionaire?—Not at all!
16. The working class has neither money nor influence.
17. It's cold and that bum doesn't have a hat.
18. Ambition is good, isn't it?

Sujets de discussion ou de composition

1. *Le jeu des vingt questions.*
   Un étudiant imagine une personne ou une chose. Les autres étudiants essaient de deviner de quelle personne ou de quelle chose il s'agit en posant des questions. L'étudiant ne répond que par oui ou non. Si les autres étudiants dépassent (*go over*) vingt questions sans deviner la réponse, l'étudiant gagne.
2. *Le jeu des métiers.*
   Un étudiant imagine un métier ou une profession. Les autres étudiants essaient de deviner de quel métier ou de quelle profession il s'agit en posant des questions. L'étudiant ne répond que par oui ou non. Si les autres étudiants dépassent vingt questions sans deviner la réponse, l'étudiant gagne.
3. Voulez-vous améliorer votre condition sociale? Pourquoi ou pourquoi pas? Si oui, qu'est-ce que vous allez faire?
4. Une société sans classes est-elle possible?
5. Est-ce que tout le monde a les mêmes possibilités aux États-Unis ou y a-t-il des classes privilégiées?

6

Descriptive Adjectives and Adverbs

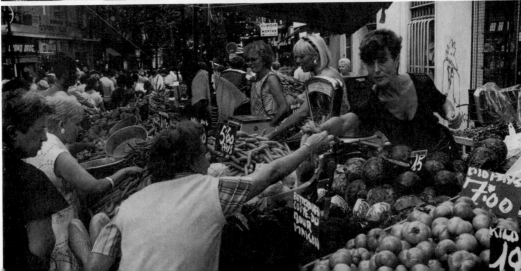

Chapter 6 at a Glance

Descriptive adjectives

I. Mettez les adjectifs au **féminin singulier.**

1. responsable
2. privé
3. ambitieux
4. lucratif
5. long
6. blanc
7. gros
8. doux
9. gentil
10. beau

II. Mettez les expressions au **pluriel.**

1. l'employé ambitieux
2. le candidat qualifié
3. le nouveau directeur
4. le sénateur libéral

III. Mettez chaque adjectif avant ou après le nom en faisant **l'accord** s'il y a lieu.

1. intelligent; un ministre
2. bon; une ambiance
3. ancien *(former)*; le président
4. vieux, italien; une usine

IV. Faites **l'accord** de l'adjectif s'il y a lieu.

1. des réformes _____ (social)
2. un homme et une femme _____ (honnête)
3. une _____ (demi-heure)

V. Traduisez en français en employant l'expression entre parenthèses.

1. That businessman seems reasonable. *(avoir l'air)*
2. Money makes her happy. *(rendre)*

Adverbs

VI. Changez les adjectifs en adverbes.

1. facile
2. sérieux
3. patient
4. meilleur
5. bon

VII. Mettez les adverbes à la place convenable.

1. On parle de ce sénateur. (beaucoup)
2. On l'a acheté. (déjà)
3. On est responsable de ses actions. (moralement)

VIII. Récrivez la phrase en mettant l'expression en italiques au début.

    1. Votre travail est *peut-être* permanent.
    2. Le directeur a *peut-être* compris son erreur.

IX. Remplacez les tirets par les adjectifs **tout, tous, toute** ou **toutes**.

    1. Je pense que _____ les employés sont compétents.
    2. Il a perdu _____ sa fortune.
    3. _____ le monde est venu.

X. Remplacez les tirets par le pronom **tous** ou **toutes**.

    1. Les députés sont _____ venus.
    2. Les secrétaires sont _____ allées au restaurant.

XI. Formulez une phrase comparative en employant les expressions **plus... que**, **moins... que** ou **aussi... que**.

    1. la faillite, la fortune : agréable
    2. le travail, le chômage : désirable

XII. Traduisez en français.

    1. the youngest businesswoman
    2. the most liberal politician

XIII. Remplacez les tirets par **meilleur** ou **mieux**.

    1. Mon micro-ordinateur marche _____ que le vôtre.
    2. Bien sûr, c'est le _____ ouvrier de l'usine!

Vocabulaire du thème : *La France politique et économique*

La politique

le **président**, la **présidente** president
le **ministre** minister
le **sénateur** senator
le **député** representative

l' **homme** (la **femme**) **politique** *m*
    politician

le **candidat**, la **candidate** candidate
se **lancer dans la politique** to go
    into politics
poser sa candidature to run for
    office
faire un discours to make a
    speech
être élu to be elected

le **parti** party
libéral liberal
conservateur, conservatrice
    conservative
réactionnaire reactionary
de gauche leftist
de droite rightist
le **citoyen**, la **citoyenne** citizen
le **partisan**, la **partisane** supporter,
    follower
l' **adversaire** *m, f* opponent
voter (pour, contre) to vote (for,
    against)

le **programme** program, platform
faire des réformes to make
    reforms
maintenir le statu quo to
    maintain the status quo

la **crise** crisis
le **pot de vin** *(fam)* bribe
démissionner to resign

Économie
les **affaires** *f* business
l' **affaire** *f* deal
le **secteur public (privé)** public
    (private) sector
l' **homme** (la **femme**) **d'affaires**
    businessman, businesswoman
le **directeur**, la **directrice** director
le, la **secrétaire** secretary
l' **employé**, l' **employée** employee
le, la **fonctionnaire** civil servant
le **client**, la **cliente** customer
le **consommateur**,
    la **consommatrice** consumer
le **concurrent**, la **concurrente**
    competitor
le **chômeur** la **chômeuse**
    unemployed person

énergique energetic
lucratif, lucrative lucrative
compétent, incompétent
    competent, incompetent
qualifié qualified
ambitieux, ambitieuse ambitious
paresseux, paresseuse lazy
travailleur, travailleuse hard-
    working

l' **entreprise** *f* company, business,
    firm
l' **usine** *f* factory
le **bureau** office
l' **ambiance** *f* atmosphere
la **machine à écrire** typewriter
l' **ordinateur** *m* computer
le **micro-ordinateur** microcomputer

acheter, vendre to buy, to sell
lancer un nouveau produit to
    launch a new product
gérer une entreprise to manage a
    business
faire de la publicité to advertise
la **réclame** advertisement
la **concurrence** competition

engager to hire
**demander une promotion, une
    augmentation** to ask for a
    promotion, a raise
gagner un bon salaire to earn a
    good salary
travailler à mi-temps, à plein temps
    to work part-time, full-time
l' **emploi** *m* job

renvoyer to fire
faire faillite to go bankrupt
être au chômage to be
    unemployed
faire la grève to strike
licencier to lay off
le **licenciement** layoff

Exercices

A. **Mise en scène.** Complétez en employant une ou plusieurs expressions du *Vocabulaire du thème*, puis jouez les dialogues.

1. A: Comment, (nom), tu es au chômage? Qu'est-ce qui est arrivé?
   B: ...
   A: Pauvre (nom)! Qu'est-ce que tu vas faire?
   B: Je...
   A: C'est une bonne idée. Est-ce que je peux te rendre service?
   B: ...

—*Tu es au chômage? Qu'est-ce qui est arrivé?*
—*J'ai insulté la femme du directeur!*

2. A: (nom), j'ai décidé de me lancer dans la politique!
   B: C'est bien, (nom). Qu'est-ce que tu vas faire si tu es élu(e)?
   A: Je...
   B: Qu'est ce que tu feras si tu n'es pas élu(e)?
   A: Je...
   B: J'espère que tu seras élu(e)!

B. **Situations.** Répondez en employant une ou plusieurs expressions du *Vocabulaire du thème*.

1. Imaginez que vous êtes le directeur (la directrice) d'une entreprise française et que vous allez engager de nouveaux employés. Quelles sont les caractéristiques personnelles que vous cherchez?
2. Les entreprises, hélas, ne réussissent pas toujours. Parfois elles font faillite. Trouvez des raisons qui peuvent mener *(lead)* à la faillite.

3. Quelle est votre orientation politique? Choisissez la réponse appropriée.

    a. Je suis   conservateur (conservatrice)
                                                 libéral(e)
                                                   réactionnaire

    b. J'aimerais   maintenir le status quo
                                                   faire des réformes
                                                   accepter des pots de vin

    c. Je voudrais être   président(e)
                                                   député
                                                     simple citoyen (citoyenne)
                                                     ministre
                                                     sénateur
                                                   dictateur (dictatrice)
                                                   roi (reine)

DESCRIPTIVE ADJECTIVES

An adjective is a word that modifies a noun or pronoun. If an adjective describes, it is called a descriptive or qualitative adjective.

C'est un partisan loyal.   Elle est qualifiée.
He's a loyal follower.   *She is qualified.*

In English, descriptive adjectives have only one form. French descriptive adjectives have four, since they usually agree in gender (masculine, feminine) and number (singular, plural) with the noun they modify.

	Masculine	**Feminine**
Singular:	un produit intéressant *an interesting product*	une affaire intéressante *an interesting deal*
Plural:	des produits intéressants *some interesting products*	des affaires intéressantes *some interesting deals*

Formation of Adjectives

Formation of the feminine singular

1. Most adjectives form the feminine singular by adding an unaccented **e** to the masculine singular. If the masculine singular already ends in an unaccented **e,** the masculine and feminine singular are identical.

Masculine singular	Feminine singular
compétent	compétente
énergique	énergique

2. Some feminine singular endings are irregular.

change	masculine singular	feminine singular
x → se	ambitieux	ambitieuse
er → ère	cher	chère
f → ve	lucratif	lucrative
c → que	public	publique
g → gue	long	longue
eur → euse[1]	travailleur	travailleuse
	professionnel	professionnelle
	pareil	pareille
double the consonant + e	ancien	ancienne
	gras	grasse
	gros	grosse
	coquet[2]	coquette

3. Certain common adjectives have irregular feminine singular forms.

Masculine singular	Feminine singular
beau	belle
blanc	blanche
bon	bonne
doux	douce
favori	favorite
faux	fausse
fou	folle
frais	fraîche
franc	franche
gentil	gentille
malin	maligne
mou	molle
nouveau	nouvelle
sec	sèche
vieux	vieille

[1]Adjectives in **eur** not derived from a present participle change **eur** to **ice: destructeur, destructrice.** The pairs **antérieur, postérieur; intérieur, extérieur; mineur, majeur; supérieur, inférieur;** and **meilleur** are regular and add an unaccented **e**.

[2]A small group of common adjectives ending in **et** change to **ète: complet, concret, discret, inquiet, secret.**

4. Five of the above adjectives have a second masculine singular form, used before nouns beginning with a vowel or mute *h*.

beau	bel
fou	fol
mou	mol
nouveau	nouvel
vieux	vieil

le vieux fonctionnaire   le vieil ouvrier
the old civil servant   *the old worker*

But these adjectives have only one form in the masculine plural.

les vieux fonctionnaires   les vieux ouvriers
the old civil servants   *the old workers*

Formation of the plural

1. Most adjectives form the plural by adding **s** to the masculine or feminine singular.

Singular   **Plural**

un avocat célèbre   des avocats célèbres
a well-known lawyer   *some well-known lawyers*

une réforme importante   des réformes importantes
an important reform   *some important reforms*

2. Masculine singular adjectives with certain endings have irregular plurals.

change	masculine singular	masculine plural
x *(no change)*	paresseux	paresseux
s *(no change)*	gris	gris
eau → **eaux**	nouveau	nouveaux
al → **aux**	moral	moraux

The adjectives **banal, fatal, final,** and **naval** form the masculine plural by adding **s.**

Exercices

A. Marc et Yvette, deux employés de bureau, sont complètement différents l'un de l'autre. Marc est toujours dissatisfait, par exemple, et Yvette est satisfaite. Décrivez Yvette en employant les adjectifs de la colonne de droite selon le modèle.

> MODÈLE   Marc est malheureux.
> *Yvette est heureuse.*

1. Marc est indiscret.
2. Marc est dur.
3. Marc est conservateur.
4. La carrière de Marc est ennuyeuse
5. Marc est malhonnête.
6. Marc est paresseux
7. Marc est incompétent.
8. La mémoire de Marc est courte
9. Marc est immoral.
10. Marc est brusque.

doux
honnête
compétent
poli
long
travailleur
libéral
moral
discret
intérressant

—*Nous sommes un couple parfait. Moi, je suis compétente et travailleuse, et toi, tu es incompétent et paresseux.*

B. Janine est femme d'affaires. Comment est-elle probablement dans les situations suivantes? Répondez selon le modèle. Employez des adjectifs variés.

> MODÈLE   Elle vient d'avoir une bonne augmentation de salaire.
> *Elle est probablement heureuse (ravie, étonnée, etc.).*

1. Janine vient d'avoir un enfant.
2. Elle vient d'être renvoyée.
3. Son directeur, un jeune célibataire très riche, invite Janine à dîner.
4. Une autre employée accuse Janine d'être une féministe enragée.
5. Janine donne de l'argent à un vieux clochard qu'elle voit devant un café.

Position of Adjectives

After the noun

In English, descriptive adjectives precede the noun they modify. In French, on the other hand, they usually follow the noun. Adjectives of color, religion, nationality, and class almost always follow the noun.

une usine grise	une entreprise française
a gray factory	*a French company*
la société bourgeoise	l'avocat catholique
middle-class society	*the Catholic lawyer*

Note that adjectives of nationality are not capitalized in French. Nouns of nationality, however, are capitalized: **un Français, une Russe, un Japonais.**

Before the noun

1. Some short, common adjectives normally precede the noun.

autre	haut	nouveau
beau	jeune	petit
bon	joli	premier
grand	long	vieux
gros	mauvais	vilain

2. Certain adjectives have one meaning when they precede the noun and another when they follow it.

un ancien client	une usine ancienne
a former customer	*an old (or ancient) factory*
un brave citoyen	un président brave
a (morally) good citizen	*a courageous president*
un certain succès[1]	un succès certain
a degree of success	*a sure success*
sa chère femme	un ordinateur cher
his dear wife	*an expensive computer*
le même jour	le jour même
the same day	*the very day (emphatic)*
le pauvre type	un homme pauvre
the poor (unfortunate) guy	*a poor man (not rich)*
son propre bureau	un bureau propre
his own office	*a clean office*
un simple ouvrier	un homme simple
a mere worker	*a simple man (plain, simple-minded)*
le seul concurrent	un voyageur seul
the only competitor	*a traveler alone (by himself) (i.e., a lone traveler)*

[1] As in English, **certain** before the noun can also mean "unspecified": **un certain homme,** a certain man (whom I could name if I wanted to).

notre dernier chèque
our last check (in a series)

l'année dernière
last year (the one just passed)

la prochaine question
the next question (in a series)

l'année prochaine
next year (the one coming)

3. Many descriptive adjectives that normally follow the noun may precede it for special emphasis. In this case the stress is on the adjective, which is often pronounced in a more emphatic tone of voice.

Une magnifique affaire!
A magnificent deal!

Quel dangereux adversaire!
What a dangerous opponent!

Two adjectives with one noun

1. If one adjective usually precedes the noun and the other usually follows it, they are placed in their normal order.

Charles de Gaulle était un grand homme politique français.
Charles de Gaulle was a great French politician.

2. If both adjectives normally precede the noun, both are placed either before or after the noun, joined by the conjunction **et.**

C'est une longue et belle histoire.
C'est une histoire longue et belle.
It's a long and beautiful story.

3. If both adjectives normally follow the noun, both are placed after it and joined by **et.**

C'est une secrétaire compétente et honnête.
She is a competent and honest secretary.

Two adjectives juxtaposed

Two adjectives may be juxtaposed if the first adjective describes a word group composed of the second adjective and the noun. Both adjectives are placed in their normal position before or after the noun.

Monique est une jolie jeune fille.
Monique is a pretty girl.

Il essaie de comprendre le milieu politique américain.
He is trying to understand the American political scene.

In the first example, **jolie** describes the word group **jeune fille;** in the second, **américain** applies to the word group **milieu politique.**

Exercices

A. Remplacez les tirets par deux adjectifs choisis dans la colonne de droite. Faites l'accord des adjectifs.

1. une _____ directrice _____   travailleur
2. une _____ et _____ secrétaire   gros
3. une femme d'affaires _____ et _____   français
4. une employée _____ et _____   laid
5. une _____ candidate _____   cruel
6. une journaliste _____ et _____   vieux
7. une _____ avocate _____   joli
8. une _____ et _____ ouvrière   ambitieux
9. une dentiste _____ et _____   coquet

professionnel
immoral
jeune
compétent
fou
sympathique
insupportable
énergique
qualifié

B. Mettez l'**adjectif** à la place convenable et faites l'accord.

1. sa voiture (propre : *clean*)
2. mon professeur (ancien : *former*)
3. une vie (simple : *uncomplicated*)
4. les réponses (seul : *only*)
5. une crise (certain : *sure*)
6. la semaine (prochain : *next*, meaning *the one coming*).
7. les ouvriers (pauvre : *not rich*)
8. ses amies (cher : *dear*)
9. l'histoire (même : *same*)
10. une citoyenne (brave : *courageous*)

C. Traduisez en français.

1. Last year those unfortunate citizens voted for their former senator for the last time!
2. That poor politician! It's his own son who asks him the next difficult question!
3. My dear Dupont, why are you the last person to understand this simple deal?

D. Préparez une phrase originale (bizarre? ridicule? brillante?) comme celles de l'exercice C.

Agreement of Adjectives

French adjectives generally agree in number (singular, plural) and gender (masculine, feminine) with the noun or pronoun they qualify.

les institutions sociales
social institutions

la politique internationale
international politics

Note that the adjective **demi** is invariable and joined to the noun by a hyphen when it precedes the noun, but that it agrees in gender with the noun when it comes after.

une demi-heure
a half hour

BUT :

une heure et demie
an hour and a half

An adjective with more than one noun

An adjective that modifies more than one noun is plural. If the gender of the nouns is different, the masculine plural form of the adjective is used. If both nouns are of the same gender, the adjective is naturally in that gender.

une jeune fille et un garçon courageux
a courageous girl and boy

les premières questions et réponses
the first questions and answers

Exercice

Faites l'accord des **adjectifs.**

J'ai été témoin dans un procès _____*1* (célèbre) l'année _____*2* (dernier). La suspecte, une _____*3* (jeune) femme d'affaires _____*4* (français) était _____*5* (accusé) de vol *(theft)*. Elle ne semblait pas _____*6* (dangereux). J'ai été _____*7* (impressionné), pourtant, par le juge, une femme _____*8* (exceptionnel).

Un peu _____*9* (gras), elle avait les cheveux _____*10* (brun) et les yeux _____*11* (bleu). Mais sa description _____*12* (physique) n'est pas très _____*13* (important). Je l'ai admirée à cause de ses qualités _____*14* (moral et humain). _____*15* (Brillant et perceptif), elle était _____*16* (compatissant) sans être _____*17* (indulgent), et _____*18* (objectif) sans être _____*19* (froid). Ceux qui prétendent que les femmes ne sont pas _____*20* (travailleur et raisonnable) sont _____*21* (idiot)!

Et la femme d'affaires? On l'a jugée _____*22* (coupable).

Related Expressions

avoir l'air + adjective

Elle a l'air content.
She looks happy.

Elles ont l'air contentes.
They seem happy.

The adjectives may agree with either the subject or the masculine noun **air.** In modern usage, agreement is made most often with the subject. When, as often happens, **d'être** is added to the expression, agreement is always with the subject.

Elles ont l'air d'être contentes.
They seem to be happy.

rendre + adjective

Le travail la rend heureuse.
Work makes her happy.

Les réformes rendent la présidente anxieuse.
Reforms make the president anxious.

The adjective agrees with the direct object of **rendre** (in the preceding examples, **la** and **la présidente**). Note that the verb **faire** is not used to translate the expression *make* + adjective.

Exercices

A. Est-ce que les situations suivantes vous rendent furieux (furieuse), content(e) ou triste? Répondez selon le modèle.

MODÈLE   Votre patron vient de mourir.
          Ça me rend triste.

1. Un député malhonnête a été élu.
2. Votre entreprise vient de faire faillite.
3. Vous venez de trouver un nouvel emploi très bien payé.
4. Vous avez acheté une nouvelle voiture, mais elle ne marche pas bien!
5. Un bon ami vous a acheté un beau micro-ordinateur.
6. Un homme politique bon et juste vient d'être assassiné.
7. Vous trouvez vingt dollars dans votre poche.
8. Le chien d'un autre employé entre dans votre bureau et mange votre sandwich!
9. Votre entreprise vient de lancer un nouveau produit sensationnel.
10. On vient de vous licencier.

B. Préparez deux situations originales comme celles dans l'exercice A.

C. Faites l'accord de l'adjectif entre parenthèses.

1. L'humour peut rendre la vie _____ (gai).
2. Les directeurs ont l'air _____ (fâché).
3. L'amour rend ma vie _____ (heureux).
4. Un patron généreux peut rendre le travail _____ (satisfaisant).
5. Cette patronne rend ses employés _____ (furieux).
6. M. Laland a l'air _____ (malheureux) quand ses employés se moquent de lui.
7. Nina a l'air _____ (sérieux) quand elle parle de son travail.

D. Comment sont probablement les personnes suivantes? Répondez en employant l'expression **avoir l'air** selon le modèle.

MODÈLE   Babette a travaillé 70 heures cette semaine.
Elle a probablement l'air fatigué(e)!

1. Maurice a fait la connaissance de Mimi cette semaine, et il la trouve adorable!
2. Louise est allée à l'hôpital où elle a rendu visite à sa mère qui est très malade.
3. Une personne inconnue est entrée dans la chambre de la comtesse et a volé tous ses bijoux et ses plus beaux vêtements.
4. Un employé très médiocre a eu une promotion, et on n'a même pas considéré Bruno, un employé fidèle et compétent.

ADVERBS

An adverb is a word that modifies a verb, an adjective, or another adverb.

Le gouvernement a fait des réformes **lentement.**
The government made reforms slowly.

Le patron est **totalement** responsable.
The boss is totally *responsible.*

Il a **très** bien compris la question.
He understood the question very *well.*

Formation of Adverbs

Adverbs formed by adding -*ment* to the adjective

1. The most common way of forming adverbs is to add the suffix **-ment** to the masculine form of adjectives ending in a vowel, and to the

feminine form of adjectives ending in a consonant. The suffix **-ment** frequently corresponds to the English suffix *-ly*.

arbitraire, **arbitrairement**   doux, **doucement**
poli, **poliment**   naturel, **naturellement**
probable, **probablement**   sérieux, **sérieusement**
vrai, **vraiment**   subjectif, **subjectivement**

2. A small number of adverbs have **é** rather than **e** before **-ment**. Some of the most common are:

confus, **confusément**   précis, **précisément**
énorme, **énormément**   profond, **profondément**

3. The adverbs corresponding to the adjectives **gentil** and **bref** are **gentiment** and **brièvement**.

4. Adjectives ending in **-ant** or **-ent** form adverbs ending in **-amment** and **emment** (both pronounced /amã/).

constant, **constamment**   innocent, **innocemment**
puissant, **puissamment**   patient, **patiemment**

But the adjective **lent** forms the adverb **lentement**.

Adverbs that do not add *-ment* to the adjective

1. A small number of very common adjectives form adverbs that do not end in **-ment.**

bon, **bien**   meilleur, **mieux**
mauvais, **mal**   petit, **peu**

Elle gère bien son entreprise.   Cet homme d'affaires s'exprime mal.
She manages her business well.   *This businessman expresses himself badly.*

2. Some adjectives are used as adverbs after the verb without changing form. Here are some of the most common.

sentir bon (mauvais)   chanter faux
to smell good (bad)   *to sing off key*

coûter cher   travailler dur
to cost a lot   *to work hard*

marcher droit
to walk straight

Ces secrétaires travaillent dur.   Cette fleur sent bon.
These secretaries work hard.   *This flower smells good.*

Exercices

A. Changez les adjectifs en **adverbes**.

1. bon	14. objectif
2. sincère	15. libéral
3. agréable	16. sérieux
4. bête	17. naturel
5. mauvais	18. courageux
6. triste	19. principal
7. sec	20. faux
8. naïf	21. énorme
9. long	22. assuré
10. profond	23. bruyant
11. confus	24. seul
12. évident	25. certain
13. poli	26. énergique

Janine travaille constamment.

B. Remplacez les tirets par un **adverbe** de la colonne de droite.

1. Cet employé m'impressionne _____ .   poliment
2. Elle est très qualifiée, _____ .   tendrement
3. Je travaille _____ trois jours par semaine. évidemment
4. Pourquoi marches-tu si _____ ?   seulement
5. Cet enfant bien élevé répond toujours _____ . probablement
6. Cette mère caresse son enfant si _____ !   lentement
7. Je vais _____ voter pour le président.   énormément

C. Complétez en employant la forme appropriée de **sentir bon (mauvais), travailler dur, coûter cher, chanter faux,** ou **marcher droit.**

1. Le ministre a dû boire trop de bière. Il ne peut plus...!
2. –Avez-vous travaillé ce matin?
   –Oui, et j'...
3. Je ne peux pas manger ce fromage. Il...!
4. –Pourquoi est-ce que Marie-Louise ne joue pas dans la comédie musicale?
   –C'est évident, non? Elle...!
5. Ce parfum... mais il...!

Position of Adverbs

With verbs

1. As a general rule, adverbs follow verbs in simple tenses in French. In English, on the other hand, adverbs very often precede the verb.

Le ministre arrive-t-il **enfin**?
Is the minister finally *arriving?*

Elle dit **toujours** la vérité.
She always *tells the truth.*

On l'accuse **injustement** d'incompétence.
He is unjustly *accused of incompetence.*

2. In compound tenses, most commonly used adverbs are placed between the auxiliary verb and the past participle. These adverbs include:

assez	encore	peut-être	certainement
aussi	enfin	presque	complètement
beaucoup	mal	souvent	probablement
bien	même	toujours	vraiment
bientôt	moins	trop	
déjà	peu	vite	

Il l'a vite engagée.
He hired her quickly.

A-t-il vraiment renvoyé Jacqueline?
Did he really fire Jacqueline?

3. In cases where a verb is followed by an infinitive, common adverbs are usually placed between the two verbs.

Elle va probablement réussir.
She is probably going to succeed.

La directrice espère beaucoup éviter la grève.
The director hopes very much to avoid the strike.

With adjectives and other adverbs

Like English adverbs, French adverbs precede the adjectives or adverbs they modify.

L'ambiance est généralement bonne.
The atmosphere is generally good.

Est-il vraiment qualifié?
Is he really qualified?

For emphasis

Some adverbs may exceptionally appear at the beginning of a sentence for emphasis. The most common are **généralement, heureusement, malheureusement**, and adverbs of time and place.

Heureusement, le licenciement n'est pas trop grave.
Luckily, the lay-off isn't too serious.

Aujourd'hui, le président sera élu!
Today, the president will be elected!

Exercices

A. Complétez en employant un **adverbe** de la colonne de droite.

	lentement
	mal
1. J'étudie	logiquement
2. Je pense	élégamment
3. Le professeur parle	énergiquement
4. Je travaille	vite
5. Je m'amuse	profondément
6. Je dors	bien
7. Le président parle	souvent
8. Le professeur s'habille	rarement
9. Je flirte	beaucoup
	constamment
	furieusement

B. Répondez par une phrase complète.

1. Qu'est-ce que vous faites vite?
2. Qu'est-ce que vous faites toujours?
3. Qu'est-ce que vous faites bien?
4. Qu'est-ce que vous faites mal?
5. Qu'est-ce que le professeur a probablement fait ce matin?
6. Avez-vous déjà déjeuné (dîné)?
7. Avez-vous bien ou mal préparé cette leçon?
8. Avez-vous bien ou mal dormi hier soir?
9. Qu'est-ce que vous allez probablement faire ce soir?
10. Qu'est-ce que vous aimez beaucoup faire?

Related Expressions

peut-être, aussi

1. **Peut-être** *(maybe, perhaps)*, like most adverbs, is generally placed after the verb (after **avoir** or **être** in a compound tense). In more formal French, it may be used at the beginning of a sentence, in which case the subject and verb are inverted.

   Il avait peut-être tort.
   Peut-être avait-il tort.
   Maybe he was wrong.

   Peut-être que, which does not require inversion, can be substituted for **peut-être** at the beginning of a sentence.

   Peut-être était-il innocent.
   Peut-être qu'il était innocent.
   Perhaps he was innocent.

2. If placed at the beginning of a sentence or clause, **aussi** always means *so* or *therefore* and requires the inversion of the subject and the verb. Since this usage is somewhat formal, **donc** is often preferred in spoken French.

   Elle a travaillé dur, donc elle a demandé une augmentation.
   Elle a travaillé dur, aussi a-t-elle demandé une augmentation.
   She worked hard, so she asked for a raise.

   When placed elsewhere within the sentence, **aussi** means *also* or *too*. But when **aussi** means *also*, it must never come first in a sentence.

   Attendez! Je viens aussi!
   Wait! I'm coming too!

Exercices

A. Récrivez la phrase en employant **peut-être** ou **peut-être que** au début.

MODÈLE   Elle était peut-être absente.
          Peut-être était-elle absente.
          Peut-être qu'elle était absente.

1. Il était peut-être avec le patron.
2. Elle ne sait peut-être pas la réponse.
3. On l'engagera peut-être.
4. Elle demandera peut-être une augmentation.

B. Récrivez la phrase en remplaçant **donc** *(therefore)* par **aussi**.

MODÈLE Il aime la justice, donc il est devenu avocat.
Il aime la justice, aussi est-il devenu avocat.

1. Il aime l'argent, donc il s'est lancé dans les affaires.
2. Il veut réussir, donc il travaille sérieusement.
3. Il aimait le pouvoir, donc il est devenu directeur.
4. Il a marché trop lentement, donc il est arrivé en retard.
5. Il aimait le secteur public, donc il est devenu fonctionnaire.

C. Traduisez en français. Employez **aussi** dans chaque phrase.

1. He is qualified, but she is also.
2. M. Laurent no longer liked his work, so he resigned.
3. He kissed her, so she kissed him.
4. I'm leaving, too!
5. She was very ambitious; therefore she became a candidate.
6. She wanted a lucrative job, so she married the boss!

tout as an adjective, adverb, and pronoun

1. The adjective **tout**

	masculine	feminine
singular	tout	toute
plural	tous	toutes

The adjective **tout** often means *all* or *every*. It agrees in number and gender with the noun it modifies.

Il travaille toute la journée.
He works all day.

Il demande une augmentation tous les jours!
He asks for a raise every day!

Qui a lancé tous ces produits nouveaux?
Who launched all these new products?

When used before a singular noun without an article, **tout (toute)** means *every*, *any*, or *all*.

Tout homme politique devrait être honnête.
Every politician should be honest.

Toute justice a disparu du pays.
All justice has disappeared from the country.

2. The adverb **tout**

The adverb **tout,** meaning *all* or *completely,* is invariable except when it appears before a feminine adjective beginning with a consonant or aspirate *h.* The feminine singular or plural forms (**toute** and **toutes**) must then be used.

Pourquoi vos employés sont-ils tout contents?
Why are your employees completely happy?

   BUT :

C'est merveilleux! L'usine est toute moderne!
It's marvelous! The factory is completely modern!

3. The pronoun **tout**

The invariable pronoun **tout** usually means *everything;* the masculine and feminine plural pronouns **tous** and **toutes** mean *all.* Note that the final **s** of **tous** is pronounced when **tous** is used as a pronoun but is silent when it is used as an adjective.

Elle a tout compris.
She understood everything.

Tous ont l'air d'être raisonnables.
All seem reasonable.

Elles sont toutes ambitieuses.
They are all ambitious.

Note that the pronoun may be placed either within or at the beginning of the sentence.

Tous sont dans le secteur public.
All are in the public sector.

Ils sont tous dans le secteur public.
They are all in the public sector.

Exercices

A. Répondez par des phrases complètes.

1. Nommez trois activités que vous faites tous les jours.
2. Est-ce que toute la classe est présente (préparée, dans les nuages) aujourd'hui?
3. Prenez-vous trois repas tous les jours?
4. Avez-vous encore toutes vos dents (toute votre énergie, tous vos cheveux, toute votre vertu)?

5. Donnez-vous le bénéfice du doute à tout le monde? Sinon, à qui ne le donnez-vous pas?
6. Avez-vous jamais dormi toute la journée (toute la matinée)?

B. Remplacez l'adjectif et le nom qu'il modifie par un pronom selon le modèle.

MODÈLE   Est-ce que tous les Américains sont naïfs?
    Oui, ils sont tous naïfs.
 ou : *Non, ils ne sont pas tous naïfs.*

1. Est-ce que toutes les entreprises sont bien gérées?
2. Est-ce que tous les chiens sont méchants?
3. Est-ce que tous les Français boivent du vin (parlent français, chantent la Marseillaise)?
4. Est-ce que tous les parfums sentent bon?
5. Est-ce que tous les chômeurs sont paresseux?
6. Est-ce que tous les candidats sont ambitieux?
7. Est-ce que tous les emplois sont lucratifs?
8. Est-ce que toutes les réclames sont idiotes?
9. Est-ce que toutes les grèves sont justifiées?
10. Est-ce que toutes vos réponses sont brillantes?

C. Remplacez les tirets par les pronoms **tout, toutes** ou **tous**.

1. Les candidats de droite ont _____ été élus.
2. Ah! J'ai _____ compris!
3. Elles ont _____ décidé de faire la grève.
4. Ses partisans sont loyaux. _____ ont l'air très loyaux!
5. Les secrétaires ont eu une augmentation. Elles ont _____ eu une bonne augmentation.
6. Pourquoi sont-ils _____ ici?
7. Les hommes politiques malhonnêtes? Ils ont _____ démissionné.
8. Est-ce que c'est _____ , Madame?
9. Avez-vous _____ mangé, Duroc?

Comparative and Superlative of Adjectives and Adverbs

The comparative

The comparative is used to compare two things. There are three comparative expressions used with both adjectives and adverbs:

comparison of superiority:	**plus... que**	*more . . . than*
comparison of inferiority:	**moins... que**	*less . . . than*
comparison of equality:	**aussi... que**	*as . . . as*

Il parle plus facilement que moi.
He speaks more easily than I.

Ton patron est moins généreux que le mien.
Your boss is less generous than mine.

Les hommes d'affaires sont-ils plus réalistes que les professeurs?
Are businessmen more realistic than professors?

1. The adverbs **bien** and **beaucoup** are used to emphasize the comparatives **plus... que** and **moins... que**. The English equivalent is *much* or *a lot*.

   Il parle bien plus facilement que <u>moi</u>.   use disjunctive pronoun
   He speaks a lot more easily than I.

   Ton patron est beaucoup moins généreux que le mien.
   Your boss is much less generous than mine.

2. *Than* is expressed by **de** when it is followed by a number.

   Il a passé plus de cinq ans au sénat.
   He spent more than five years in the senate.

   Je lui ai prêté plus de cinquante dollars.
   I lent him more than fifty dollars.

Exercices

A. Formulez une phrase comparative en employant les noms suivants et les adjectifs de la colonne de droite selon le modèle.

MODÈLE   une dette, un salaire
          Une dette est moins désirable (respectée, satisfaisante) qu'un salaire.

1. le travail à mi-temps, le travail à plein temps	énergique
2. l'expérience, l'éducation	respecté
3. un patron, un ouvrier	compétent
4. une dette, un salaire	libre
5. un homme politique, un homme d'affaires	important
6. une femme d'affaires, un homme d'affaires	délicieux
7. le chômage, le travail	désirable
8. le secteur public, le secteur privé	lucratif
9. un micro-ordinateur, une machine à écrire	qualifié
10. un employé paresseux, un employé travailleur	satisfaisant
	riche
	utile
	rapide

B. Traduisez en français, puis jouez les dialogues.

   1. A: What do you think of Isabelle and Monique?
      B: Isabelle is prettier than Monique; that's evident. But Monique is more intelligent, much more intelligent.
      A: Let's hire Monique, then *(alors)*.
   2. A: Dupont, how long have you been in this office?
      B: More than two years, sir.
      A: Well *(Eh bien)*, I think you deserve a raise.
      B: I'm leaving the office in two weeks, sir. I've found a new job.
      A: (silence)

The superlative

The superlative is used to compare three or more things. The superlative of adjectives is formed by placing the articles **le, la,** or **les** before the comparative. If the adjective follows the noun, the articles must be used twice: once before the noun and once before the superlative.

C'est la plus petite entreprise de la ville.
It's the smallest business in town.

Henri est l'ouvrier le plus respecté de l'usine.
Henri is the most respected worker in the factory.

The superlative of adverbs is formed by placing **le** before the comparative.

Louise a fini son travail le plus vite.
Louise finished her work the fastest.

1. The expression **de** + *article* is always used to mean *in, of,* or *on* after the superlative. (Do not use **dans.**)

   l'hôtel le plus célèbre de la région
   the most famous hotel in the area

   la réforme la plus importante du programme
   the most important reform in the platform

2. If more than one comparative or superlative is used in a sentence, the comparative or superlative words are repeated before each adjective or adverb.

   Jean est plus qualifié et plus compétent que le patron.
   John is more qualified and competent than the boss.

   C'est la candidate la plus travailleuse et la plus honnête du parti.
   She's the most hard-working and honest candidate in the party.

Exercices

A. Traduisez en français.

My name is Duroc. I'm not the most modest man in the world. In fact, my reactionary opponent, Dubois, says that I'm the most ambitious politician in the city. Well *(Eh bien)*, Dubois is a bad politician, the least honest and most incompetent candidate in the country. I am also intelligent, more intelligent than the other politicians. I make long, brilliant speeches and have interesting ideas. You probably want to know why the most qualified candidate in France is in this dirty prison. Dubois says that I took a big bribe. But here's the truth: a dear friend gave me a small gift. I'm far more innocent than Dubois!

B. Comparons les étudiants de la classe de français! Répondez par une phrase complète.

1. Qui est le plus (le moins) timide?
2. Qui est le plus original?
3. Qui est le plus (le moins) grand?
4. Qui est le plus (le moins) bavard?
5. Qui est le plus jeune (le plus âgé)?
6. Qui a les cheveux les plus longs (les plus courts)?
7. Qui est le plus (le moins) énergique?

bon, mauvais

Certain forms of the adjectives **bon** and **mauvais** are irregular.

	Comparative	**Superlative**
bon	meilleur moins bon aussi bon	le meilleur le moins bon
mauvais	plus mauvais, pire[1] moins mauvais aussi mauvais	le plus mauvais, le pire le moins mauvais

Luigi est le meilleur secrétaire du bureau.
Luigi is the best secretary in the office.

C'est la plus mauvaise femme d'affaires du monde!
She's the worst businesswoman in the world!

---

[1]**Pire** and **plus mauvais** are used virtually interchangeably.

bien and *mal*

Certain forms of the adverbs **bien** and **mal** are irregular.

	Comparative	**Superlative**
bien	mieux moins bien aussi bien	le mieux le moins bien
mal	plus mal, pis[1] moins mal aussi mal	le plus mal, le pis le moins mal

Barbara travaille le mieux.   Vous mentez aussi mal que moi!
Barbara works the best.   *You lie as badly as I do!*

Exercices

A. Traduisez les mots entre parenthèses en français, puis jouez le dialogue.

A: Je suis _____ *(the best)*!
B: Non! C'est moi qui suis _____ *(the best)*!
A: Je suis _____ *(better)* que toi!
B: Non, moi je suis _____ *(better)* que toi!
A: Je chante _____ *(better)* que toi!
B: Mais je danse _____ *(better)* que toi!
A: Hypocrite!
B: Menteur!
   (Menteuse!)

—*Hypocrite!*
—*Menteuse!*

[1]**Plus mal** is used much more often than **pis.**

B. Complétez avec le nom d'une personne de votre choix.

1. Je chante moins bien que...
2. Je parle français mieux que...
3. ... danse mieux que moi.
4. Je joue au basket-ball moins bien que...
5. ... joue de la guitare mieux que moi.

C. Répondez en employant le superlatif des adverbes **bien** ou **mal**, ou la forme correcte du superlatif des adjectifs **bon** ou **mauvais**, selon le modèle.

MODÈLE   Que font les meilleurs danseurs?
           Ils dansent le mieux.

           Qui chante le plus mal?
           Les plus mauvais chanteurs.

1. Que font les meilleurs travailleurs?
2. Qui écrit le mieux?
3. Qui étudie le plus mal?
4. Que font les meilleurs vendeurs?
5. Que font les plus mauvais chanteurs?
6. Que font les meilleurs parleurs?
7. Qui pense le mieux?
8. Que font les plus mauvais danseurs?
9. Que font les meilleurs menteurs?
10. Qui raconte le plus mal?

D. Répondez personnellement par une phrase complète.

1. Qui étudie (organise sa vie, conduit une voiture) moins bien que vous?
2. Qui écrit (parle français, danse, ment, flirte) mieux que vous?
3. Qui est le meilleur chanteur (la meilleure chanteuse) des États-Unis?
4. Qui joue au golf (au tennis, au basket-ball) le mieux?

Exercices d'ensemble

I. Le texte suivant résume l'intrigue *(plot)* de *Candide,* un conte philosophique très célèbre de Voltaire (1694–1778).

a. Faites l'accord, si nécessaire, des **adjectifs** entre parenthèses.

Candide, le personnage _____1 (principal), est un _____2 (jeune) homme _____3 (naïf, courageux et sympathique). Il habite dans le château d'un baron _____4 (allemand). _____5 (Honnête et ignorant), il croit complètement les préceptes de son maître Pangloss, un philosophe «optimiste» qui croit que tout est bien dans le monde. Cunégonde, la fille du baron, est _____6 (doux, frais et gras). Trouvant qu'elle a l'air _____7 (séduisant), Candide tombe _____8 (amoureux) d'elle. Le baron n'apprécie pas les activités _____9 (amoureux) de Candide et Cunégonde et, _____10 (fâché), il chasse Candide du château.

Rejeté de ce paradis _____11 (terrestre), Candide fait des voyages et est témoin de _____12 (nombreux) désastres _____13 (naturel) et d'injustices _____*14* (humain)—une guerre, une tempête, un tremblement de terre, exécutions, viols, meurtres, cas d'exploitation des hommes, etc. Il est si scandalisé qu'il commence à mettre en doute «l'optimisme» de Pangloss. Ses doutes s'intensifient quand il fait la connaissance du _____*15* (vieux) savant Martin pendant un de ses voyages. Bien plus _____*16* (pessimiste) que Pangloss, Martin affirme que les hommes sont _____*17* (rusé, méchant, menteur et lâche). Mais son plus grand malheur arrive lorsque Candide retrouve sa _____*18* (cher) Cunégonde. Elle n'a plus l'air _____*19* (joli et gentil); elle est devenue _____*20* (laid et désagréable)! Le pauvre Candide est _____*21* (angoissé).

À la fin du conte, Candide décide de rejeter les idées _____*22* (faux et extrême) de Pangloss et de Martin. À la place, il trouve sa _____*23* (propre) solution _____*24* (pratique et réaliste) : il faut mener une vie _____*25* (utile) avec les autres sans penser aux _____*26* (vain) questions _____*27* (moral et métaphysique). Ces questions sont _____*28* (insoluble). «Il faut cultiver notre jardin» est la conclusion _____*29* (final) de Candide.

b. Répondez aux questions suivantes par une phrase complète.

1. Pourquoi Candide tombe-t-il amoureux de Cunégonde?
2. Pourquoi Candide commence-t-il à mettre en doute «l'optimisme»?
3. Comparez l'attitude de Martin avec celle de Pangloss.
4. Comment Cunégonde a-t-elle changé?
5. À la fin du conte, pourquoi Candide décide-t-il de rejeter les philosophies de Martin et de Pangloss?
6. Quelle est la conclusion de Candide?

II. Trouvez les **antonymes** des mots de la liste 1 dans la liste 2 et mettez chaque antonyme au féminin.

1	2
bon	furieux
brillant	beau
content	travailleur
idéaliste	courageux
paresseux	bête
libéral	hypocrite
compétent	incompétent
lâche	conservateur
laid	mauvais
objectif	pessimiste
optimiste	renvoyé
engagé	réaliste
sincère	subjectif
calme	triste

III. Complétez les phrases avec imagination en employant des **adjectifs** variés.

  1. Je crois que la concurrence est...
  2. À mon avis, le système capitaliste est...
  3. Quand je pense à l'injustice actuelle, j'ai l'air...
  4. Mon écrivain favori est _____ *(citez un nom)*. Je l'aime parce qu'il (elle) est...
  5. Je trouve les femmes d'affaires...
  6. Mes dettes me rendent...
  7. Je crois que le mariage est...
  8. Quand je suis avec mon meilleur ami (ma meilleure amie), j'ai l'air...
  9. L'actrice (l'acteur) que je préfère est _____ *(citez un nom)*. Je la (le) préfère parce qu'elle (il) est...
  10. Je trouve que les discours du président sont...
  11. Les hommes politiques menteurs me rendent...

IV. Traduisez en français.

  1. Why does he always vote for the worst candidates?
  2. He probably accepted the job.
  3. All men are morally responsible for *(responsable de)* their actions.
  4. In my opinion, that client is vulgar!
  5. Richard is working better today.
  6. Are all civil servants qualified?
  7. His opponent spoke clearly.
  8. She really thinks that the director will give her a raise.
  9. Did the senator speak more or less reasonably than the president?
  10. Dubois is a better candidate than Duchamp.
  11. Who has the best office, Marie or you?
  12. She's braver than he.
  13. He is probably going to work part-time.

Sujets de discussion ou de composition

Employez beaucoup d'adjectifs et d'adverbes dans les réponses.

1. Avez-vous l'intention de vous lancer dans les affaires? Pourquoi ou pourquoi pas?
2. Imaginez que vous vous lancez dans la politique. Quelle sorte de candidat serez-vous? Quelles réformes ferez-vous?
3. À débattre : La concurrence dans les affaires est bonne pour la société en général.
4. À débattre : En général, les hommes politiques ne sont pas bien qualifiés.
5. À débattre : Les femmes sont plus qualifiées que les hommes pour devenir président.

Future, Conditional, Pluperfect; *Devoir*

Chapter 7 at a Glance

Future, conditional, pluperfect

I. Mettez les verbes au **futur** et au **conditionnel**.

1. je (manger)   3. elle (vendre)   5. vous (être)
2. tu (sortir)   4. nous (faire)   6. elles (avoir)

II. Mettez les verbes au **futur antérieur** (*future perfect*), au **conditionnel passé** et au **plus-que-parfait**.

1. je (gagner)   3. il (attendre)   5. vous (venir)
2. tu (mentir)   4. nous (promettre)   6. ils (partir)

III. Traduisez les verbes en français en employant le **futur** ou le **futur antérieur**.

1. Je suis sûr que notre recette _____ (*will win*) le prix.
2. Quand je _____ (*go*) à Paris, je visiterai les maisons de couture.
3. Ce garçon _____ (*will have spent*) tout son argent avant d'être payé!

IV. Traduisez les verbes en français en employant le **plus-que-parfait**, le **conditionnel présent** ou le **conditionnel passé**.

1. Si j'étais à votre place, je _____ (*would not go out*) avec elle.
2. Henri ne savait pas que Renée _____ (*had already brought*) le vin.
3. Si ce couturier _____ (*had done*) cela, il _____ (*wouldn't have sold*) une seule robe!

V. Traduisez les verbes en français en employant le **conditionnel présent** ou l'**imparfait**.

1. Quand ce chef célèbre était jeune, il _____ (*would talk*) toujours de cuisine.
2. Tous les hommes politiques ont dit qu'ils _____ (*would change*) la mauvaise réputation du pays.

devoir

VI. Traduisez les verbes en français en employant le verbe **devoir**.

1. Non, elle n'est pas obligée d'acheter ces vêtements en solde, mais elle _____ (*should*) le faire!
2. Cet ambassadeur _____ (*used to have to*) faire beaucoup de voyages à Washington.
3. Il _____ (*had to*) mettre un chapeau parce qu'il faisait froid.
4. Un gourmet _____ (*should not*) être un glouton!
5. Le garçon _____ (*should not have*) critiquer son client.
6. Ce pays puissant _____ (*must*) avoir beaucoup d'influence.
7. Isabelle _____ (*was to*) servir du caviar, mais il coûte trop cher!

VII. Traduisez les verbes en français en employant les expressions **être obligé de** + *infinitif* ou **être censé** + *infinitif*.

1. Le petit Michel _____ *(had to)* finir son repas.
2. Les gens intelligents _____ *(are not supposed to)* utiliser des stéréotypes.

Vocabulaire du thème : *Images de la France*

Image et influence

l' **image** *f*   image
l' **influence** *f*   influence
influencer   to influence
puissant   powerful
faible   weak
être connu (célèbre) pour   to be known (famous) for
avoir bonne (mauvaise) réputation   to have a good (bad) reputation
respecté   respected
le **stéréotype**   stereotype
patriotique   patriotic
chauvin   chauvinistic (fanatically patriotic)
fier, fière   proud

La cuisine

le **chef**   chef
le **garçon**, le **serveur**   waiter
la **serveuse**   waitress
le **client**, la **cliente**   customer
le **gourmet**   gourmet
le **gourmand**, la **gourmande**   one who likes to eat
gourmand   liking to eat
le **glouton**, la **gloutonne**   glutton

la **carte**, le **menu**   menu
l' **addition** *f*   check
commander   to order
le **pourboire**   tip

la **recette**   recipe
la **nourriture**   food
le **repas**   meal
faire la cuisine   to cook
le **plat**   course, dish

l' **apéritif** *m*   apéritif, before-dinner drink
le **hors-d'œuvre** *m* (*inv*)   first course
l' **entrée** *f*   second course
le **plat principal**   main course
le **plateau de fromages**   cheese plate
la **salade**   salad
le **dessert**   dessert
le **café**   coffee
la **liqueur**   liqueur, after-dinner drink
à votre (ta) santé   to your health
avoir mal à l'estomac (au cœur)   to have an upset stomach

La mode

la **mode**   fashion
se **démoder**   to become outdated, to go out of style
la **haute couture**   high fashion
le **couturier**, la **couturière**   fashion designer
créer, inventer une robe, une mode, etc.   to create, invent a dress, a style, etc.
la **boutique**   boutique
le **grand magasin**   department store
faire des achats   to go shopping
le **magazine de mode**   fashion magazine

élégant   elegant
classique   classic
cher, chère   expensive
chic (*inv*)   chic
simple   simple
pratique   practical
bon marché (*inv*)   inexpensive
en solde   on sale

Exercices

A. **Mise en scène.** Complétez en employant une ou plusieurs expressions du *Vocabulaire du thème*, puis jouez les dialogues.

1. A: Oh, (nom), j'ai mal au cœur!
   B: (nom), ça ne m'étonne pas. Tu...
   A: Mais non, (nom).
   B: Mais si! D'ailleurs, je pense que tu es un(e)...
   A: Un(e)...!
   B: Oui! Au revoir, (nom), et n'oublie pas de payer l'addition!
2. (au grand magasin)
   A: (nom), qu'est-ce que tu penses de ce blue-jean?
   B: ...
   A: Est-ce que tu penses qu'il est trop cher?
   B: ...
   A: Tu m'as convaincu(e), (nom), je vais l'acheter!

—*Qu'est-ce que tu penses de ce blue-jean?*
—*Il est très chic!*

B. **Situations.** Répondez en employant une ou plusieurs expressions du *Vocabulaire du thème*.

1. Quel est votre dessert (café, fromage) préféré?
2. Dressez une liste de cinq Français ou Françaises célèbres et comparez votre liste avec celles de vos camarades de classe.
3. Préférez-vous faire des achats dans les boutiques ou dans les grands magasins? Expliquez les raisons de votre choix.
4. Lisez-vous des magazines de mode? Si oui, lesquels?
5. Définissez un gourmet et un gourmand.

FUTURE, CONDITIONAL, PLUPERFECT

Formation of the Simple Future and Conditional

Regular verbs

The simple future and conditional of most verbs are formed by adding the future and conditional endings to the infinitive. Note that the final **e** in the infinitive of **-re** verbs (e.g., **perdre, répondre**) is dropped before adding the endings.

Future endings: **-ai, -as, -a, -ons, -ez, -ont**
Conditional endings: **-ais, -ais, -ait, -ions, -iez, -aient**

Note that the conditional and imperfect endings are identical.

---

gagner (stem, **gagner**)

future		**conditional**	
je gagner**ai**	*I will win*	je gagner**ais**	*I would win*
tu gagner**as**		tu gagner**ais**	
il		il	
elle } gagner**a**		elle } gagner**ait**	
on		on	
nous gagner**ons**		nous gagner**ions**	
vous gagner**ez**		vous gagner**iez**	
ils		ils	
elles } gagner**ont**		elles } gagner**aient**	

applaudir (stem, **applaudir**)

j' applaudir**ai** j' applaudir**ais**

perdre (stem, **perdr**)

je perdr**ai** je perdr**ais**

-*er* verbs with spelling changes

Regular **-er** verbs with certain endings undergo spelling changes before adding the future and conditional endings.

1. Verbs ending in **e** + *consonant* + **er** (e.g., **mener, lever, peser**) change **e** to **è**: **je mènerai, je mènerais; nous lèverons, nous lèverions.**

2. Verbs ending in **-eler** and **-eter** (e.g., **appeler, jeter**) double the **l** and the **t**: **j'appellerai, j'appellerais; elles jetteront, elles jetteraient.**

   Note that **acheter** and **geler** change **e** to **è** instead of doubling the **t** and **l**: **j'achèterai, j'achèterais; nous gèlerons, nous gèlerions.**

3. Verbs ending in **-yer** (e.g., **employer, essayer, essuyer, payer**) change **y** to **i**: **j'emploierai, j'emploierais; nous paierons, nous paierions.** (Verbs ending in **-ayer** may retain the **y**: **je paierai, je payerai.**)

Irregular verbs

Many common verbs have unusual future and conditional stems.

aller : **j'irai, j'irais**
avoir : **j'aurai, j'aurais**
courir : **je courrai, je courrais**
devoir : **je devrai, je devrais**
envoyer : **j'enverrai, j'enverrais**
être : **je serai, je serais**
faire : **je ferai, je ferais**
falloir : **il faudra, il faudrait**
mourir : **je mourrai, je mourrais**

pleuvoir : **il pleuvra, il pleuvrait**
pouvoir : **je pourrai, je pourrais**
recevoir : **je recevrai, je recevrais**
savoir : **je saurai, je saurais**
tenir : **je tiendrai, je tiendrais**
venir : **je viendrai, je viendrais**
voir : **je verrai, je verrais**
vouloir : **je voudrai, je voudrais**

Exercice

Complétez au futur et au conditionnel.

1. (être) je, nous
2. (aller) nous, tu
3. (entendre) elle, vous
4. (essayer) nous, je
5. (goûter) ils, tu
6. (mener) elle, vous
7. (appeler) ils, nous
8. (savoir) nous, tu
9. (mener) vous, il
10. (influencer) je, elles
11. (jeter) il, tu
12. (voir) je, vous
13. (acheter) je, elle
14. (venir) tu, nous
15. (savourer) elle, vous
16. (manger) nous, je
17. (mourir) elle, vous
18. (devoir) nous, tu

Formation of the Future Perfect, Past Conditional, and Pluperfect

Like the *passé composé*, these three tenses are compound tenses, composed of an auxiliary verb (**avoir** or **être**) and a past participle.

compound tense	tense of auxiliary	
future perfect (**futur antérieur**)	future	
past conditional (**conditionnel passé**)	conditional	} + *past participle*
pluperfect (**plus-que-parfait**)	imperfect	

future perfect	past conditional	pluperfect
j'aurai dîné	**j'aurais dîné**	**j'avais dîné**
I will have dined	*I would have dined*	*I had dined*
elle sera partie	**elle serait partie**	**elle était partie**
she will have left	*she would have left*	*she had left*

Exercice

Complétez au futur antérieur, au conditionnel passé et au plus-que-parfait.

1. (influencer) nous, je
2. (partir) elles, vous
3. (venir) je, elles
4. (vendre) il, nous
5. (promettre) tu, elles
6. (devenir) ils, vous
7. (finir) je, nous
8. (faire) vous, tu
9. (aller) elle, elles
10. (choisir) il, nous

Use of the Simple Future and Future Perfect

Future action

1. The future tenses express future action. The French simple future tense is the equivalent of the English future *will + verb.*

   Où exporterez-vous ces produits de beauté?
   Where will you export these beauty products?

   Elles parleront couture toute la soirée!
   They'll talk fashion all evening!

2. The future perfect corresponds to the English form *will have + past participle.*

   Ces gloutons auront mangé toutes les tartes avant dix heures!
   These gluttons will have eaten all the pies before ten!

   Le président sera parti pour Paris à neuf heures.
   The president will have left for Paris at nine o'clock.

3. The immediate future in French is often expressed by **aller** + *infinitive.*

   Il va bientôt commander son repas.
   He's going to order his meal soon.

After *quand, lorsque, dès que, aussitôt que, tant que*

The future tenses must be used after **quand** and **lorsque** *(when)*, **dès que** and **aussitôt que** *(as soon as)*, and **tant que** *(as long as)* in subordinate clauses, if a future idea is implied. Note that this tense usage differs from English.

Dès qu'elle descendra de l'avion, je prendrai sa photo.
As soon as she gets off the airplane, I'll take her picture

Quand il sera prêt, il annoncera sa décision.
When he's ready, he'll announce his decision.

Quand il sera de retour, téléphonez-moi.
When he's back, call me.

Il prendra des vacances aussitôt qu'il aura fini son travail.
He will go on vacation as soon as he has finished his work.

Ce gourmet continuera à manger tant que vous le servirez!
This gourmet will continue to eat as long as you serve him!

Note that the main verb in such sentences will be in either the simple future or the imperative.

Exercices

A. Transformez les phrases.

1. Un jour, je serai célèbre. (vous, tu, ce jeune chef, nous, on, ces couturières, je)
2. Je sortirai quand j'aurai fini de dîner. (tu, nous, ce gourmet, vous, ces deux gloutons, on, je)

B. Imaginez que vous allez aux endroits suivants la semaine prochaine. Qu'est-ce que vous y ferez probablement? Répondez selon le modèle.

MODÈLE   au café

Quand je serai au café, je bavarderai avec mes amis (je jouerai aux cartes, je flirterai avec tout le monde, je prendrai une bière, etc.).

1. au restaurant
2. au zoo
3. au cinéma
4. en prison
5. à l'hôpital
6. chez vos parents
7. à la bibliothèque
8. dans le grand magasin

C. Écrivez un petit poème! Imaginez que vous allez faire le tour du monde et que vous ferez des choses différentes dans chaque pays. Mettez les verbes entre parenthèses au futur.

1. Quand j'irai en Italie,
   Je (manger) des spaghettis.
2. Quand j'irai en Grèce,
   Je (voir) une déesse.
3. Quand j'irai à Moscou,
   Je (acheter) des bijoux.
4. Quand j'irai en Égypte,
   Je (visiter) une crypte.
5. Quand j'irai en Angleterre,
   Je (nager) dans la mer.
6. Quand j'irai à Rio,
   Je (faire) l'idiot!
7. Quand j'irai à Berlin,
   Je (prendre) un bain!

D. Répondez avec imagination en employant le futur antérieur avec **aussitôt que** selon le modèle.

> MODÈLE   Quand ferez-vous la vaisselle?
> *Aussitôt que j'aurai fini de dîner (aussitôt que j'aurai regardé mon émission préférée à la télé, aussitôt que vous aurez fait votre lit, etc.).*

1. Quand achèterez-vous une nouvelle voiture?
2. Quand irez-vous chez le dentiste?
3. Quand prendrez-vous une douche?
4. Quand nettoierez-vous votre chambre?
5. Quand irez-vous à Paris?
6. Quand commanderez-vous le dessert?

E. Imaginez que vous êtes diseuse de bonne aventure *(fortune teller)* et que vous lisez l'horoscope d'une personne célèbre (morte ou vivante). Racontez cet horoscope et demandez aux autres étudiants de découvrir l'identité de la personne. Commencez l'horoscope par les mots **Quand vous serez plus âgé(e)**, selon le modèle.

> MODÈLE   Quand vous serez plus âgée, vous travaillerez dans la haute couture française. Vos vêtements seront élégants et simples. Vous créerez de nouvelles modes (la petite robe noire et des chapeaux sans ornements, par exemple), et vous donnerez votre nom à un parfum. (Réponse : Coco Chanel)

Use of the Pluperfect

The pluperfect is used to indicate an action that took place before another past action. It is aptly described by its French name, **le plus-que-parfait**: more in the past than the past. Its English equivalent is either the pluperfect *had + past participle (I had spoken)*, or the past tense *(I spoke)*.

Il ne savait pas qu'elle avait déjà payé l'addition.
He didn't know that she had already paid the check.

Ne vous ai-je pas dit qu'elle était venue?
Didn't I tell you that she had come?
Didn't I tell you that she came?

French usage regarding verb tenses is generally more precise than English usage; thus the French pluperfect has the two possible English equivalents in the second example above.

Exercices

A. Transformez les phrases.

1. J'ai mis le parfum que j'avais acheté. (vous, tu, on, Cléopâtre, mes petites sœurs, nous, je)

2. Je voulais dire «oui», mais j'avais déjà dit «non». (nous, vous, tu, le client, on, ces jeunes mariés, je)

B. Répondez en employant le **plus-que-parfait** selon le modèle.

MODÈLE   Robert a préparé une quiche. Peu après, il l'a mangée.
           Robert a mangé la quiche qu'il avait préparée.

1. Sylvie a essayé une robe. Peu après, elle l'a achetée.
2. Aldo a épousé une blonde. Peu après, il l'a embrassée!
3. Anne a commencé ses devoirs. Peu après, elle les a finis.
4. Dorine a écrit un billet doux *(love letter)*. Peu après, elle l'a détruit.
5. Le chef a laissé tomber un gâteau. Peu après, il l'a vendu!
6. Yves a créé une mode. Peu après, il l'a dénoncée.
7. Francine a accepté un poste. Peu après, elle l'a refusé.

C. David et Lisa sont un jeune couple. Ils sont très heureux ensemble, mais ils ont un petit problème : chaque fois que David fait quelque chose, il trouve que Lisa l'a déjà fait! Indiquez l'action de Lisa en employant le **plus-que-parfait** selon le modèle.

MODÈLE   David a acheté le pain.
           Lisa l'avait déjà acheté!

1. David a laissé le pourboire.
2. David a payé le loyer *(rent)*.
3. David a acheté le vin (le journal).
4. David a vendu le piano.
5. David a préparé le dîner.

D. Complétez avec imagination en employant le **plus-que-parfait** selon le modèle.

MODÈLE   J'ai détruit la lettre que...
           J'ai détruit la lettre que j'avais écrite au président (que j'avais écrite au patron, etc.).

1. J'ai épousé la blonde (le beau jeune homme) que...
2. Pourquoi n'avez-vous pas mangé l'omelette que...
3. Je ne suis pas allé(e) voir ce film parce que...
4. Je n'ai pas encore trouvé le chapeau que...
5. Pourquoi avez-vous refusé le poste que...

Use of the Conditional

Conditional sentences

1. The conditional tenses are used to indicate a possible or hypothetical fact that is the result of a condition. Their English equivalents are

would + *verb* (the simple conditional: *I would smile*) and *would have* + past participle (the past conditional: *I would have smiled*).

Si j'étais à votre place, je dînerais à la Tour d'Argent.
If I were you, I would dine at the Tour d'Argent.

Si le garçon avait consulté le chef, il n'aurait pas servi ce gâteau!
If the waiter had consulted the chef, he wouldn't have served that cake!

2. The conditional tenses are used in so-called conditional sentences (sentences containing *if*-clauses). The following table contains the most common tense sequences used in conditional sentences. The same tense sequences exist in English.

if-clause	main clause
present	present, future, imperative
imperfect	present conditional
pluperfect	past conditional

Si elle entre, je sors!
If she enters, I'm leaving!

Si elle est intelligente, elle achètera ces vêtements en solde.
If she's smart, she'll buy these clothes on sale.

Si cette vendeuse vous gêne tellement, ne l'écoutez pas!
If this salesgirl bothers you so much, don't listen to her!

S'il lisait le *Guide Michelin*, il serait au courant des restaurants.
If he read the Guide Michelin, *he would be up-to-date on restaurants.*

Si elle avait mangé ces sardines, elle aurait eu mal à l'estomac!
If she had eaten those sardines, she would have had a stomachache!

Note that the conditional tenses are used in the main clause, but not in the *if*-clause.

The future of the past

The conditional also expresses the future of the past.

Future of the present: Il dit qu'il laissera le pourboire.
                                He says he will leave the tip.

Future of the past: Il a dit qu'il laisserait le pourboire.
                                He said he would leave the tip.

Here French and English usage correspond.

The conditional of politeness

The conditional is used to attenuate questions and requests, making them more courteous.

Present: Je veux cinquante dollars, papa.
                I want fifty dollars, Dad.

Conditional: Je voudrais cinquante dollars, papa.
                I would like fifty dollars, Dad.

Exercices

A. La vieille tante bien-aimée de Richard est morte et lui a laissé une grande fortune. Répondez aux questions suivantes en vous mettant à la place de Richard, maintenant un millionnaire.

  1. Changeriez-vous de domicile? Si oui, où habiteriez-vous?
  2. Qu'est-ce que vous achèteriez (à vos parents, à votre petit/e ami/e, au professeur)?
  3. Feriez-vous un voyage? Si oui, où iriez-vous? Avec qui feriez-vous le voyage?
  4. Quelle profession (quelles distractions, quels vêtements) choisiriez-vous?
  5. Nommez deux autres choses que vous feriez.

B. Complétez avec imagination selon le modèle.

  MODÈLE   Si j'étais un oiseau...
            Si j'étais un oiseau, j'aurais peur des chats (je chanterais
            dans les arbres, je mangerais beaucoup de vers [worms],
            je ferais un voyage en Floride, etc.).

  1. Si j'étais un chat...
  2. Si j'étais un voleur (*thief*),...
  3. Si j'étais très, très intelligente(e),...
  4. Si j'avais mal à l'estomac...
  5. Si j'avais mauvaise réputation,...
  6. Si j'étais le professeur,...
  7. Si j'étais un nuage (*cloud*),...
  8. Si j'étais gourmand(e),...
  9. Si j'étais snob,...

—*Si je n'étais pas chef,*
je serais artiste!

C. Si vous étiez aux endroits suivants, qu'est-ce que vous y feriez probablement? Répondez selon le modèle.

MODÈLE   au café
Si j'étais au café, je bavarderais avec mes amis (je mangerais un croissant, je boirais de la limonade, je lirais le journal, etc.).

1. dans un restaurant chic
2. dans un grand magasin
3. au cinéma
4. à la montagne
5. dans une boîte de nuit
6. à l'hôpital
7. au bord de la mer

D. Qu'est-ce que vous auriez fait si vous aviez été les personnes suivantes? Répondez selon le modèle.

MODÈLE   Si vous aviez été Pierre ou Marie Curie?
Si j'avais été Pierre ou Marie Curie, j'aurais découvert le radium.

1. Si vous aviez été Voltaire?
2. Si vous aviez été Christophe Colomb?
3. Si vous aviez été le marquis de Sade?
4. Si vous aviez été Marie-Antoinette?
5. Si vous aviez été Ève?
6. Si vous aviez été Walt Disney?
7. Si vous aviez été Christian Dior?
8. Si vous aviez été Picasso?

E. Préparez deux questions sur le modèle de l'exercice D et posez-les à la classe.

Related Expressions

The imperfect and conditional "would"

Both the imperfect and conditional tenses may be translated by *would* in English. If *used to,* indicating a customary or repeated action, can be substituted for *would,* the imperfect tense is called for. If not, a conditional tense is used.

Quand j'avais dix-sept ans, je lisais le journal satirique *Le Canard enchaîné* toutes les semaines.
When I was seventeen, I would read (used to read) the satirical newspaper Le Canard enchaîné *every week.*

Si la soupe était moins chaude, je la goûterais.
If the soup were less hot, I would taste it.

Exercices

A. Traduisez en français les verbes entre parenthèses.

1. Quand il était jeune, il _____ *(would work)* tous les soirs.
2. Je _____ *(would accept)* ce point de vue s'il était plus cohérent!
3. Quand il était plus jeune, il _____ *(would wear)* toujours des vêtements chic.
4. Après avoir mangé des oignons, il _____ *(would have)* toujours une crise de foie!
5. _____ *(Would you like)* essayer cette entrée?
6. Si j'avais de l'argent, je _____ *(would pay)* l'addition.

B. Complétez avec imagination.

1. Si j'étais plus jeune, je...
2. Quand j'étais plus jeune, je...
3. Si j'étais plus innocent(e), je...
4. Quand j'étais plus innocent(e), je...

DEVOIR

The commonly used verb **devoir** has multiple meanings. When followed by an infinitive, it expresses necessity or moral obligation or probability. When used with a direct object, it means *to owe.*

Necessity or Moral Obligation

The expression of necessity or moral obligation is perhaps the most common function of **devoir**. The tenses are translated variously.

Present: must, have to

Chéri, tu dois éviter ce dessert!
Dear, you must avoid that dessert!   OR:
Dear, you have to avoid that dessert!

Imperfect: had to,[1] used to have to

Elle devait tout faire.
She had to do everything

---

[1]Whether the imperfect or the passé composé is used to render *had to* depends on the meaning of *had to* in the context. See Chapter 4, pp. 101–102.

Quand j'étais jeune, je devais faire mon lit tous les matins.
When I was young, I had to (used to have to) make my bed every morning.

passé composé: had to[1]

J'ai dû prendre l'avion parce que j'avais raté le train.
I had to take the plane because I had missed the train.

À cause de la crise politique, le président a dû quitter le pays.
Because of the political crisis, the president had to leave the country.

Present conditional: should, ought to

M. Courvoisier, vous devriez prendre une liqueur.
Mr. Courvoisier, you should have a liqueur.

Adam, vous devriez avoir honte!
Adam, you ought to be ashamed!

Past conditional: should have, ought to have

J'aurais dû l'avouer plus tôt. Je suis un glouton!
I should have admitted it sooner. I'm a glutton!

Future: will have to

Ils devront acheter une marque moins chère.
They will have to buy a less expensive brand.

Exercices

A. Qu'est-ce que les personnes suivantes devraient faire? Répondez selon le modèle.

> MODÈLE   une serveuse
> *Une serveuse devrait travailler vite (être aimable, sourire beaucoup, etc.).*

1. un glouton
2. un agent de police
3. un couturier
4. un psychiatre
5. un clochard
6. un végétarien
7. un étudiant
8. une femme fatale

---

[1]Whether the imperfect or the passé composé is used to render *had to* depends on the meaning of *had to* in the context. See Chapter 4, pp. 101–102.

B. Qu'est-ce que les personnes suivantes auraient dû ou n'auraient pas dû faire?

1. Pinocchio
2. Ève (la femme d'Adam)
3. le président
4. l'alcoolique
5. le gourmand
6. le voleur
7. Napoléon
8. le professeur

C. Répondez par une phrase complète.

1. Qu'est-ce que vous devez faire cette semaine?
2. Quand vous étiez petit(e), deviez-vous faire des travaux ménagers? Si oui, lesquels? Deviez-vous aller à l'école à pied? À quelle heure deviez-vous vous coucher? Deviez-vous manger vos haricots verts?
3. Nous faisons, hélas, beaucoup d'erreurs dans la vie! Réfléchissez à votre vie passée et nommez quelque chose que vous n'auriez pas dû faire. Nommez quelque chose que vous auriez dû faire.

—*J'aurais dû acheter cette jolie robe bleue!*

4. Avez-vous dû préparer le dîner (faire la vaisselle, écrire une composition) hier soir?
5. Si j'annonce un examen pour demain, qu'est-ce que vous devrez faire?

D. Traduisez en français.

1. You shouldn't have said that!
2. But you must accept that check!
3. I had to buy a lot of clothes on sale last year!
4. One shouldn't criticize friends.
5. That glutton is so fat that he will have to see a doctor.
6. Should we go to a bar or should we study for the French test tomorrow?

Devoir commonly expresses *to be supposed to* in two tenses.

Present: am (is, are) supposed to

L'ambassadeur doit arriver bientôt.
The ambassador is supposed to arrive soon.

Imperfect: was (were) supposed to

Giscard devait faire des achats avec moi, mais il est parti!
Giscard was supposed to go shopping with me, but he left!

Exercice

Traduisez en français les verbes entre parenthèses en employant le verbe **devoir**.

1. Je _____ *(was supposed to)* dîner à sept heures.
2. Nous _____ *(were supposed to)* nous lever à cinq heures, mais notre réveille-matin n'a pas sonné.
3. _____ *(Are they supposed to)* arriver les premiers au concert?
4. Le professeur _____ *(was supposed to)* faire une conférence sur les rapports entre la France et les États-Unis.
5. Comment _____ *(is he supposed to)* trouver une solution quand il refuse de discuter le problème?

Probability

Devoir commonly expresses probability in three tenses.

Present

Il doit être fou!
He must be (is probably) crazy!

Elle doit travailler très dur.
She must work (probably works) very hard.

Imperfect

Ces patriotes devaient être fiers de leur patrie.
Those patriots were probably proud of their country.

Ce couturier célèbre devait avoir soixante-dix ans quand il est mort.
That famous designer must have been (was probably) seventy when he died.

passé composé

Gisèle est en retard. Elle a dû manquer l'avion.
Gisèle is late. She must have (has probably) missed the plane.

Tu as dû passer des heures à préparer ce plat!
You must have spent hours preparing that dish!

Exercices

A. Comment sont probablement les personnes suivantes? Répondez en employant **devoir** au temps présent selon le modèle.

MODÈLE   Richard s'est marié hier.
           Il doit être heureux (fou, malade, fatigué, anxieux, etc.).

1. Suzette vient d'avoir son premier enfant.
2. Georges vient de recevoir de tristes nouvelles : son père a eu un accident de voiture.
3. Mimi est allée chez le dentiste ce matin.
4. L'ami de Josette habite dans un château majestueux!
5. Mme Florentin, qui a soixante ans, s'est mariée avec un homme de vingt-cinq ans.
6. Marc est si bon cuisinier!
7. Marie-Antoinette a perdu la tête!

B. Préparez deux questions sur le modèle de l'exercice A et posez-les à la classe.

C. Répondez en employant le passé composé du verbe **devoir** selon le modèle.

MODÈLE   Pourquoi Hélène est-elle arrivée en retard au bureau ce matin?
           Elle a dû manquer le métro (elle a dû oublier sa montre, elle a dû faire la grasse matinée, etc.).

1. Pourquoi Isabelle est-elle toute bronzée *(tanned)*?
2. Pouah! Quelle mauvaise odeur! Qu'est-ce que Nicolas a mangé?
3. Pourquoi ce garçon est-il si content ce matin?
4. Pourquoi Nina marche-t-elle avec des béquilles *(crutches)*?
5. Pourquoi Bubu donne-t-il des cigares à tout le monde ce matin?

D. Traduisez en français, puis jouez le dialogue.

1. A: Why did Marc leave early?
   B: He probably had an upset stomach.
   A: But why?
   B: He must have eaten Luigi's chicken!
2. A: When I was a waiter (waitress), I had to work hard.
   B: You must have been a good waiter (waitress).
   A: I must have been crazy; I didn't earn anything!

Meaning *to owe*

Devoir means *to owe* when it is used with a direct object.

Malheureusement, mon père doit trop d'argent à la banque.
Unfortunately, my father owes the bank too much money.

Vous lui devez beaucoup de reconnaissance.
You owe him a lot of gratitude.

Exercice

Répondez par une phrase complète.

1. Devez-vous de l'argent à quelqu'un? Si oui, à qui?
2. À qui devez-vous du respect?
3. Est-ce que le professeur vous doit quelque chose?
4. Est-ce que quelqu'un vous doit de l'argent?

Related Expressions

être obligé de + *infinitive*: **to be obliged to, to have to, must**

Elle a été obligée de dire à son mari qu'elle avait perdu le chèque.
She was obliged to tell her husband that she had lost the check.

Ils seront obligés de laisser un pourboire.
They will have to leave a tip.

Être obligé de is the equivalent of **devoir** expressing necessity or moral obligation.

être censé + *infinitive*: **to be supposed to**

Ils sont censés être ici maintenant!
They are supposed to be here now!

Être censé is the equivalent of **devoir** meaning *to be supposed to.*

Exercice

Répondez par une phrase complète.

1. Quel(s) cours êtes-vous obligé(e) de suivre?
2. Qu'est-ce que vous êtes censé(e) faire avant de vous coucher (avant de passer un examen)?
3. Qu'est-ce que vous êtes obligé(e) de faire avant d'entrer en France?
4. À quelle heure êtes-vous censé(e) arriver en classe?
5. Êtes-vous censé(e) dire la vérité? Êtes-vous obligé(e) de la dire?
6. Qu'est-ce que les bons parents (les agents de police, les gourmets, les professeurs, les bons étudiants) sont censés faire?

Exercices d'ensemble

I. Traduisez en français.

1. If I were French, I would be proud of my country's image.
2. You will have to pay the check.
3. French high fashion has influenced American fashion.
4. If that customer leaves without paying, stop him!
5. If you must do it, do it!
6. I should have understood his problem.
7. Each time he lifted his glass, he would say, "To your health!"
8. I never would have come, if she had been here.
9. The hors d'oeuvres were good; the main course must be good, too.
10. If you must drink, try the Dubonnet.
11. When I go to Paris I will certainly visit Dior's boutique.
12. When will you understand that all stereotypes are false?
13. He's supposed to be here at eight; he must have already left.
14. That American gourmet ought to appreciate French cooking.

II. Mettez les verbes entre parenthèses au temps convenable.

1. Si j'avais assez d'argent, je _____ (dîner) dans ce restaurant élégant.
2. Si j'étais diplomate, je _____ (lire) le journal *Le Monde*.
3. Si Adrienne vient, je _____ (partir)!
4. Tout le monde me _____ (admirer) si je porte ce pantalon chic.
5. Si le professeur préparait un poulet rôti, je le _____ (manger) probablement.
6. Si je _____ (voir) l'accident, j'aurais téléphoné à la police.
7. Si vous en avez l'occasion, _____ (venir) me voir.
8. Si elle essaie ce bikini, elle le _____ (acheter) certainement.
9. Nous _____ (avoir) mal à l'estomac si nous mangeons tous ces oignons!
10. Si j'avais pu goûter ce plat avant, je le _____ (commander).

Sujets de discussion ou de composition

1. Quel est, à votre avis, le stéréotype du Français et de la Française typiques? de l'Américain et de l'Américaine typiques? Est-ce que ces stéréotypes sont vrais ou faux? Expliquez.
2. Est-ce que les États-Unis importent beaucoup de produits français? Dressez une liste de tous les produits français que vous connaissez.
3. Avez-vous jamais fait un voyage en France? Si oui, quelles différences essentielles avez-vous remarquées entre la vie française et la vie américaine?
4. À votre avis, est-ce que la France a exercé une grande influence sur la vie américaine? Expliquez.
5. Est-ce que la France a bonne réputation actuellement aux États-Unis? À votre avis, pourquoi ou pourquoi pas?

8

Relative Pronouns and Demonstratives

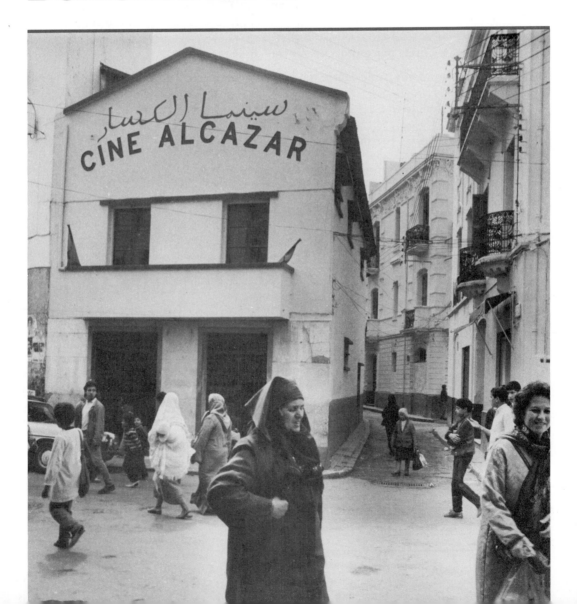

Chapter 8 at a Glance

Relative pronouns

I. Remplacez les tirets par **qui** ou **que.**

   1. Comment! Nous avons perdu les chèques de voyage _____ étaient dans nos valises?

   2. Voilà la belle étrangère _____ nous avons vue à Versailles.

II. Remplacez les tirets par **ce qui** ou **ce que.**

   1. Expliquez-nous _____ vous avez vu en France.

   2. Quel gourmand! La cuisine française est tout _____ l'intéresse!

III. Remplacez les tirets par **qui** ou une forme de **lequel.**

   1. Je vous présente Anne-Marie, la femme avec _____ je compte visiter le Sénégal.

   2. Voici l'argent avec _____ je vais acheter les souvenirs.

IV. Remplacez les tirets par **où** ou **quoi.**

   1. Je sais à _____ vous pensez.

   2. Elle m'a dit «Bonjour» au moment _____ elle m'a vu.

V. Remplacez les tirets par **dont** ou **ce dont.**

   1. Voici le touriste désagréable _____ je parlais.

   2. C'est _____ il est si fier!

VI. Traduisez en français les mots entre parenthèses en employant le **pronom interrogatif** ou le pronom **relatif** convenable.

   1. Il est francophone? _____ *(What)* cela signifie?

   2. Voici _____ *(what)* on a trouvé dans sa chambre!

   3. Voilà cette femme bizarre _____ *(whom)* j'ai rencontrée au Louvre.

   4. _____ *(Whom)* avez-vous vu pendant les vacances?

VII. Remplacez les tirets par **n'importe qui** ou **n'importe quoi.**

   1. Idiot! _____ pourrait lire cette carte!

   2. Ce francophile ferait _____ pour visiter la Martinique.

Demonstratives

VIII. Remplacez les tirets par **ce, cet, cette** ou **ces.** Employez **-ci** et **-là** s'il y a lieu.

   1. _____ dame

   2. _____ étranger

3. _____ coutumes nous sont familières mais _____ coutumes nous sont étrangères.
4. _____ livre
5. _____ maisons

IX. Remplacez les tirets par **celui, celle, ceux** ou **celles.** Employez **-ci** ou **là** s'il y a lieu.

1. _____ qui a l'esprit ouvert n'aura pas de problèmes.
2. Geneviève et Marguerite sont des touristes très différentes : _____ est gentille tandis que _____ est insolente!
3. Quelles photos préférez-vous, _____ sur la carte postale ou _____ de Marc?

X. Remplacez les tirets par **ceci** ou **cela (ça).**

1. _____ m'est égal.
2. Faisons un échange! Si vous me donnez _____ , je vous donne _____ !

XI. Remplacez les tirets par **ce, c', il, elle, ils** ou **elles.**

1. Sont- _____ françaises ou canadiennes?
2. _____ est une excursion qu'il faut faire!
3. _____ sont les beaux souvenirs dont nous avons parlé.

XII. Remplacez le premier tiret par **c'est** ou **il est** et le deuxième par **à** ou **de.**

1. _____ intéressant _____ comparer deux cultures différentes.
2. Vous êtes-vous jamais senti tout seul?—Oui, et _____ difficile _____ supporter!

XIII. Complétez en traduisant l'expression entre parenthèses.

1. Nous avons rendu visite à nos parents _____ *(that morning)*.
2. Nous passons _____ *(this month)* à la Guadeloupe.
3. Il est parti _____ *(the next day)*.
4. Moi, je pars _____ *(tomorrow)*.

Vocabulaire du thème : *Le voyage à l'étranger*

Touristes et voyageurs : les préparatifs
  rêver de   to dream of
  faire des projets   to make plans
  l' **agence de voyages** *f*   travel bureau
  l' **agent de voyages** *m*   travel agent
  le **chèque de voyage**   traveler's check

le **passeport**   passport
le **visa**   visa
la **carte d'identité**   ID card
  faire les préparatifs   to make preparations
  faire sa valise   to pack one's suitcase

La douane
>   **passer la douane**   to pass through customs
>   le **douanier**   customs officer
>   **fouiller**   to search (a person, a suitcase, etc.)
>   **avoir quelque chose à déclarer**   to have something to declare

Activités
>   **faire un voyage**   to take a trip
>   **faire une excursion accompagnée** to take a guided tour
>   **prendre des photos**   to take pictures
>   **rendre visite à**   to visit (a person)
>   **visiter**   to visit (a place)
>   l' **appareil (appareil photo)** *m* camera
>   la **carte**   map, menu
>   le **guide**   tour guide, guidebook
>   le **séjour**   stay
>   le **souvenir**   souvenir

Étrangers et indigènes
>   la **patrie**   homeland
>   l' **étranger** *m*, l'**étrangère** *f*   foreigner
>   l' **indigène** *m, f*   native
>   **francophone**   French-speaking
>   **francophile**   French-loving
>   **francophobe**   French-hating

Aspects positifs
>   **agréable**   pleasant
>   **complaisant**   accommodating
>   **avoir l'esprit ouvert (fermé)**   to have an open (closed) mind
>   l' **hospitalité** *f*   hospitality
>   **accueillir chaleureusement**   to welcome warmly
>   **accueillant**   hospitable
>   **être bien reçu**   to be well received
>   s' **adapter aux coutumes (aux habitudes) d'un peuple**   to adapt to the customs (habits) of a people
>   se **débrouiller**   to get along, to manage
>   se **fier à**   to trust
>   se **sentir à l'aise**   to feel at ease
>   **souhaiter la bienvenue à quelqu'un**   to welcome someone

Aspects négatifs
>   **désagréable**   unpleasant
>   **dépaysé**   out of one's element, lost
>   **condescendant**   condescending
>   **être mal reçu**   to be badly received
>   **avoir le mal du pays**   to be homesick
>   se **méfier de**   to distrust
>   se **sentir mal à l'aise, dépaysé, etc.** to feel ill at ease, lost, etc.
>   **exploité**   exploited

Exercices

A. **Mise en scène.**   Complétez en employant une ou plusieurs expressions du *Vocabulaire du thème*, puis jouez les dialogues.

>   1.   A: (nom), ça s'est bien passé, ton voyage en France?
>   B: (nom), ç'a été un désastre!
>   A: Comme c'est dommage! Qu'est-ce qui est arrivé?

B: ...
A: Non!
B: Si, et...
A: Pauvre (nom)! Mais comment as-tu trouvé les Français?
B: ...
A: Alors, ça n'a pas été un désastre complet!

2. A: (nom), on m'a donné une bourse! Je vais étudier à l'étranger! Je vais passer une année à (ville)!
   B: Félicitations, (nom)!
   A: J'ai beaucoup de choses à faire avant mon départ. Je dois...
   B: Pourquoi as-tu choisi (ville)?
   A: Parce que là il y a beaucoup de choses intéressantes à faire. Je vais...
   B: Et quand est-ce que tu vas étudier?
   A: Pendant mon temps libre!

—*Philippe, on m'a donné une bourse!*

B. **Situations.** Répondez en employant une ou plusieurs expressions du *Vocabulaire du thème*.

1. À votre avis, quelles sont les qualités du bon touriste? Quelles sont les qualités du mauvais touriste?
2. Imaginez que vous allez faire un voyage en France. Quels préparatifs allez-vous faire?
3. Odile la francophile est amoureuse de tout ce qui est français. Par exemple, elle va voir des films français, elle achète des vêtements français, elle se parfume avec du parfum français, elle dîne dans des restaurants français, et elle étudie dans une bibliothèque française. Imaginez qu'Odile la francophile visite votre ville ou votre université. Qu'est-ce qu'elle y ferait pour satisfaire sa soif de tout ce qui est français?

RELATIVE PRONOUNS

A relative pronoun is a word that joins (relative = relates) a subordinate clause to a noun or pronoun in the main clause. A subordinate clause that begins with a relative pronoun is called a relative clause. The English relative pronouns are *who, whom, whose, that, which, what.*

L'étudiant **qui a perdu son passeport** a l'air dépaysé.
The student who lost his passport seems lost.
  relative clause: **qui a perdu son passeport**
  main clause: **L'étudiant a l'air dépaysé.**

L'étranger **que j'ai rencontré à Paris** s'appelle Paul.
The foreigner whom I met in Paris is named Paul.
  relative clause: **que j'ai rencontré à Paris**
  main clause: **L'étranger s'appelle Paul.**

The noun or pronoun that precedes the relative pronoun, and to which the relative pronoun refers, is called the antecedent. In the above examples, **l'étudiant** and **l'étranger** are antecedents of **qui** and **que**, respectively. Relative pronouns may be used as the subject or direct object of a relative clause, or as the object of a preposition.

Relatives Used as Subject or Direct Object of a Relative Clause

antecedent	subject		direct object	
person	qui	*who*	que[1]	*whom*
things	qui	*that, which*	que[1]	*that, which*
indeterminate	ce qui	*what*	ce que[1]	*what*

To determine whether a relative pronoun is the subject or the direct object of a relative clause, it is first necessary to recognize the verb of the relative clause, as distinguished from that of the main clause.

Sentence 1:   Le touriste **qui habite chez nous** vient de France.
        The tourist who lives at our house comes from France.

Sentence 2:   L'île **que nous avons explorée** était pittoresque.
        The island that we explored was picturesque.

[1]**Que** changes to **qu'** before a vowel or mute **h.**

In these two sentences, the verbs in the relative clauses are **habite** and **avons explorée.** Knowing this, one must then determine whether the relative pronouns are used as the subject or direct object of these verbs. In sentence 1, **qui** is the subject of the verb **habite.** In sentence 2, **que** is the direct object of the verb **avons explorée** (whose subject is **nous**).

qui and *que*

Qui is the subject and **que** is the direct object, when the antecedent is a person or a specified thing.

Comment s'appelle la jeune fille qui nous a accueillis?
What is the name of the girl who welcomed us?

Voilà un pays qui me plaît!
There's a country that pleases me!

Voilà l'agent de voyages que nous avons engagé.
Here is the travel agent (whom) we hired.

Tahiti est l'île que je trouve la plus charmante.
Tahiti is the island (that) I find the most charming.

Note that although the direct object relative pronoun is often omitted in English, its counterpart **que** must always be used in French.

Exercices

A. Imaginez que vous allez visiter un pays étranger. Naturellement, vous voudriez un guide qui parle la langue du pays. Répondez en employant **qui** et une des langues dans la colonne de droite, selon le modèle.

MODÈLE   Vous allez en France.
          Je voudrais un guide qui parle français.

Vous allez...

1. en Espagne.	russe
2. en Angleterre.	japonais
3. aux États-Unis.	français
4. en Allemagne.	anglais
5. au Japon.	espagnol
6. en Chine.	chinois
7. au Canada.	allemand
8. en Russie.	italien
9. au Mexique.	
10. en Italie.	

B. Imaginez que vous êtes un(e) touriste infatigable. Chaque fois que vous visitez un pays étranger, vous achetez une carte postale avec le portrait d'un personnage célèbre qui vient de ce pays. Identifiez les pays en employant **que** selon le modèle.

MODÈLE   Quel beau portrait de Sophia Loren!
           C'est le portrait que j'ai acheté en Italie.

1. Quel beau portrait de Mao!
2. Quel beau portrait du président Kennedy!
3. Quel beau portrait de Karl Marx!
4. Quel beau portrait de Jeanne d'Arc!
5. Quel beau portrait de Picasso!
6. Quel beau portrait de Goethe!
7. Quel beau portrait de Michel-Ange!
8. Quel beau portrait de l'empereur Hiro-Hito!
9. Quel beau portrait de Margaret Thatcher!

—*Voilà le portrait que j'ai acheté en France.*

C. Créez six phrases logiques en employant les mots dans les quatre colonnes.

1. Le souvenir		a fouillé mes valises	était dangereux.
2. Le gangster	que	j'ai visité	était beau.
3. Le douanier		j'ai fait	était sympathique.
4. Le monument	qui	a perdu son passeport	était cher.
5. Le voyageur		la police a arrêté	était intéressant.
6. Le voyage		nous avons acheté	était fâché.

D. Complétez en employant **qui** ou **que** selon le modèle.

> MODÈLE   Un oiseau est un animal...
> *Un oiseau est un animal qui vole.*
>   *ou:*   *Un oiseau est un animal qu'on voit dans les arbres.*

1. Un francophile est une personne...
2. Un bikini est un vêtement...
3. Un francophobe est une personne...
4. Le vin est une boisson...
5. Un douanier est une personne...
6. Un souvenir est un objet...

ce qui and *ce que*

Ce qui is the subject and **ce que** is the direct object when the antecedent is indeterminate: that is, something other than a person or a specified thing (e.g., an idea or an unspecified thing).

Dites-moi tout de suite ce qui vous gêne!
Tell me right away what is bothering you!

Le guide ne sait pas ce que les touristes veulent voir.
The guide doesn't know what the tourists want to see.

Note that **tout ce qui** and **tout ce que** are used to express *all that* or *everything that.*

L'étude de la poésie africaine est tout ce qui l'intéresse.
The study of African poetry is all that interests her.

Montrez-moi tout ce que vous avez acheté pendant votre voyage.
Show me everything that you bought during your trip.

Exercices

A. Faites l'exercice B à la page 196 en employant **ce que** selon le modèle.

> MODÈLE   Quel beau portrait de Sophia Loren!
> *C'est ce que j'ai acheté en Italie.*

B. Imaginez que vous avez perdu la mémoire. La police vous a trouvé(e) sur une belle plage à la Martinique, mais vous ne savez pas comment ou pourquoi vous vous y trouvez. Les médecins pensent que vous avez l'amnésie *(amnesia)*, et ils vous posent des questions. Répondez en employant **ce que** ou **ce qui** selon le modèle.

MODÈLE   Qu'est-ce que vous faisiez?
          Je ne me rappelle pas ce que je faisais.

          Qu'est-ce qui vous intéresse dans la vie?
          Je ne me rappelle pas ce qui m'intéresse.

1. Qu'est-ce que vous avez mangé hier?
2. Qu'est-ce qui vous trouble?
3. Qu'est-ce que vous avez dit à la police?
4. Qu'est-ce que vous avez fait la semaine dernière?
5. Qu'est-ce qui vous rend content(e)? (triste)?
6. Qu'est-ce qui vous amuse?

C. Remplacez les tirets par **qui, que, (tout) ce qui** ou **(tout) ce que.**

1. Comment s'appelle ce monsieur _____ vient d'entrer?
2. L'étudiante _____ parle si bien français est africaine.
3. Savez-vous _____ nous allons faire en Suisse?
4. Les gens _____ parlent deux langues sont bilingues.
5. L'hôtel _____ elle a recommandé est vraiment remarquable!
6. Dites-moi _____ vous avez vu au Canada!
7. C'est un poète célèbre _____ est aussi un homme politique.
8. Mlle Blake ne peut pas faire _____ vous avez fait parce qu'elle ne passe qu'une semaine à Paris.
9. Le pays _____ il choisira sera certainement un pays francophone.
10. Où avez-vous mis la carte _____ je vous ai donnée?

—*Est-ce que c'est tout ce que vous avez à déclarer, Madame?*

Relatives Used with Prepositions

There are two groups of relatives that are used with prepositions: one group is used with all prepositions and the other only with the preposition **de**.

Relatives used with prepositions

antecedent	relative	
person	qui	*whom*
thing	lequel[1]	*which*
indeterminate	quoi	*what, which*
expression of time or place	où	*where, when*

1. **Qui** is ordinarily used to refer to persons, while **lequel** is generally used for specified things.

   Voilà le guide avec qui nous allons partir.
   There's the guide we're going to leave with.

   Voici la fiche sur laquelle il a écrit son nom.
   Here's the form he wrote his name on.

   Note in the above examples that the preposition often ends the sentence in English, but almost never does in French.

2. **Quoi** is used to refer to something indeterminate: something other than persons or specified things (e.g., ideas or unspecified things).

   Il a décidé de se marier, après quoi il s'est senti mal à l'aise.
   He decided to get married, after which he felt ill at ease.

   Je ne comprends pas avec quoi elle compte acheter ces souvenirs!
   I don't understand what she intends to buy these souvenirs with!

   Ce à quoi je m'intéresse ne vous regarde pas!
   What I'm interested in is none of your business!

   Note that **ce** + *preposition* + **quoi** is used to begin a sentence.

   Ce à quoi je pense n'est pas agréable.
   What I'm thinking about isn't pleasant.

---

[1]The form used—**lequel, laquelle, lesquels,** or **lesquelles**—depends on the number and gender of the antecedent. The forms contract normally with the prepositions **à** and **de: auquel, desquelles,** etc.

3. The relative **où** is often used after expressions of time and place:

au moment où   le jour où
la semaine où   la maison où
le pays où

Sa vie a changé le jour où elle est arrivée en France.
Her life changed the day she arrived in France.

Le pays où nous allons passer nos vacances est francophone.
The country where we are going to spend our vacation is French-speaking.

Note that the conjunction **quand** *(when)* is not a relative and cannot be used after expressions of time.

Exercices

A. Donnez votre réaction aux opinions suivantes selon le modèle.

MODÈLE   La cuisine française est la meilleure du monde.
          Voilà une opinion avec laquelle je suis (je ne suis pas) d'accord.

1. Un voyage en bateau est plus agréable qu'un voyage en avion.
2. Si on veut connaître un pays, il est nécessaire d'y habiter au moins un an.
3. Quand on a le mal du pays pendant un voyage à l'étranger, il vaut mieux retourner tout de suite chez soi.
4. En voyageant à l'étranger il est plus amusant de faire du camping que de loger à l'hôtel.
5. Il vaut mieux avoir des chèques de voyage plutôt que de l'argent comptant *(cash)* pendant un voyage à l'étranger.
6. Avant de voyager à l'étranger, il est préférable de faire des préparatifs bien à l'avance *(well ahead of time)*.
7. Si on veut être touriste, il vaut mieux avoir l'esprit ouvert.

B. Remplacez les tirets par **qui, lequel (laquelle,** etc.**), quoi** ou **où**.

1. Je me suis sentie à l'aise le jour _____ j'ai quitté ce pays étranger.
2. Ces touristes à _____ je viens de parler ont l'air agréables.
3. Les habitants du village _____ nous avons passé la nuit se méfiaient de nous.
4. Les indigènes à _____ j'ai parlé n'ont pas compris mon accent.
5. Les Français avec _____ j'ai dîné ont commandé des escargots formidables!
6. Je ne comprends pas avec _____ il compte ouvrir ses valises!
7. Nous avons senti une odeur délicieuse au moment _____ nous sommes entrés dans ce restaurant français.
8. Elle a passé la douane, après _____ sa famille l'a accueillie.

9. Ce guide n'était pas si vulgaire à l'époque _____ je l'ai connu!
10. Cette blonde vous a-t-elle dit à _____ elle s'intéresse?
11. Elle a perdu l'appareil avec _____ elle avait pris de si merveilleuses photos!

Relatives *dont* and *ce dont*

antecedent	relative	
person	dont	*of whom, whom, whose*
thing	dont	*of which, which, that, whose*
indeterminate	ce dont	*of which, what*

The relatives **dont** and **ce dont** are generally used in two cases: with verbs and verbal expressions ending in **de,** and with the possessive construction.

1. Verbs and expressions ending in **de:**

parler de	il s'agit de	être content de
se méfier de	rêver de	avoir peur de
avoir envie de	avoir besoin de	se souvenir de

Dont has an immediate antecedent—a person or a thing—to which it refers. **Ce dont,** on the other hand, does not have an immediate antecedent and refers to something other than persons (e.g., ideas or things).

Voici l'étranger dont elle se méfie!
Here is the foreigner (whom) she distrusts!

Avez-vous trouvé la carte dont j'ai besoin?
Have you found the map (that) I need?

Je ne regrette pas ma décision. C'est précisément ce dont je suis si fier!
I don't regret my decision. That's precisely what I'm so proud of!

Faire un voyage à Paris? Voilà ce dont j'ai besoin!
Take a trip to Paris? That's what I need!

Keep in mind that the preposition **de** in French verbal expressions often has no specific equivalent in English: **avoir besoin de**, *to need*; **se méfier de**, *to distrust*.

2. The possessive construction: **dont** meaning *whose*

Sentence 1: La jeune touriste dont les valises étaient lourdes marchait lentement.
The young tourist whose suitcases were heavy was walking slowly.

Sentence 2:   Mon ami dont le père est douanier est d'origine africaine.
My friend whose father is a customs official is of African origin.

Sentence 3:   Le guide dont j'ai remarqué la mauvaise humeur gênait tout le monde.
The guide whose bad mood I noticed bothered everybody.

Sentence 4:   L'amie dont j'ai cassé l'appareil s'est fâchée.
The friend whose camera I broke got angry.

Note the position of **dont** and *whose* in the preceding sentences. In sentences 1 and 2, **dont** and *whose* are both immediately followed by the subject of the relative clause. In sentences 3 and 4, however, though **dont** is again immediately followed by the subject of the relative clause, *whose* is followed by the direct object. **Dont** is always immediately followed by the subject of the relative clause. As a practical guide, substitute *of whom* or *of which* for *whose;* the resulting word order will always be correct.

L'ami dont j'ai cassé l'appareil s'est fâché.
The friend whose camera I broke got angry.
The friend of whom I broke the camera got angry.

Exercices

A. De qui ou de quoi avez-vous peur? Répondez en employant **dont** selon le modèle.

MODÈLE   un monsieur qui apporte des fleurs
C'est un monsieur dont je n'ai pas peur.

un monsieur qui a un revolver
C'est un monsieur dont j'ai peur!

1. un petit chat adorable
2. un chat méchant qui veut me mordre *(bite)*
3. un guide violent
4. un guide sympathique
5. une personne que vous adorez
6. une personne que vous n'adorez pas et qui court après vous parce qu'elle veut vous épouser
7. un douanier qui fouille une valise où vous avez caché un salami
8. un douanier qui fouille une valise où vous avez mis des bonbons
9. un chien méchant
10. le chien Lassie

B. Quel groupe a probablement besoin des choses suivantes? Répondez en employant **ce dont** selon le modèle.

MODÈLE un guide Michelin
C'est ce dont les touristes (les guides) ont besoin.

1. un passeport
2. un revolver
3. un dictionnaire
4. du travail
4. du lait
6. beaucomp d'argent
7. une carte d'identité

C. Deux jeunes et jolies étudiantes décident de passer leurs vacances à Paris. Les parents d'une des étudiantes sont riches, tandis que ceux de l'autre étudiante sont pauvres. Identifiez l'étudiante en employant **dont** selon le modèle.

MODÈLE Elle habite dans un hôtel élégant.
C'est l'étudiante dont les parents sont riches.

Elle habite dans un hôtel très modeste.
C'est l'étudiante dont les parents sont pauvres.

1. Elle achète des vêtements chez Dior.
2. Elle n'achète rien.
3. Elle boit du vin ordinaire.
4. Elle boit seulement du champagne.
5. Elle va partout en taxi.
6. Elle va partout à pied.
7. Elle dîne dans des restaurants self-service.
8. Elle dîne chez le président de la République.

D. Traduisez en français les mots entre parenthèses.

1. Cet étranger n'a pas compris _____ *(what the guide was talking about)*.
2. Montrez-moi les photos _____ *(that you're so proud of)*.
3. L'indigène _____ *(whom I distrust)* m'a invité chez lui.
4. Je me méfie des touristes _____ *(whose attitude is condescending)*.
5. Voici le type _____ *(whose car we are going to take)*.
6. Oui, c'est précisément _____ *(what I'm afraid of)*!
7. Voici les voyageurs _____ *(whose suitcases)* contiennent de la contrebande.
8. Cherchez l'étranger _____ *(whose passport we found)*.
9. C'est un voyage _____ *(that I have dreamed of)*.
10. J'ai demandé à l'agent de voyages _____ *(what I needed)* pour mon voyage.

E. Révision : Remplacez les tirets par **qui, que, lequel, quoi, où, dont** ou **ce dont** dans l'histoire suivante.

1. Marie travaillait dans un bureau _____ elle s'ennuyait terriblement.
2. Sa mère lui a suggéré un voyage aux États-Unis _____ habitaient son oncle et sa tante.
3. Marie a décidé de faire le voyage pendant _____ elle pourrait peut-être rencontrer son prince charmant!

4. Marie est allée au grand magasin _____ elle a acheté tout _____ elle avait besoin.

5. Avant son départ elle a acheté un cadeau _____ elle comptait présenter à son oncle et sa tante.

6. Elle s'est beaucoup amusée sur le bateau _____ elle a rencontré Mike _____ elle a apprécié le sens de l'humour, et Jim _____ le sourire l'a charmée.

7. Elle a souri à la Statue de la Liberté _____ semblait lui souhaiter la bienvenue.

8. À la douane elle a vu son oncle _____ l'a accueillie chaleureusement.

9. Elle a été impressionnée par la ville de New York _____ elle a trouvée vivante.

10. Malheureusement, Marie n'a pas trouvé le prince charmant _____ elle cherchait.

11. Elle a commencé à travailler dans un bureau à New York _____ elle s'ennuyait plus qu'à Paris!

12. Après six mois elle a dit au revoir à son oncle et sa tante _____ l'avaient traitée comme leur propre fille.

13. Elle est partie pour le Canada _____ elle a continué à chercher son prince charmant.

14. Maintenant Marie est très vieille, hélas, et elle n'a jamais trouvé le prince _____ elle avait rêvé.

Review of Interrogative and Relative Pronouns

This is a brief review for comparison. Students are referred to Chapter 5 for additional information on interrogative pronouns.

Who (subject)

1. Interrogative: **qui?, qui est-ce qui?**

   Qui veut voyager à l'étranger?
   Qui est-ce qui veut voyager à l'étranger?
   Who wants to travel abroad?

2. Relative: **qui**

   Ces gens qui sortent du Louvre sont des touristes.
   These people who are leaving the Louvre are tourists.

Whom (direct object)

1. Interrogative: **qui?**

   Qui avez-vous vu à Rome?
   Whom did you see in Rome?

2. Relative: **que**

> Matisse est le peintre que nous préférons.
> *Matisse is the painter (whom) we prefer.*

Of whom, whom (with *de*)

1. Interrogative: **de qui?**

> De qui parliez-vous quand je suis entré?
> *Whom were you talking about when I entered?*

2. Relative: **dont**

> Voici le type dont je me méfie.
> *Here's the fellow (whom) I distrust.*

What (subject and direct object)

1. Interrogative: **qu'est-ce qui?** (subject), **que?**, **qu'est-ce que?** (direct object)

> Qu'est-ce qui se passe actuellement en France?
> *What's going on now in France?*

> Qu'est-ce que vous avez rapporté d'Afrique?
> Qu'avez-vous rapporté d'Afrique?
> *What have you brought back from Africa?*

2. Relative: **ce qui** (subject), **ce que** (direct object)

> Dites-moi ce qui se passe actuellement en France.
> *Tell me what's going on now in France.*

> Montrez-moi ce que vous avez rapporté d'Afrique.
> *Show me what you brought back from Africa.*

Of what, what (with *de*)

1. Interrogative: **de quoi?**

> De quoi a-t-on besoin pour aller à l'étranger?
> *What does one need to go abroad?*

2. Relative: **ce dont**

> Il ne m'envoie jamais ce dont j'ai besoin!
> *He never sends me what I need!*

Exercices

A. Traduisez en français les mots anglais.

   1. De _____ *(whom)* le guide se moque-t-il, de vous ou de moi?
   2. Comment s'appelle ce Français _____ *(who)* se sent si dépaysé?
   3. De _____ *(what)* s'agit-il dans ce roman?
   4. Je n'aime pas _____ *(what)* ces touristes ont l'intention de faire!
   5. Il est francophile? _____ *(What)* cela signifie?
   6. _____ *(What)* m'intéresse le plus, ce sont ses manières cultivées.
   7. Cet agent de voyage ne sera jamais capable de me donner _____ *(what)* j'ai envie.
   8. Voici _____ *(what)* vous avez laissé chez moi.
   9. De _____ *(what)* a-t-elle besoin pour s'amuser à Paris?
  10. Cette touriste _____ *(of whom)* ils parlent n'était pas très agréable.
  11. _____ *(What)* a-t-on trouvé à la douane?
  12. La cuisine dans le restaurant _____ *(which)* nous avons choisi était très bonne.
  13. _____ *(Who)* est ce monsieur qui a l'air si condescendant?
  14. _____ *(What)* vous impressionne dans la cuisine française?
  15. _____ *(What)* je me souviens n'est pas amusant.

B. Dialogue : À la douane. Remplacez les tirets par le pronom interrogatif approprié, puis jouez le dialogue.

   A: _____ vous avez à déclarer, Mademoiselle?
   B: Rien, Monsieur. Je n'ai rien acheté.
   A: _____ il y a dans votre valise?
   B: Des vêtements, c'est tout.
   A: À _____ avez-vous rendu visite?
   B: À ma vieille tante.
   A: _____ vous allez faire ce soir, Mademoiselle?
   B: Ça ne vous regarde pas, Monsieur!

Related Expressions

n'importe + *qui, quoi, où, quand*

The expression **n'importe** (lit., *no matter*) is used with **qui, quoi, où,** and **quand** to express a lack of discrimination.

n'importe qui	anyone (at all)
n'importe quoi	anything (at all)
n'importe où	anywhere (at all)
n'importe quand	any time (at all)

Chérie, je te suivrai n'importe où!
Darling, I will follow you anywhere (at all)!

Mon frère prend des photos de n'importe quoi!
My brother takes pictures of anything!

Il sort avec n'importe qui!
He goes out with just anybody!

Exercices

A. Remplacez les tirets par **n'importe qui, quoi, où** ou **quand.**

   1. Vous pouvez me téléphoner le matin ou le soir, enfin _____ .
   2. Elle vous adore tellement qu'elle irait _____ avec vous.
   3. Il ferait _____ pour gagner assez d'argent pour aller à la Martinique.
   4. Il ne respecte pas beaucoup les guides; il croit que _____ pourrait être guide!
   5. Puisqu'elle parle si bien français, elle pourra se débrouiller _____ en France.

B. Remplacez les tirets par **n'importe qui, quoi, où** ou **quand,** puis jouez le dialogue.

   A: Mais où vas-tu, chéri(e)?
   B: _____ !
   A: Mais avec qui vas-tu rester?
   B: Avec _____ !
   A: Mais qu'est-ce que tu vas faire?
   B: _____ !
   A: Mais quand est-ce que nous allons nous marier, alors, _____ ?
   B: Non! Jamais!

DEMONSTRATIVES

Demonstrative adjectives and pronouns are used to point something out.

The Demonstrative Adjective

	masculine	feminine	
singular	ce, cet	cette	*this, that*
plural	ces	ces	*these, those*

Like all adjectives, the demonstrative adjective agrees in number and gender with the noun it modifies. The masculine singular has two forms: **ce** is used before a noun or adjective beginning with a consonant; **cet** is used before a noun or adjective beginning with a vowel or mute *h*.

Cette autoroute est très dangereuse!
This highway is very dangerous!

Ces cathédrales sont célèbres.
Those cathedrals are famous.

Ce Français aime faire des excursions accompagnées.
This Frenchman likes to take guided tours.

Cet énorme monument tombe en ruine!
That enormous monument is falling into ruin!

It is not usually necessary to distinguish between *this* and *that* in French. However, when a contrast is desired, **-ci** *(this)* and **-là** *(that)* are added to the noun with a hyphen.

Que pensez-vous de ce parfum-ci?
What do you think of this perfume?

J'ai aimé toutes tes cartes postales, mais cette carte-là était laide!
I liked all your postcards, but that card was ugly!

Exercices

A. Créez une phrase originale en employant **ce, cet** ou **cette,** selon le modèle.

MODÈLE   photo
         J'aime beaucoup cette photo.

1. souvenir
2. excursion
3. hôtel
4. valise
5. étranger
6. étrangère
7. douanier
8. pays

—*Est-ce que ces valises sont trop lourdes, chéri?*

B. Remplacez les tirets par l'**adjectif démonstratif** convenable. Employez **-ci** ou **-là** s'il y a lieu.

   1. Donnez-moi _____ appareil et gardez l'autre.
   2. Je me méfie du patron de _____ restaurant.
   3. Je vais me renseigner sur _____ hôtel de luxe.
   4. _____ agent de voyages a fait mille erreurs!
   5. Je suis très impressionné par _____ touristes bilingues.
   6. J'ai visité beaucoup de monuments, mais pas _____ monument-là.
   7. Comment peuvent-ils s'habituer à _____ coutumes bizarres?
   8. Qui osera avouer qu'il a pris _____ photo?
   9. _____ passeport est en règle mais _____ passeport ne l'est pas!
  10. Heureusement, _____ douanier n'a pas trop fouillé mes valises.

The Definite Demonstrative Pronoun

	masculine	feminine
singular	celui	celle
plural	ceux	celles

The definite demonstrative pronoun agrees in number and gender with the noun to which it refers. Never used alone, it is always followed by **-ci** or **-là,** a relative pronoun, or a preposition.

Followed by *-ci* or *là*

The English equivalents are *this one, that one, these, those.*

Cet appareil-ci est peut-être joli, mais celui-là marche mieux.
This camera may be attractive, but that one works better.

Cet hôtel-ci est bon marché, mais celui-là est mieux situé.
This hotel is cheap, but that one is better situated.

Celui-là can also mean *the former,* and **celui-ci,** *the latter.*

On peut visiter des cabarets ou des monuments historiques.—Ceux-ci
    m'ennuient, ceux-là me passionnent.
We can visit cabarets or historical monuments.—The former excite me, the latter bore
    me.

Note that in French, contrary to English, the sentence begins with **ceux-ci** *(the latter).* This is because the second noun in the first sentence (**monuments**) is closer to the second sentence, and is therefore referred to first (**ceux-ci** = *these*).

Followed by relative pronoun

The English equivalents often are *he (she) who, the one(s) who, those who.*

Celui qui s'ennuie chez lui va probablement s'ennuyer à l'étranger.
He who gets bored at home will probably get bored abroad.

Voilà celui qui a volé mes chèques de voyage!
There's the one who stole my traveler's checks.

Followed by a preposition

The English equivalent is often *the one* or *the ones.*

Voyez-vous ces deux femmes? La blonde est celle avec qui je suis sorti hier soir.
Do you see those two women? The blond is the one I went out with last night.

Les membres de notre groupe sont vraiment ennuyeux. Ceux avec qui nous avons fait notre dernière excursión étaient bien plus intéressants.
The members of our group are really boring. The ones we made our last trip with were much more interesting.

Note that the construction **celui + de** is equivalent to the English possessive expressed by *'s.*

Aimez-vous cette chambre?—Non, je préfère celle de Nancy.
Do you like this room?—No, I prefer Nancy's.

Nous avons de bons guides. Que pensez-vous de ceux de l'autre groupe?
We have good guides. What do you think of the other group's?

The indefinite demonstrative pronouns

ceci	*this*
cela, ça	*that*

Unlike the definite demonstrative pronouns, which refer to a noun that they agree with in number and gender, the indefinite demonstrative pronouns refer to things without number and gender, such as facts or ideas. **Cela** often means both *this* and *that*, except when a contrast is desired. **Ça** is a familiar form of **cela**.

Cela (Ça) m'intéresse beaucoup.
That (this) interests me very much.

Prenez ceci; laissez cela.
Take this; leave that.

Je n'aurais jamais pensé à cela!
I'd never have thought of that!

Exercices

A. Répondez en employant la forme correcte de **celui de +** *personne* selon le modèle.

MODÈLE   Quels sont vos films préférés?
Ceux de Fellini (de Kurosawa, de Truffaut, etc.).

1. Quelles symphonies préférez-vous?
2. Quels romans (poèmes) préférez-vous?
3. Quelles chansons préférez-vous?
4. Quels tableaux préférez-vous?
5. Quel(s) cours préférez-vous?

B. Formulez des proverbes en employant **celui qui** selon le modèle.

MODÈLE   Si on voyage, on apprendra beaucoup.
Celui qui voyage apprendra beaucoup.

1. Si on a l'esprit ouvert, on se débrouillera.
2. Si on ne risque rien, on n'aura rien.
3. Si on s'excuse, on s'accuse.
4. Si on va lentement, on va sûrement.
5. Si on est bien reçu, on se sentira à l'aise.
6. Si on mange trop de tartes, on grossira.

C. Préparez deux phrases personnelles (sérieuses? amusantes? bizarres?) comme celles de l'exercice B et demandez à un(e) autre étudiant(e) de formuler des proverbes.

D. Remplacez les tirets par **celui, celle, ceux, celles, ceci** ou **cela (ça)**. Employez **-ci** ou **-là** s'il y a lieu.

1. On parle français en Belgique et à la Guadeloupe. _____ est plus éloignée de la France que _____ .
2. Je ne peux pas accepter ce chèque-ci, monsieur, mais je peux accepter _____ .
3. Il ne faut pas s'excuser! _____ ne fait rien!
4. _____ qui travaille dur va probablement réussir.
5. Le costume des touristes fait souvent contraste avec _____ des indigènes.
6. Comment pouvez-vous préférer ces cadeaux à _____ que je vous ai donnés?
7. Comment puis-je décider entre la cuisine et la mode? _____ coûte trop cher et _____ me fait grossir!
8. Je comprends mieux vos habitudes que _____ des Dupont-Seymour.
9. Vous êtes très gentil d'avoir dit _____ à mon ami.
10. J'ai trop à faire! Je n'en peux plus!—Alors, terminez _____ et laissez _____ .

E. Traduisez en français.

1. He who adapts himself to the customs of a foreign country will get along very well.
2. He liked neither the natives nor the foreigners. The former seemed too warm and the latter too cold.
3. This trip will be more interesting than last year's.
4. Take this and run!
5. There's the one I distrust!
6. Paul is the one who comes from Canada.
7. If you give me this, I will give you that.
8. This camera is more expensive than the one we bought two years ago.
9. Americans welcome warmly those who seem pleasant and accommodating.
10. She likes neither France nor the United States. The former is too old and the latter too modern.

The Demonstrative Pronoun ce

Ce is most frequently used with the verb **être: c'est, ce sont.** It is rendered in English by *he, she, it, they, that.*

ce or subject pronoun with *être*

Should **ce** or the subject pronouns **il, elle, ils, elles** be used as the subject of **être?** As a general rule, if what follows **être** makes sense grammatically as its subject, **ce** is used. If what follows **être** could not be its subject, a subject pronoun is used.

1. **Ce** is used when **être** is followed by a noun, a pronoun, or a superlative. **C'est** is used for all persons except the third person plural, for which **ce sont** is generally preferred.

Qui vient de débarquer?—C'est votre frère Paul.
Who just got off the boat?—It's your brother Paul.

Que fait votre fils actuellement?—C'est une bonne question!
What is your son doing now?—That's a good question!

Qui est là?—C'est moi.
Who's there?—I am!

C'est la plus belle île du monde!
It's the most beautiful island in the world!

Qui a volé nos valises?—Ce sont eux!
Who stole our suitcases?—They did!

In the above sentences, what follows the verb **être** also makes sense as its subject.

Votre frère Paul est...
Une bonne question est...
Moi, je suis...
La plus belle île du monde est...
Eux sont...

2. The subject pronouns **il, elle, ils, elles** are used when **être** is followed by an adjective, an adverb, a preposition, or a phrase—none of which could serve as the subject of **être.**

Comment trouvez-vous les Français?—Ils sont très fiers.
How do you find the French?—They are very proud.

Y a-t-il beaucoup d'Américains à l'étranger?—Ils sont partout!
Are there a lot of Americans abroad?—They're everywhere!

Où est ma malle?—Elle est à côté de vous!
Where is my trunk?—It's next to you!

Note that an unmodified noun of profession, nationality, political allegiance, religion, or social class is treated like an adjective.

Quel est son métier?—Il est guide.
What is his trade?—He's a guide.

Et sa religion?—Il est protestant.
And his religion?—He's a Protestant.

Exercices

A. Remplacez les tirets par **c'est, il est** ou **elle est,** puis jouez les dialogues.

1. A: Qui est la jeune fille sur la photo?
   B: _____ ma sœur Catherine.
   A: Comme _____ belle!
2. A: Connaissez-vous cet étranger?
   B: Oui, _____ le cousin de Mimi Lachaise.
   A: Comme _____ idiot!
3. A: Vous voyez cette femme?
   B: Oui, oui.
   A: Comme _____ bête!
   B: Vraiment?
   A: _____ la femme la plus bête du monde!
   B: Merci. _____ ma cousine!

B. Préparez un exercice original comme ceux de l'exercice A, puis demandez aux autres étudiants de le compléter et de le jouer.

C. Complétez par **c'est, il est** ou **elle est** selon le modèle.

MODÈLE   _____ une touriste.
C'est une touriste.

_____ content.
Il est content.

1. _____ dangereuse.
2. _____ femme d'affaires.
3. _____ notre guide.
4. _____ moi!
5. _____ folle!
6. _____ Gisèle.
7. _____ mon passeport.

8. _____ complaisant.
9. _____ mon avocat.
10. _____ protestante.
11. _____ derrière nous.
12. _____ une bonne idée!
13. _____ très petite.
14. _____ sa valise.

D. Remplacez les tirets par **ce, il, elle, ils** ou **elles.**

1. De quelle nationalité est cet étranger?— _____ est canadien, je crois.
2. Votre appareil marche-t-il bien?— _____ est le pire appareil que j'ai jamais acheté!
3. Qui est sur cette photo?— _____ est une photo d'une belle Tahitienne.
4. _____ n'est pas la première fois qu'on m'insulte ici!
5. Pourquoi ne les a-t-il pas accueillis chaleureusement?—Parce que _____ sont trop condescendants!
6. Pourquoi votre ami admire-t-il tellement Pasteur?—Probablement parce que _____ est médecin.
7. Je voudrais bien poser quelques questions à notre guide. Est- _____ encore ici?
8. Pourquoi ne veulent-elles pas nous accompagner à l'église catholique?—Je crois que _____ sont protestantes.
9. Il ne parle pas bien, ce monsieur.—Bien sûr que non, _____ est un étranger!
10. Où se trouve votre agence de voyages?— _____ est au coin de la rue, là-bas.

c'est and *il est* + adjective referring to an idea

1. **C'est** + *adjective* is used when referring to a previously mentioned idea.

Je vais faire un voyage à la Martinique.—C'est formidable!
I'm going to take a trip to Martinique.—That's great!

J'ai commencé à me découvrir à l'étranger.—C'est normal.
I began to discover myself abroad.—That's normal.

In sentences beginning with **c'est** + *adjective*, the preposition **à** precedes an infinitive.

J'aimerais visiter Québec.—C'est facile à faire!
I would like to visit Quebec.—It's easy to do!

2. **Il est** + *adjective* is used when introducing a new idea not previously mentioned; the **il** is impersonal. **C'est** may replace **il est** in informal conversational French.

Il est (C'est) parfois difficile de bien faire tous les préparatifs.
It is sometimes difficult to make all the preparations properly.

Il est (C'est) important de ne pas perdre sa carte d'identité.
It is important not to lose one's ID card.

Il est (C'est) intéressant de faire des voyages imaginaires!
It's interesting to take imaginary trips!

In sentences beginning with **il est (c'est)** + *adjective*, the preposition **de** precedes the infinitive.

Exercices

A. Complétez en employant l'expression **il est** + adjectif + **de** selon le modèle.

MODÈLE   S'il fait beau...
S'il fait beau, il est bon de se promener (il est bête de rester à la maison; il est agréable de sortir avec un ami; il est absurde de rester à la bibliothèque; etc.).

1. Si on est trop gros...
2. Si on voyage beaucoup...
3. Si on a le mal du pays...
4. Si on va avoir un enfant...
5. Si on perd son passeport...
6. Si on veut être bien reçu à l'étranger...

B. Répondez en employant l'expression **c'est** + adjectif + **à faire** selon le modèle.

MODÈLE   faire un voyage dans la lune
C'est intéressant (difficile, dangereux, agréable, etc.) à faire.

1. faire le tour du monde
2. se promener en ville à trois heures du matin
3. passer l'hiver à la Martinique
4. acheter le guide Michelin avant de faire un voyage en France
5. boire dix bouteilles de bière avant de passer un examen important
6. comprendre la théorie de la relativité

C. Remplacez le premier tiret par **c'est** ou **il est** et le deuxième par **à** ou **de,** s'il y a lieu.

1. _____ amusant _____ essayer de comprendre le créole, la langue d'Haïti.
2. Elle a fait un voyage en Afrique et elle ne veut pas rentrer; _____ difficile _____ comprendre.
3. Mon fils sourit constamment à la serveuse!— _____ normal!
4. _____ extraordinaire _____ ne pas se sentir dépaysé après avoir vécu à l'étranger.
5. _____ plus facile _____ imaginer les voyages que de les faire.
6. La cuisine française a-t-elle influencé la cuisine américaine?— _____ possible.
7. Je ne comprends pas pourquoi _____ si nécessaire _____ faire des projets avant de faire un voyage.
8. J'allais passer ma troisième année universitaire à l'étranger, mais _____ impossible maintenant.
9. _____ intéressant _____ comparer deux cultures différentes.
10. _____ presque impossible _____ se sentir tout à fait à l'aise dans un pays étranger.

Related Expressions

The demonstrative adjective *ce* followed by a temporal expression

The demonstrative adjective **ce** is often used with temporal expressions that indicate the present or the past.

ce + temporal expression			
present		**past**	
cette année	*this year*	cette année-là	*that year*
cet après-midi	*this afternoon*	cet après-midi-là	*that afternoon*
ce matin	*this morning*	ce matin-là	*that morning*
cette semaine	*this week*	cette semaine-là	*that week*
ce soir	*tonight*	ce soir-là	*that night*
ce mois-ci	*this month*	ce mois-là	*that month*
aujourd'hui	*today*	ce jour-là	*that day*
en ce moment	*at this time, now*	à ce moment-là	*at that time, then*

1. When **ce (cet, cette)** precedes a temporal expression of the present, it usually means *this*. Note that the suffix **-ci** must be added to the noun **mois**.

Où allez-vous ce matin?
Where are you going this morning?

Elle a passé ce mois-ci à la Guadeloupe.
She spent this month in Guadeloupe.

2. When **ce (cet, cette)** precedes a temporal expression of the past, however, **-là** must be added to the expression. The English equivalent is
that. **En ce moment** changes to **à ce moment-là** in the past.

Où êtes-vous allé ce matin-là?
Where did you go that morning?

J'avais l'intention de visiter le Louvre ce jour-là.
I intended to visit the Louvre that day.

Elle a passé ce mois-là à la Guadeloupe.
She spent that month in Guadeloupe.

Pourquoi avez-vous ri à ce moment-là?
Why did you laugh then?

demain, hier, le lendemain, la veille

Demain *(tomorrow)* and **hier** *(yesterday)* are used relative to a point in the
present. The equivalent expressions, relative to a point in the past, are **le
lendemain** *(the next day)* and **la veille** *(the day before).*

Je fais mes valises demain.
I'm packing tomorrow.

J'ai fait mes valises le lendemain.
I packed the next day.

J'ai retrouvé ma carte d'identité hier.
I found my ID card yesterday.

J'avais retrouvé ma carte d'identité la veille.
I had found my ID card the day before.

Exercices

A. Mettez les verbes au passé composé et changez les expressions temporelles.

MODÈLE   Je vais au cinéma ce soir.
         Je suis allé au cinéma ce soir-là.

1. Je fais un voyage cette semaine.
2. Nous visitons Québec cet après-midi.
3. Nous rendons visite au Président ce
   soir.
4. Je vais à la Martinique cette année.
5. Je prends des photos aujourd'hui.
6. Je sors en ce moment.
7. Nous passons la douane ce matin.

B. Traduisez en français.

1. I didn't feel at ease that day.
2. We passed through customs that morning.
3. She lost her traveler's checks that afternoon.
4. That week was the best week of my life!
5. The next day I took a guided tour.
6. I was homesick at that time.
7. We had arrived the day before.

Exercices d'ensemble

I. Traduisez les mots anglais en français et complétez avec imagination.

1. _____ *(He who)* visite un pays étranger pour la première fois...
2. Vous savez que _____ *(it)* est nécessaire _____ *(to)*... avant de faire un long voyage.
3. Les Français, _____ *(who)* sont fiers de leur passé, ont exercé une influence considérable dans le domaine de...
4. Si vous êtes un Français _____ *(who)* parle bien anglais, les Américains vont...
5. L'étudiant _____ *(who)* a passé sa troisième année universitaire à l'étranger, et _____ *(whose)* la vie en a été transformée, va... quand il rentrera aux États-Unis.
6. Ce touriste _____ *(whose)* la langue est impeccable est probablement...
7. _____ *(He who)* a l'esprit ouvert...
8. Pourquoi voudriez-vous visiter _____ *(this)* pays exotique?—J'ai envie de...
9. En passant la douane _____ *(it)* est important, me semble-t-il, _____ *(to)*...
10. Voici le genre de guide _____ *(whom)* je trouve insupportable!

II. Traduisez en français.

1. That foreigner gets along very well with the natives.
2. How did she get used to the customs of that country?
3. Is it really important to make preparations if one is going to take a short trip?
4. I found that guide condescending, demanding, and totally unpleasant!
5. When I went through customs, one customs officer searched this suitcase and another searched that one.
6. He adapted so well to life in that country that he wanted to stay there!
7. She decided to spend a year in that small African country.
8. It isn't necessary to open your trunk; I trust you.
9. John is the one I was talking about; he has already lost his traveler's checks and his camera!
10. They felt free the day they arrived.
11. My boyfriend is homesick, and I feel out of my element in this strange country.

Sujets de discussion ou de composition

1. Racontez un vrai voyage que vous avez fait. Si vous n'avez rien d'intéressant à raconter, inventez un voyage imaginaire à l'étranger. Racontez, par exemple :
   a. le voyage le plus culturel
   b. le voyage le plus comique
   c. le voyage le plus désastreux que vous pouvez imaginer
2. Vous êtes douanier. Racontez vos difficultés avec deux des personnes suivantes :
   a. une dame impossible
   b. une riche capitaliste désagréable
   c. un gangster international
   d. un autre voyageur intéressant de votre choix
   e. une jeune Française séduisante
3. Arrivé(e) en Europe, vous comptez faire un magnifique voyage en auto-stop *(hitchhiking).* Vous n'avez qu'un seul blue-jean très usé *(worn),* un sac à dos *(backpack),* un beau sourire et peu d'argent. La police vous arrête *(stop)* à la première frontière *(border)* et vous demande vos intentions. Racontez.

9

The Subjunctive

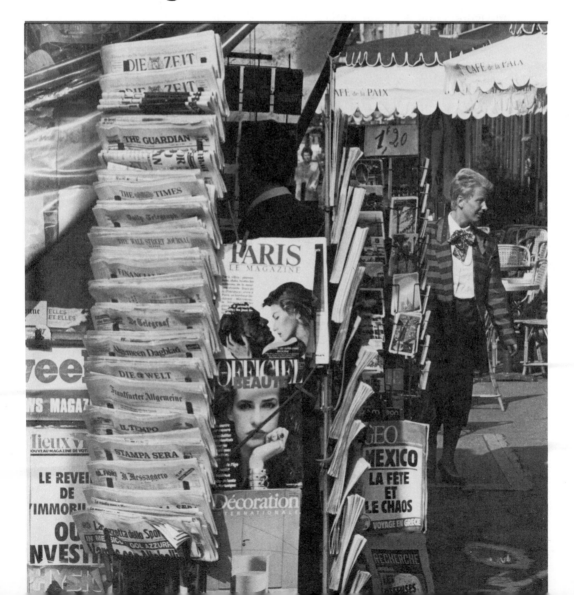

Chapter 9 at a Glance

Subjunctive

I. Mettez les verbes au **présent du subjonctif.**

1. parler :
   a. que je _____
   b. que tu _____
   c. qu'elle _____
   d. que nous _____
   e. que vous _____
   f. qu'elles _____

2. que je _____ (faire)
3. que tu _____ (réfléchir)
4. qu'il _____ (répondre)
5. que nous _____ (crier)
6. que vous _____ (venir)
7. qu'ils _____ (venir)

II. Mettez les verbes au **passé du subjonctif.**

1. bavarder :
   a. que j' _____
   b. que tu _____
   c. qu'elle _____
   d. que nous _____
   e. que vous _____
   f. qu'elles _____

2. partir :
   a. que je _____
   b. que tu _____
   c. qu'elle _____
   d. que nous _____
   e. que vous _____
   f. qu'elles _____

III. Mettez les verbes entre parenthèses au **présent** ou au **passé du subjonctif.**

1. Faut-il que nous _____ (parler) français pour bien comprendre la culture française?
2. Je voudrais que vous _____ (allumer) la télé.
3. Je suis contente qu'il _____ (faire) plus beau demain.
4. Il est désolé que vous _____ (ne pas perfectionner) votre accent à Paris l'année dernière.

IV. Mettez les verbes entre parenthèses au temps convenable du **subjonctif** ou de l'**indicatif**, selon le cas. Indiquez si c'est l'indicatif ou le subjonctif que vous avez employé.

1. Je suis étonnée que vous ne _____ (comprendre) pas l'argot.
2. Elle sait que nous _____ (se fâcher) quand nous entendrons ces nouvelles!
3. Je suis triste que vous _____ (dire) du mal de moi hier.
4. Il est vrai qu'on _____ (apprécier) mieux sa propre langue après avoir étudié une langue étrangère.
5. Il faut que vous _____ (s'exprimer) lentement mais correctement.

6. Bien que nous _____ (se disputer) de temps en temps, nous nous tutoyons toujours.
7. Je suis certain que nous _____ (s'abonner) actuellement à *L'Express.*
8. Vous n'apprendrez pas une langue en une semaine, qui que vous _____ (être).
9. Il croit que chaque langue _____ (contenir) sa propre vision du monde.
10. Croyez-vous vraiment que ce journaliste _____ (être) malhonnête?
11. Y a-t-il un étudiant qui _____ (savoir) tout?
12. C'est la meilleure plaisanterie que je _____ (jamais entendre)!

V. Gardez les **infinitifs** ou mettez-les au **subjonctif**, selon le cas.

1. Je voudrais _____ (être) polyglotte un jour.
2. Je voudrais que vous _____ (lire) l'éditorial.
3. Faut-il que nous _____ (payer) la publicité?
4. Il faut _____ (manger) pour vivre et non pas vivre pour manger!
5. Parlez plus fort pour que je _____ (pouvoir) vous entendre!
6. Il est parfois important de _____ (parler) couramment une langue étrangère.

Vocabulaire du thème : *La communication*

Langue et langage

la **langue**   language (of a people)
la **langue maternelle**   native language
une **langue vivante (morte)**   a living (dead) language
une **langue étrangère**   a foreign language
le **langage**   language (of an individual; vocabulary)
l' **argot** *m*   slang
le **jargon**   jargon
le **dialecte**   dialect
un **langage cultivé, vulgaire, populaire**   a cultivated, vulgar, popular (i.e., common) language

l' **idiotisme** *m*   idiom
le **lieu commun**   commonplace

le **proverbe**   proverb
le **néologisme**   neologism
la **plaisanterie**   joke
le **barbarisme**   barbarism
l' **anglicisme** *m*   Anglicism

s' **exprimer**   to express oneself
s' **entendre avec**   to get along with
parler français comme une vache espagnole   to murder French (lit., to speak French like a Spanish cow)
parler bas (fort)   to speak softly (loudly)
se **disputer**   to quarrel
la **dispute**   quarrel
insulter   to insult
l' **insulte** *f*   insult
se **taire**   to be quiet

perfectionner son accent (son français) to improve one's accent (one's French)
parler couramment to speak fluently

être bilingue to be bilingual
être polyglotte to be a polyglot, to speak many languages
tutoyer to use **tu** with someone
vouvoyer to use **vous** with someone

Les mass media
la **télévision** television
les **mass media** *m* mass media
l' **écran** *m* screen
la **chaîne** channel
l' **émission** *f* program, telecast
allumer le poste to turn on the set
diffuser to broadcast
le **journal télévisé** news report
le **dessin animé** cartoon
le **téléspectateur**, la **téléspectatrice** television viewer
le **speaker**, la **speakerine** commentator, speaker

la **publicité** advertising
faire de la publicité to advertise
la **réclame** advertisement

la **presse** press
le **journal** newspaper
le **magazine** magazine
s' **abonner à** to subscribe to
les **nouvelles** *f* news

l' **article** *m* article
la **rubrique** heading
l' **éditorial** *m* editorial
l' **horoscope** *m* horoscope
la **météo(rologie)** weather report
les **mots croisés** *m* crossword puzzle
les **petites annonces** classified ads
les **sports** *m* sports
le **courrier du cœur** lonely hearts column
la **notice nécrologique** obituary
la **bande dessinée** cartoon, comics

quotidien, quotidienne daily
hebdomadaire weekly
mensuel, mensuelle monthly

le, la **journaliste** journalist
le **reporter** reporter
le **lecteur**, la **lectrice** reader

la **radio** radio
le **journal parlé** news report
la **musique** music
l' **auditeur** *m* l'**auditrice** *f* listener

Exercices

A. **Mise en scène**. Complétez en employant une ou plusieurs expressions du *Vocabulaire du thème*, puis jouez les dialogues.

1. A: (nom), qu'est-ce que tu aimes lire dans le journal?
   B: J'aime les sports et les bandes dessinées mais je déteste le courrier du cœur! Et toi?
   A: Moi, j'aime... mais je n'aime pas... Quel est ton journal préféré?
   B: Je lis souvent... Et toi?
   A: Moi, j'aime...
   B: Tu aimes ce journal-là? (nom), tu es fou (folle)!

2. A: Il est neuf heures! Vite, allume la télé!
   B: Mais pourquoi? Qu'est-ce que tu veux voir?
   A: ...
   B: Mais cette émission est bête! Est-ce que nous pouvons regarder autre chose?
   A: ...
   B: C'est beaucoup mieux, ça!

—Il est neuf heures! Vite, allume la télé!

B. **Situations.**   Répondez en employant une ou plusieurs expressions du *Vocabulaire du thème*.

1. Imaginez que vous voulez faire connaître votre université. Préparez une réclame pour : a) votre classe de français; b) votre université en général.
2. Dressez une liste de magazines ou de journaux français que vous connaissez.
3. Combien de langues parlez-vous? Êtes-vous bilingue (polyglotte)?
4. Écrivez un petit paragraphe (amusant? bizarre? ridicule?) pour le courrier du cœur.
5. Écrivez l'horoscope imaginaire du professeur de français.

THE SUBJUNCTIVE

The subjunctive is a mood. The term *mood* is used to define the attitude a speaker has toward a fact or action. Two of the principal moods in French are the indicative and the subjunctive. A statement in the indicative mood is considered by the speaker to be certain or objective. A statement in the subjunctive mood, on the other hand, is considered by the speaker to be uncertain, hypothetical, or emotional. The subjunctive is sometimes called the affective (emotional) mood.

Indicative

Richelieu a fondé l'Académie Française.
Richelieu founded the French Academy. } (An objective fact.)

Je suis certain que le mot anglais ‹‹petty›› vient du
   mot français ‹‹petit ››.
I am certain that the English word "petty" is derived
   from the French word "petit." } (The speaker is certain.)

La radio ne marche plus.
The radio isn't working any more. } (The speaker is certain.)

Subjunctive

Pensez-vous vraiment que Francine soit polyglotte?
Do you really think Francine is polyglot? } (The speaker is uncertain.)

Je suis étonnée que vous puissiez comprendre çal
I'm astounded that you can understand that! } (The speaker is surprised.)

Il est possible qu'il y ait de la vie sur la planète Mars.
It is possible that there is life on the planet Mars. } (A hypothetical statement.)

The verbs **a fondé, vient,** and **marche** above are in the indicative because the statements are considered certain and objective. The verbs **soit, puissiez,** and **ait** above are in the subjunctive because the statements are considered uncertain, emotional, hypothetical. Note that the verb in the subjunctive is rarely the main verb in the sentence. Since its use is governed by the nature of the main verb, it is almost always found in the subordinate clause and is usually introduced by **que**.

English-speaking students sometimes find the French subjunctive difficult because it differs from modern English. Once a frequently used mood with its own distinct forms, the English subjunctive has gradually disappeared, surviving in only a few forms: *Long live the King; I wish I were dead; wherever he may be;* etc. The French subjunctive, however, is an actively used and carefully preserved mood. It has four tenses, of which only two, the present and the past, are normally used in spoken French. The imperfect and pluperfect, both literary tenses, are explained in the Appendix.

Formation of the Present Subjunctive

Regular formations

The present subjunctive of most verbs is formed by replacing the third person plural **-ent** ending of the present indicative by the endings **-e, -es, -e, -ions, -iez, -ent**.

1. Group 1: infinitive ending in **-er**

parler (stem, **parl-**)	
que je parl**e**	que nous parl**ions**
que tu parl**es**	que vous parl**iez**
qu'il qu'elle qu'on } parl**e**	qu'ils qu'elles } parl**ent**

Note that verbs ending in **-ier** (e.g., **crier, étudier**) have a double **i** in first and second person plural forms: **que nous étudiions, que vous étudiiez**.

2. Group 2: infinitive ending in **-ir**

   a. Verbe like **finir**:

finir (stem, **finiss-**)	
que je finiss**e**	que nous finiss**ions**
que tu finiss**es**	que vous finiss**iez**
qu'il qu'elle qu'on } finiss**e**	qu'ils qu'elles } finiss**ent**

   b. Verbs like **mentir**:

mentir (stem, **ment-**)	
que je ment**e**	que nous ment**ions**
que tu ment**es**	que vous ment**iez**
qu'il qu'elle qu'on } ment**e**	qu'ils qu'elles } ment**ent**

Common verbs like **mentir** are **dormir, partir, sentir, servir,** and **sortir**.

3. Group 3: infinitive ending in **-re**

répondre (stem, **répond-**)

que je répond**e** que nous répond**ions**
que tu répond**es** que vous répond**iez**
qu'il
qu'elle } répond**e** qu'ils
qu'on qu'elles } repond**ent**

Irregular formations

The present subjunctive stem of many of the commonest verbs is irregular. These verbs fall into three groups: **avoir** and **être**; verbs with one stem; and verbs with two stems. With the exception of **avoir** and **être**, the regular present subjunctive endings are added to the stems.

1. **Avoir** and **être**

avoir

que j' aie que nous ayons
que tu aies que vous ayez
qu'il
qu'elle } ait qu'ils
qu'on qu'elles } aient

être

que je sois que nous soyons
que tu sois que vous soyez
qu'il
qu'elle } soit qu'ils
qu'on qu'elles } soient

2. Verbs with one stem

faire (stem, **fass-**)

que je fass**e** que nous fass**ions**
que tu fass**es** que vous fass**iez**
qu'il
qu'elle } fass**e** qu'ils
qu'on qu'elles } fass**ent**

pouvoir (stem, **puiss-**)

que je puiss**e** que nous puiss**ions**
que tu puiss**es** que vous puiss**iez**
qu'il
qu'elle } puiss**e** qu'ils
qu'on qu'elles } puiss**ent**

savoir (stem, **sach-**)

que je sach**e** que nous sach**ions**
que tu sach**es** que vous sach**iez**
qu'il
qu'elle } sach**e** qu'ils
qu'on qu'elles } sach**ent**

falloir (stem, **faill-**)

qu'il faille   *(3rd person only)*

pleuvoir (stem, **pleuv-**)

qu'il pleuve   *(3rd person only)*

3. Verbs with two stems
   Some verbs have one stem for the singular and the third person plural (stem 1), and another for the first and second person plural (stem 2).

aller	
stem 1	**stem 2**
que j' aill**e**	que nos all**ions**
que tu aill**es**	que vous all**iez**
qu'il ⎫	
qu'elle ⎬ aill**e**	
qu'on ⎭	
qu'ils ⎫ aill**ent**	
qu'elles ⎭	

Other common verbs with two stems:

	stem 1	**stem 2**
boire	que je **boive**	que nous **buv**ions
croire	que je **croie**	que nous **croy**ions
devoir	que je **doive**	que nous **dev**ions
envoyer	que j'**envoie**	que nous **envoy**ions
mourir	que je **meure**	que nous **mour**ions
prendre	que je **prenne**	que nous **pren**ions
recevoir	que je **reçoive**	que nous **recev**ions
tenir	que je **tienne**	que nous **ten**ions
venir	que je **vienne**	que nous **ven**ions
voir	que je **voie**	que nous **voy**ions
vouloir	que je **veuille**	que nous **voul**ions

Formation of the Past Subjunctive

The past subjunctive is composed of the present subjunctive of **avoir** or **être** and the past participle.

bavarder (conjugated with **avoir**)	
que j' aie bavardé	que nous ayons bavardé
que tu aies bavardé	que vous ayez bavardé
qu'il ⎫	qu'ils ⎫ aient bavardé
qu'elle ⎬ ait bavardé	qu'elles ⎭
qu'on ⎭	

> **venir** (conjugated with **être**)
>
> que je sois venu(e)   que nous soyons venu(e)s
> que tu sois venu(e)   que vous soyez venu(e)(s)
> qu'il ⎫   ⎧ venu   qu'ils ⎫   ⎧ venus
> qu'elle ⎬ soit ⎨ venue   qu'elles ⎬ soient ⎨
> qu'on ⎭   ⎩ venu   ⎭   ⎩ venues

Exercices

A. Mettez les verbes au **présent du subjonctif.**

MODÈLE   (parler) nous
             que nous parlions

1. (répondre) nous, je
2. (prendre) je, vous
3. (flatter) vous, tu
4. (traduire) ils, je
5. (boire) il, nous
6. (parler) je, vous
7. (tenir) je, vous
8. (s'exprimer) nous, elle
9. (comprendre) vous, je
10. (aller) je, nous
11. (faire) ils, il
12. (étudier) nous, tu
13. (dire) elle, vous
14. (finir) je, nous
15. (devoir) tu, nous
16. (entendre) nous, elle
17. (savoir) il, vous
18. (partir) nous, je
19. (pleuvoir) il
20. (vouvoyer) vous, il
21. (s'entendre) vous, tu
22. (promettre) nous, elles
23. (insulter) ils, vous
24. (faire) nous, tu
25. (pouvoir) elle, nous
26. (vouloir) je, nous
27. (venir) il, vous
28. (mentir) nous, tu
29. (se taire) nous, elle
30. (falloir) il

B. Mettez les verbes au **passé du subjonctif**.

MODÈLE   (venir) ils
             qu'ils soient venus

1. (parler) nous, il
2. (s'exprimer) vous, tu
3. (demander) je, nous
4. (mentir) ils, vous
5. (partir) elles, il
6. (se taire) ils, je
7. (finir) tu, nous
8. (entendre) nous, tu
9. (regarder) elles, je
10. (aller) elle, ils
11. (s'entendre) ils, nous
12. (flatter) je, vous
13. (sortir) elles, je
14. (se tutoyer) elles, nous
15. (causer) vous, elles
16. (arriver) tu, vous

Use of the present and past subjunctive

The present subjunctive is used when the action in both the subordinate clause and the main clause is in the present. If the action in the subordinate clause took place before the action in the main clause, the past subjunctive is used.

Il est bizarre que Jeanne ne réponde pas au téléphone.
It's strange that Jean doesn't answer (isn't answering) the telephone.

Je suis heureuse que la chaine 2 ait diffusé cette émission.
I am happy that Channel 2 broadcast that program.

It is important to note that there is no future subjunctive form. The present subjunctive is used to express the future.

Il est possible que nous nous abonnions à un magazine français l'année
prochaine.
It is possible that we'll subscribe to a French magazine next year.

Exercices

A. Traduisez les mots entre parenthèses en français en employant le **présent** ou le **passé du subjonctif.**

1. Je doute que ce speaker _____ *(knows)* la grammaire!
2. Chut! Si vous voulez m'entendre, il faut que vous _____ *(be quiet)*.
3. Je suis heureuse que mon fils _____ *(wrote)* cet article.
4. Mes amis sont étonnés que je _____ *(understood)* cet éditorial.
5. L'Académie Française ne veut pas que les Français _____ *(use)* trop d'anglicismes.
6. C'est dommage que vous _____ *(cannot)* venir.
7. Mais il est impossible que notre professeur nous _____ *(will give)* encore une composition pour demain!
8. Il est possible que ce journaliste _____ *(will say)* tout ce qu'il pense.
9. Je veux que vous _____ *(speak)* plus fort, s'il vous plaît.

B. Complétez en employant le présent ou le passé du subjonctif, puis jouez les dialogues.

1. A: Je veux que tu...
   B: Comment? Je ne peux pas faire ça!
   A: Mais si! Essaie!
2. A: Je suis heureux (heureuse) que...
   B: Moi, aussi. Il fallait le faire.
3. A: Il est possible que nous... demain.
   B: Ah, oui? Quelle bonne idée!

Expressions that Always Require the Subjunctive

Expressions that by their very nature are uncertain, hypothetical, or emotional are always followed by the subjunctive.

Expressions of will, doubt, and emotion

vouloir que
douter que
avoir peur que
craindre que
regretter que
être content, désolé, étonné, heureux, ravi, surpris, triste, etc., que

Je veux que nous sortions ensemble ce soir.
I want us to go out together tonight.

Mon professeur doute que je lise *Le Monde* tous les jours.
My professor doubts that I read Le Monde *every day.*

J'ai peur que vous ne[1] disiez des bêtises!
I am afraid you'll talk nonsense!

Il est ravi que nous nous soyons enfin mariés!
He's delighted that we got married at last!

1. The subjunctive is not used if the subject of the main and subordinate clauses is the same; the infinitive is used instead. In such cases, expressions of will are followed directly by the infinitive. Expressions of emotion require the preposition **de** before the infinitive.

    Je veux dire du bien de ce journaliste, mais je ne peux pas.
    I want to speak well of this journalist, but I can't.

    Je serais heureux de vous tutoyer, mais pas tout de suite.
    I would be happy to use the tu *form with you, but not right away.*

2. The verb **espérer** in the affirmative is followed by the indicative and not the subjunctive.

    J'espère que nous parlerons couramment français avant la fin du semestre.
    I hope we'll speak French fluently before the end of the semester.

---

[1] The pleonastic **ne** is optional after expressions of fear in the affirmative. It has no negative value and is not translated.

Exercices

A. Que voulez-vous que je fasse dans les situations suivantes? Répondez selon le modèle.

> MODÈLE   Si j'ai froid?
> *Je veux que vous buviez du thé chaud (que vous mettiez un manteau, que vous preniez un bain chaud, etc.).*

1. Si j'ai mal à la tête?
2. Si j'ai trop chaud?
3. Si je m'ennuie?
4. Si je grossis trop?
5. Si j'ai envie de voir un bon film?
6. Si j'ai faim et je veux manger quelque chose de bon?
7. Si je regarde constamment la télévision?
8. Si je parle français comme une vache espagnole?

—*Voulez-vous que nous nous tutoyions?*
—*Si tu veux.*

B. Complétez en employant **Je doute que, Je suis étonné(e) que,** ou **Je suis certain(e) que**. Mettez les verbes entre parenthèses au subjonctif ou à l'indicatif, selon le cas.

> MODÈLE   ...le président (être) bilingue.
> *Je doute que le président soit bilingue.*
> *ou :*   *Je suis certain(e) que le président est bilingue.*
> *ou :*   *Je suis étonné(e) que le président soit bilingue.*

1. ... mes parents (faire) de l'alpinisme.
2. ... la météo (être) toujours correcte.
3. ... les millionnaires (faire) la vaisselle.
4. ... le professeur (lire) les bandes dessinées.
5. ... les clochards (employer) l'argot.
6. ... la langue maternelle de Catherine Deneuve (être) le français.
7. ... les mères françaises (vouvoyer) leurs enfants.
8. ... nous (parler) couramment français après avoir fini ce cours.
9. ... ils (parler) français comme une vache espagnole.
10. ... Jacques Cousteau (être) bilingue.

C. Traduisez en français.

1. I want you to leave immediately!
2. We're sorry you did that.
3. We doubt he will be able to do it.
4. I'm happy we get along.
5. I hope it won't rain.
6. I am surprised he insulted you!
7. He wants you to be bilingual.
8. I'm afraid they've left.
9. I don't want us to argue.
10. I am astounded they got married!
11. She's sorry you know the truth.
12. They want you to speak louder.
13. He hopes she says what she thinks.
14. Our professor doesn't want us to murder French.
15. I'm happy this exercise is finished!

Impersonal expressions

Impersonal expressions that indicate an uncertain, hypothetical, or emotional point of view are followed by the subjunctive. Among such impersonal expressions are the following:

Il est bizarre que
Il est bon que
C'est dommage que
Il est douteux que
Il est étonnant que
Il est étrange que
Il faut que
Il est honteux que
Il est important que
Il est impossible que
Il est naturel que
Il est nécessaire que
Il est possible que
Il est rare que
Il est regrettable que
Il semble que
Il est surprenant que
Il se peut que
Il vaut mieux que

Il est regrettable que cette réclame soit si bête.
It's too bad that advertisement is so stupid.

Il est possible qu'ils soient toujours malades.
It's possible that they're still sick.

Impersonal expressions that stress a certain or objective point of view are followed by the indicative. The following are therefore followed by the indicative:

Il est certain que
Il est clair que
Il est évident que
Il est probable que[1]
Il me semble que[2]
Il est sûr que
Il est vrai que

[1]Probability is considered more certain than uncertain and therefore takes the indicative.
[2]Note that **il me semble que** takes the indicative, whereas **il semble que** takes the subjunctive. The first expresses certainty and the second uncertainty on the part of the speaker.

Il est vrai que la télévision influence l'opinion publique.
It is true that television influences public opinion.

Il est évident que la presse doit rester libre.
It is evident that the press must remain free.

Note that impersonal expressions introducing general statements are followed by **de** + *infinitive*. **Il faut** and **il vaut mieux**, however, are followed directly by the infinitive.

Est-il possible de communiquer sans se servir de paroles?
Is it possible to communicate without using words?

Il faut apprendre les proverbes parce qu'ils expriment souvent la vérité.
One should learn proverbs because they often express the truth.

Il vaut mieux être oiseau de campagne qu'oiseau de cage.
It is better to be a bird in the country than a bird in the cage.

Exercices

A. Imaginez que vous êtes le père ou la mère d'un(e) enfant très gâté(e). Répondez en employant **il faut que** selon le modèle.

MODÈLE   Enfant gâté(e) : Je ne veux pas aller au lit!
         Père ou mère : Il faut que tu ailles au lit!

1. Je ne veux pas me laver!
2. Je ne veux pas faire mon lit!
3. Je ne veux pas boire mon lait!
4. Je ne veux pas sortir!
5. Je ne veux pas me taire!
6. Je ne veux pas faire mes devoirs!
7. Je ne veux pas dormir!
8. Je ne veux pas finir les légumes!
9. Je ne veux pas te vouvoyer!

B. Quelles rubriques faut-il que les personnes suivantes lisent? (Consultez le *Vocabulaire du thème*). Répondez selon le modèle.

MODÈLE   Gisèle veut rire.
         Il faut qu'elle lise les bandes dessinées.

1. Pierre cherche une voiture d'occasion *(used)*.
2. Denise et Paulette veulent lire quelque chose de romantique et de sentimental.
3. Aldo veut savoir si le grand-père de son ami est mort.
4. Babette veut savoir l'opinion officielle du journal.
5. Je veux savoir s'il va pleuvoir demain.
6. Bernard veut savoir qui a gagné le match de football hier.
7. Dorine cherche un nouvel appartement.
8. Je veux connaître l'avenir.

C. Récrivez les proverbes en suivant le modèle. Faites tous les changements nécessaires.

> MODÈLE   Il faut vivre à Rome comme à Rome. (vous)
> *Il faut que vous viviez à Rome comme à Rome.*

1. Il faut commencer par le commencement. (vous)
2. Il ne faut pas réveiller le chat qui dort. (nous)
3. Il ne faut pas dire du mal des absents. (elle)
4. Il faut tourner sept fois la langue dans la bouche avant de parler. (vous)
5. Il ne faut jamais remettre au lendemain ce que l'on peut faire le jour même. (on)
6. Il faut prendre le temps comme il vient. (ils)
7. Il faut manger pour vivre et non pas vivre pour manger. (vous)
8. Il vaut mieux être seul qu'en mauvaise compagnie. (je)
9. Il faut laver son linge sale en famille. (nous)
10. Il faut manger comme un homme en bonne santé et boire comme un malade. (vous)

D. Parlons argot! Étudiez cette liste de mots d'argot.

> **avoir l'estomac dans les talons**   *to be starving (lit., to have one's stomach in one's heels)*
> **avoir la gueule de bois**   *to have a hangover (lit., to have a wooden jaw)*
> **avoir la langue bien pendue**   *to be very talkative (lit., to have one's tongue hanging out a lot)*
> **bouffer**   *to eat like a glutton, to eat (lit., to puff out)*
> **faire dodo**   *to sleep (children's language)*
> **faire l'école buissonnière**   *to play hooky (lit., to go to school in the bushes)*
> **mettre les voiles**   *to take off, to depart (lit., to set sail)*
> **perdre les pédales**   *to be nuts (lit., to lose one's pedals)*

Maintenant, employez une expression impersonnelle avec le subjonctif selon le modèle.

> MODÈLE   Le professeur a la gueule de bois.
> *Il est rare (il est honteux, il est normal, etc.) que le professeur ait la gueule de bois.*

1. Mon bébé fait dodo.
2. Les gangsters ont mis les voiles.
3. Bruno la grosse tête a fait l'école buissonnière.
4. Mon psychiatre a perdu les pédales!
5. Hugo le gros a déjà bouffé.
6. Le professeur a la langue bien pendue.
7. Georges le clochard a l'estomac dans les talons.

E. Complétez en employant le présent ou le passé de l'indicatif ou du subjonctif, ou l'infinitif, selon le cas. Parlons de la classe de français!

1. Il est regrettable que le professeur...
2. Il est important de... dans la classe.
3. Il est évident que les étudiants...
4. Il est douteux que je...
5. Il est bon que la classe...
6. C'est dommage que les examens...
7. Il ne faut pas... dans cette classe.
8. Il est clair que le professeur...
9. Il est impossible de... dans la classe.
10. Il est rare que les étudiants...

Conjunctions

Conjunctions introducing hypothetical or restrictive statements are followed by the subjunctive.

à condition que   *on condition that*
à moins que   *unless*
afin que ⎫
pour que ⎭ *in order that, so that*
avant que   *before*
bien que ⎫
quoique ⎭ *although*
jusqu'à ce que   *until*
pourvu que   *provided that*
sans que   *without*
que... ou non   *whether . . . or not*

Notre professeur parle lentement pour que nous puissions le comprendre.
Our professor speaks slowly so that we can understand him.

Je compte la tutoyer à moins qu'elle ne[1] me vouvoie.
I intend to say tu *to her unless she says* vous *to me.*

Qu'il se mette en colère ou non, je vais lui dire la vérité.
Whether he gets angry or not, I'm going to tell him the truth.

If the subject of the main and subordinate clauses is the same, certain conjunctions are replaced by a corresponding preposition and followed by an infinitive. Thus the subjunctive is not used.

conjunction	preposition
à condition que	à condition de
à moins que	à moins de
afin que	afin de
avant que	avant de
pour que	pour
sans que	sans

Comment comptez-vous être au courant des affaires internationales sans lire le journal?
How do you intend to keep up on international affairs without reading the paper?

Mon amie Jacqueline me téléphone uniquement pour bavarder.
My friend Jacqueline calls me only to chat.

---

[1]The pleonastic **ne** is optional after the conjunctions **à moins que** and **avant que**. It has no negative value and is not translated.

The conjunctions **bien que, quoique, jusqu'à ce que,** and **pourvu que** do not have corresponding prepositions. Even when there is no change of subject these conjunctions must be used, repeating the subject of the main clause. As always, they are followed by a verb in the subjunctive.

J'aime beaucoup mon cours de français bien que (quoique) je sois toujours en
      retard!
I like my French course a lot, although I'm always late!

Je vais continuer à étudier cette langue jusqu'à ce que je la connaisse!
I'm going to keep on studying this language until I know it!

Exercices

A. Jean-Marc est loin d'être parfait, mais sa fiancée, Mimi, l'adore quand même. Elle voudrait devenir sa femme. Donnez la réaction de Mimi aux déclarations de Jean-Marc, selon le modèle.

MODÈLE   Jean-Marc : Je suis jaloux, Mimi.
              Mimi : Je serai ta femme bien que (quoique) tu sois jaloux.

1. Je suis égoïste, Mimi.
2. Je suis passionné de la télé, Mimi.
3. J'ai des complexes, Mimi.
4. Je vais au bar tous les soirs, Mimi.
5. Je ne lis jamais, Mimi.
6. J'ai des dettes, Mimi.
7. J'ai perdu mon emploi, Mimi.
8. J'ai insulté ta mère, Mimi.
9. Je suis paresseux, Mimi.

B. Remplacez les tirets avec **à condition que (de), à moins que (de), avant que (de), sans (que),** ou **pour (que)**.

1. Je vais prendre une douche _____ nous sortions.
2. Je ne peux pas regarder ce dessin animé _____ rire!
3. Je parlerai français avec toi _____ tu puisses perfectionner ton accent.
4. Réfléchissez _____ parler.
5. Je te tutoierai _____ tu me tutoies aussi.
6. J'ai acheté le cadeau d'André _____ il le sache.
7. Je n'irai pas au théâtre _____ tu m'y accompagnes.

C. Traduisez en français.

1. Speak more slowly so that I can understand you!
2. We won't quarrel unless he puts the television set on!

3. Although she has never gone to France, she speaks French fluently.
4. You will never know what is going on (*se passer*) unless you watch the news.
5. I'll be quiet, provided you tell me the joke.

D. Complétez avec imagination.

1. Adèle, je me marierai avec toi pourvu que...
2. Je resterai au bar jusqu'à ce que...
3. J'achèterai ce magazine de mode bien que...
4. Je vais allumer le poste pour...
5. Il faut entendre la météo avant de...
6. Vite! Ferme ta bouche avant que...

—*Allons-nous-en avant qu'il pleuve!*
—*Pas avant que j'aie lu mon horoscope!*

Expressions of concession

Expressions of concession are followed by the subjunctive.

qui que	*whoever*
où que	*wherever*
si + *adjective* + que	*however*
quel que	*whatever*
quoi que	*whatever*

Qui que vous soyez, vous avez les mêmes droits que les autres.
Whoever you are (may be), you have the same rights as others.

Si intelligente qu'elle soit, elle n'apprendra pas tous ces idiotismes en un jour!
However intelligent she is (may be), she will not learn all those idioms in one day!

Note that **quel que** and **quoi que** both mean *whatever*. **Quel que** is used when an adjective is called for (i.e., **quel** always agrees with a noun), and **quoi que** when a pronoun is called for.

Quelles que soient vos raisons, vous ne devriez pas vous disputer!
Whatever your reasons are (may be), you shouldn't quarrel!

Quoi que je fasse, je ne peux pas plaire à mon patron.
Whatever I do, I can't please my boss.

Exercices

A. Remplacez les tirets par **qui que, où que, quoi que**, ou la forme correcte de **quel que**.

  1. Vous ne pouvez pas désobéir à la loi, _____ vous soyez!
  2. _____ soient ses raisons, à l'âge de trente ans il ne devrait pas lire les bandes dessinées!
  3. Les idiots se trouvent partout; _____ j'aille, je les vois!
  4. Je vais dire la vérité, _____ vous fassiez!
  5. _____ soient vos objections, elle continuera à regarder la télé.
  6. Il ne vous acceptera pas, _____ vous fassiez.
  7. Je peux trouver du coca-cola _____ j'aille.

B. Traduisez en français.

  1. Wherever we go in France, we hear franglais![1]
  2. I'll learn that language, however difficult it is.
  3. They watch television wherever they go.
  4. Whatever you tell him, he'll keep his word.
  5. We like to learn the language wherever we travel.
  6. Please try to tell the truth, whatever you do!
  7. Whatever your true intentions may be, try to hide them!
  8. However honest they are, they cannot keep a secret.
  9. Whatever the speaker does, he can't please his listeners.

C. Traduisez en français, puis jouez les dialogues.

  1. A: I will follow you wherever you go!
     B: Thanks, but I'm staying home.
  2. A: Whatever you do, be prudent.
     B: However stupid I am, I'll try.
  3. A: Whoever you are, go away!
     B: Whatever you do, I'll stay!

[1]The neologism *franglais* describes the highly Anglicized French spoken by some French people today. The term was popularized by the scholar Étiemble's book *Parlez-vous franglais?* (1964), which attacks the use of such jargon.

Expressions that Sometimes Require the Subjunctive

Some expressions that are not inherently uncertain, hypothetical, or emotional become so in certain cases because of the attitude of the speaker. In these cases they take the subjunctive.

Verbs of thinking and believing

Affirmative verbs of thinking and believing (e.g., **penser, croire, trouver**) are always followed by the indicative. Negative and interrogative verbs of thinking and believing, however, are followed by the subjunctive when there is considerable doubt in the mind of the speaker. But if the doubt in the mind of the speaker is negligible, or if a future action is expressed, the indicative is normally used.

Affirmative:

Je trouve qu'il est raisonnable.   Je crois que ce journal est très bon.
I find that he is reasonable.   *I think this paper is very good.*

Negative and interrogative:

Je ne pense pas que vous $\begin{Bmatrix} \text{ayez compris} \\ \text{avez compris} \end{Bmatrix}$ cette question.

I don't think you've understood this question.

Croyez-vous que je $\begin{Bmatrix} \text{suis} \\ \text{sois} \end{Bmatrix}$ brillant?

Do you think I'm brilliant?

Trouvez-vous que ce reporter $\begin{Bmatrix} \text{est} \\ \text{soit} \end{Bmatrix}$ sérieux?

Do you find that this reporter is serious?

Croyez-vous que David sera ici demain?
Do you think David will be here tomorrow?

Exercices

A. Mettez les verbes entre parenthèses à l'**indicatif** ou au **subjonctif**, selon le cas.

1. Je crois que mon amie _____ (mentir) quand elle m'a parlé hier.
2. Pensez-vous que ce commentateur fou _____ (dire) toujours la vérité?

3. Je crois que la vie à la campagne _____ (être) plus tranquille que la vie en ville.
4. Pensez-vous que Georges, ce grand menteur, _____ (être) vraiment sincère?
5. Notre professeur trouve que nous _____ (s'exprimer) très bien.
6. Je ne pense pas que cette émission ridicule _____ (pouvoir) m'intéresser.
7. Croyez-vous vraiment que je _____ (sortir) avec elle demain soir?
8. Je ne pense pas du tout que vous _____ (perfectionner) votre accent l'année passée!
9. Pensez-vous que ma vie _____ (être) heureuse?
10. Je ne pense pas qu'elle _____ (venir) ce soir.

B. Traduisez en français.

1. Robert doesn't think he'll be able to finish the article.
2. I don't believe we have enough money to buy a new TV.
3. Do you really think that advertisement is artistic?
4. I don't think that journalist knows what he's doing!
5. Do you think they'll speak fluently after only one course?
6. I don't think it will rain tomorrow.

C. Traduisez en français, puis jouez le dialogue.

B: M. (Mme) Tête is so serious!
B: Do you think he (she) reads the lonely hearts column?
A: *(Ironic)* Every day. Do you think he (she) also reads the funnies?
B: *(Laughter)* For sure *(Certainement)!* I think he (she) reads the editorials, drinks a glass of milk, and goes to bed!

Relative clauses

Verbs in relative clauses are normally in the indicative. The subjunctive is generally used, however, if the speaker doubts or denies the existence or attainability of the antecedent. In such cases the verb in the main clause is often in the negative or interrogative.

Indicative:

Je connais plusieurs étudiants qui sont complètement bilingues.
I know several students who are completely bilingual　(An objective statement of fact.)

Nous avons trouvé un reporter qui
  sait parler japonais.
*We have found a reporter who can
  speak Japanese.*
} (An objective statement of fact.)

Subjunctive:

Je ne connais personne qui puisse
  parler latin.
*I don't know anyone who can speak
  Latin.*
} (The speaker doesn't know of such
  a person.)

Y a-t-il une réclame qui soit tout à
  fait objective?
*Is there an ad that is completely ob-
  jective?*
} (The speaker questions the existence of such an ad.)

Exercices

A. Traduisez en français.

1. You really have a friend who is famous?
2. I don't know a journalist who knows everything.
3. I don't know a reporter who can speak Chinese, Japanese, and Russian.
4. Is there a crossword puzzle he can't do?
5. I don't know anyone who can do that.
6. I know several people who lived in that apartment.
7. Is there a newspaper that pleases everyone?

B. Complétez avec imagination en employant l'**indicatif** ou le **subjonctif**.

1. Y a-t-il des téléspectateurs...
2. Nous voulons trouver un magazine...
3. Il n'y a pas de plaisanterie...
4. Je ne connais pas d'Américain(e)...
5. Il n'y a pas de notice nécrologique...

The superlative

Verbs in relative clauses following superlative expressions and the adjectives **premier, dernier,** and **seul** are in the indicative when the speaker states a certain or objective fact. They are normally followed by the subjunctive, however, when the speaker expresses a subjective feeling, a personal opinion, or a doubtful attitude.

Indicative:

Robert est le plus jeune étudiant qui a réussi à l'examen.
Robert is the youngest student who passed the exam. (An objective statement of fact.)

Je suis sûr que le Brésil est le plus grand pays qu'ils ont visité.
I am sure that Brazil is the biggest country they visited. (The speaker is certain.)

Subjunctive:

Est-ce vraiment la meilleure plaisanterie que vous ayez jamais entendue?
Is this really the best joke you've ever heard? (The speaker is doubtful, surprised.)

Est-ce le seul étudiant qui sache ce que c'est qu'un néologisme?
Is he the only student who knows what a neologism is? (The speaker is surprised.)

Exercice

Traduisez en français.

1. That's the worst news report I've ever seen!
2. Boston is the largest city we visited.
3. Is that the only thing you can say?
4. Is that the best newspaper you have ever read?
5. Is Jean-Marc the only reporter who knows how to write?
6. I'm the only American who lives here.
7. That's the worst insult I have ever heard!
8. She's the only person who saw the accident.

Exercices d'ensemble

I. Mettez les verbes entre parenthèses au **subjonctif** ou à l'**indicatif**, s'il y a lieu.

1. Est-il nécessaire de _____ (traduire) ces phrases françaises en anglais?
2. Il ne faut pas que nous _____ (insulter) les auditeurs.
3. C'est dommage que vous _____ (flatter) ces imbéciles.
4. Nous doutons que notre fils _____ (pouvoir) comprendre cette émission politique.
5. Nous croyons que la langue écrite _____ (être) plus précise que la langue parlée.
6. Il est probable qu'ils _____ (arriver) hier soir.

7. Je crois que vous _____ (pouvoir) me tutoyer dès maintenant.
8. Qui que vous _____ (être), vous serez obligé de travailler comme les autres!
9. Je cherche un sage qui _____ (savoir) la réponse à toutes les questions!
10. Croyez-vous que je _____ (devoir) punir mon petit frère gâté?
11. Il a beaucoup étudié les langues étrangères parce qu'il _____ (vouloir) devenir polyglotte.
12. Il est vrai que le mot anglais «too-da-loo» _____ (venir) de l'expression française «tout à l'heure».

II. Complétez avec imagination.

1. Je vais vous poser des questions jusqu'à ce que...
2. Nous espérons que ce criminel violent...
3. Pour se libérer véritablement, il faut que les femmes...
4. Je doute que le terrorisme...
5. Trouvez-vous que l'amour...
6. Nous avons peur que la civilisation américaine...
7. Je ne crois pas qu'un vrai révolutionnaire...
8. Si vous voulez scandaliser le monde, il faut que vous...
9. Ils sont contents que ce vieux fou...
10. Il voudrait devenir millionnaire sans...

Sujets de discussion ou de composition

1. Quels journaux et quels magazines aimez-vous lire? À quels journaux et à quels magazines vous abonnez-vous? Avez-vous des rubriques préférées? Quelles rubriques n'aimez-vous pas? Pouvez-vous recommander un journal ou un magazine aux autres étudiants? Pourquoi voulez-vous qu'ils le lisent?
2. Que pensez-vous de la publicité? Qui, à votre avis, est influencé par la publicité? Avez-vous des réclames préférées à la télé ou dans le journal? Y en a-t-il que vous détestez? Expliquez pourquoi. Préparez une réclame en employant des verbes au subjonctif et présentez-la à la classe.
3. La télévision et vous. Que pensez-vous de la télévision? La regardez-vous souvent? Pourquoi ou pourquoi pas? Avez-vous des émissions préférées? Pourquoi les préférez-vous? Y en a-t-il que vous trouvez offensantes, ou bêtes, ou ennuyeuses? Si oui, lesquelles et pourquoi? Quel est, selon vous, le rôle que la télévision peut jouer dans le monde moderne? Est-il probable que la télévision devienne de plus en plus importante?
4. Malheureusement, les gens ne s'entendent pas toujours très bien. Parfois ils se disputent ouvertement. Pourquoi les gens ont-ils du mal à s'entendre? Quelles sont, à votre avis, les barrières à la communication? Est-il possible, à votre avis, de remédier à ce manque de communication?
5. Les Français ont dénoncé les emprunts (*borrowings*) à l'anglais qu'ils appellent le franglais. Les Américains, au contraire, n'ont pas dénoncé les nombreux emprunts au français (par ex., *de rigueur, chic, détente, comme il faut*). Pensez-vous que les Américains et les Français ont des attitudes différentes à l'égard de leur langue?

Possessives and Prepositions

Chapter 10 at a Glance

Possessives

I. Traduisez en français les mots entre parenthèses.

1. *(my)* livre
2. *(her)* maison
3. *(his)* imagination
3. *(our)* bibliothèque
5. *(your)* romans
6 *(their)* idées

II. Traduisez en français les possessifs en employant l'**adjectif possessif** ou l'**article défini.**

1. Cette actrice ne se lave jamais _____ *(her)* cheveux!
2. _____ *(His)* poète favori est Baudelaire.

III. Traduisez en français **les pronoms possessifs.**

1. L'imagination de cet écrivain est moins riche que _____ *(yours)*.
2. Cet auteur aime bien critiquer les romans des autres, mais il ne veut pas qu'on critique _____ *(his)*!

IV. Traduisez en français en employant **être à.**

1. Voyons! Ce roman policier _____ *(is not yours)*!
2. Mais si! Il _____ *(is mine)*!

V. Traduisez en français en employant une expression avec **de.**

1. _____ *(Racine's play)* est une tragédie.
2. _____ *(Your friends' ideas)* me scandalisent!

VI. Traduisez en français en employant **être malade** ou **avoir mal à.**

1. Je crois qu'elle _____ *(has a headache)*.
2. L'acteur n'a pas joué parce qu'il _____ *(was sick)*.

Prepositions

VII. Traduisez en français.

1. behind the tree
2. against the house
3. between us
4. in the middle of his room
5. near the library

VIII. Traduisez en français les mots entre parenthèses.

1. Mon livre est _____ *(on the table next to the window)*.
2. Je peux lire ce best-seller _____ *(in one hour)*!
3. Cette actrice charmante _____ *(with brown eyes)* est très gentille.

IX. Remplacez les tirets par **à** ou **de** s'il y a lieu.

    1. Nous avons _____ lire trois romans cette semaine.
    2. Ce romancier a essayé _____ scandaliser le public mais il n'a pas réussi _____ le faire.
    3. Voulez-vous _____ assister au spectacle avec moi?
    4. Dans ce roman il s'agit d'un homme qui refuse _____ mentir.
    5. Mon ami m'a conseillé _____ suivre un cours de littérature.

X. Traduisez en français les mots entre parenthèses.

    1. Je _____ *(am looking for)* un livre de poche intéressant.
    2. _____ *(We are interested in)* la littérature moderne.
    3. Les spectateurs _____ *(laugh at)* vous parce que vous _____ *(resemble)* Charlie Chaplin!

XI. Remplacez les tirets par **à** ou **de**.

    1. Que pensez-vous _____ Balzac?
    2. Un acteur pense toujours _____ son public.
    3. La littérature pornographique manque souvent _____ valeur artistique.
    4. Juliette manque beaucoup _____ Roméo.

XII. Remplacez les tirets par **à, en** ou **dans**.

    1. Ils vont au spectacle _____ bicyclette.
    2. Nous allons au festival d'Avignon _____ bateau.

Vocabulaire du thème : *La scène et les lettres*

La scène : la pièce de théâtre
l' **auteur dramatique** *m*   playwright
le **metteur en scène**   director
l' **acteur** *m*   actor
l' **actrice** *f*   actress
la **troupe**   troupe
  jouer un rôle   to play or act a role
  savoir (oublier) son texte, son rôle
    to know (forget) one's lines
l' **interprétation** *f*   interpretation

la **répétition**   rehearsal
  répéter   to rehearse

la **scène**   stage, scene
le **costume**   costume
le **décor**   decor, scenery
le **maquillage**   make-up

la **pièce**   play
le **spectacle**   show
la **tragédie**   tragedy
la **comédie**   comedy
la **représentation**   performance
  représenter   to perform
la **mise en scène**   production, staging
le **héros**   hero
l' **héroïne** *f*   heroine
le **personnage**   character (in a play, book, etc.)

l' **intrigue** *f*   plot
l' **orchestre** *m*   orchestra
l' **entracte** *m*   intermission

La critique et le public

la **critique** criticism
le **critique** critic
critiquer to criticize
le **public** audience
le **spectateur,** la **spectatrice** spectator
assister à to attend
applaudir frénétiquement to applaud wildly
siffler to hiss, to boo
louer to praise
le **succès** hit
le **four** flop (theater)
scandaliser to scandalize, to shock

Les lettres : écrivains et lecteurs

l' **écrivain** *m* writer
le **lecteur,** la **lectrice** reader
le **poète** poet
l' **essayiste** *m* essayist
le **conteur,** la **conteuse** short-story writer
le **romancier,** la **romancière** novelist
raconter une histoire to tell a story

la **lecture** reading
décrire to describe
l' **éditeur,** l'**éditrice** publisher

Le livre

le **bouquin** (*colloq.*) book
l' **ouvrage** *m* work
les **écrits** *m* writings
le **conte** short story
la **poésie** poetry
l' **essai** *m* essay
le **roman** novel
le **roman policier** mystery (novel)
le **roman d'aventures** adventure story
le **roman d'amour** love story
le **livre de chevet** bedside book
le **manuel** textbook
le **best-seller** best seller
le **livre de poche** paperback

le **style** style
le **ton** tone
le **thème** theme

Exercices

A. **Mise en scène.** Complétez en employant une ou plusieurs expressions du *Vocabulaire du thème*, puis jouez les dialogues,

1. A: (nom), comment as-tu trouvé la pièce?
    B: C'est un four!
    A: Un four? Pourquoi dis-tu ça?
    B: Parce que...
    A: Tu critiques trop, (nom)!
    B: Et...
    A: Tu es trop sévère, (nom)!
    B: Et...
    A: Au revoir, (nom), j'en ai assez!

—*Le décor était laid, les costumes étaient laids, enfin tout était laid!*
—*Tu es trop sévère!*

2. A: Je me suis endormi(e) à trois heures ce matin. Le livre que je lisais était si passionnant que je n'ai pas pu m'arrêter de le lire.

   B: Quelle sorte de bouquin est-ce?

   A: C'est...

   B: Quel en est le titre?

   A: ...

   B: Qu'est-ce qu'il y avait de si passionnant?

   A: ...

   B: C'est très intéressant! Tu me le prêteras quand tu l'auras fini?

   A: ...

B. **Situations.**　Répondez en employant une ou plusieurs expressions du *Vocabulaire du thème.*

1. Indiquez vos préférences et comparez vos réponses avec celles de vos camarades de classe. Quel est: a) votre romancier préféré? b) votre poète préféré? c) votre auteur dramatique préféré?
2. Connaissez-vous des auteurs français? Si oui, dressez-en une liste et comparez votre liste avec celle de vos camarades de classe.
3. Avez-vous jamais joué dans une pièce de théâtre? Si oui, quel était le titre de la pièce et quel rôle avez-vous joué? Est-ce que la pièce a été un succès ou un navet?
4. Quel genre de roman préférez-vous?

POSSESSIVES

Possessives are used to indicate that something belongs to someone. Four common constructions express possession in French: possessive adjectives, possessive pronouns, **être à,** and **de** + *noun.*

Adjective:	Zut! J'ai perdu mon manuel! *Darn it! I lost my textbook!*
Pronoun:	Sers-toi du mien pour le moment. Le voici. *Use mine for the time being. Here it is.*
être à :	Ce manuel n'est pas à vous! Il est à moi! Mon prénom est écrit sur la première page! *This text isn't yours! It's mine! My name is written on the first page!*
de + *noun:*	Idiot! C'est l'ancien bouquin de mon frère Jean! Il a le même prénom que toi! *Idiot! It's my brother John's old book! He has the same first name as you!*

Possessive Adjectives

masculine	feminine	plural	
mon	ma (mon)	mes	*my*
ton	ta (ton)	tes	*your*
son	sa (son)	ses	*his, her, its*
notre	notre	nos	*our*
votre	votre	vos	*your*
leur	leur	leurs	*their*

Agreement

Like all adjectives, the possessive adjectives agree in number and gender with the noun they modify.

Singular	**Plural**
notre roman	nos romans
our novel	*our novels*
leur place	leurs places
their seat	*their seats*
mon ouvrage	mes ouvrages
my work	*my works*

Note that the feminine singular has two forms. **Ma, ta,** and **sa** are used before feminine singular nouns or adjectives beginning with a consonant or aspirate *h*. **Mon, ton,** and **son** are used before feminine singular nouns or adjectives beginning with a vowel or mute **h.**

ma bibliothèque	mes bibliothèques
my library	*my libraries*
ma hache	mes haches
my ax	*my axes*
ton autre nouvelle	tes autres nouvelles
your other short story	*your other short stories*
mon héroïne	mes héroïnes
my heroine	*my heroines*
son costume	ses costumes
his (her) costume	*his (her) costumes*

Note in the example above that **son** and **ses** may mean either *his* or *her*, depending on the context.

French possessive adjectives are repeated before each noun; this is usually not the case in English.

Il oublie toujours son manuel et son cahier.
He always forgets his text and notebook.

The definite article expressing possession

1. The definite article is often used to express possession with parts of the body.

   Elles ont fermé les yeux pour ne pas voir.
   They shut their eyes in order not to see.

   Il a les cheveux roux.
   He has red hair, or: *His hair is red.*

   Elle a levé la tête pour mieux voir la scène.
   She raised her head to see the stage better.

2. When the subject performs an action on a part of his or her own body, a reflexive verb is used.

   Elle se lave les cheveux le matin et le soir.
   She washes her hair in the morning and at night.

   Remember that in such constructions the part of the body is the direct object and the reflexive pronoun is the indirect object. Therefore, there is no agreement with the past participle in compound tenses, since the past participle does not agree with preceding indirect objects.

   Elles se sont lavé les cheveux.
   They washed their hair.

Exercices

A. Traduisez en français et créez une phrase originale en employant les expressions dans la colonne de droite.

1. My costume	est meilleur que mon livre de chevet.
2. Her writings	ne marche plus.
3. Their opinions	est belle.
4. Our car	est bien organisée.
5. Your bedside book	adore la littérature.
6. Their ideas	est trop simple.
7. My girlfriend	sont difficiles à comprendre.
8. Her essay	a confiance en eux.
9. Our roles	sont faciles à jouer.
10. Your interpretation	est originale.
11. His poetry	sont toujours intéressantes.
12. My troupe	a gagné un prix littéraire.

B. Remplacez les mots entre parenthèses par un **adjectif possessif** ou l'**article défini**.

1. Bien que cet acteur joue bien _____ *(his)* rôles, je n'aime pas le caractère de _____ *(his)* personnages!
2. Ils se promènent le long de la Seine en parlant de _____ *(their)* poètes préférés.
3. Cette actrice sera obligée de se laver soigneusement _____ *(her)* visage pour enlever _____ *(her)* maquillage.
4. Comment! Les spectateurs s'ennuyaient pendant la représentation de _____ *(his)* pièce!
5. Je relis souvent _____ *(my)* pièce et _____ *(my)* roman favoris.
6. Ils iront au théâtre avec vous pourvu que vous payiez _____ *(their)* places.
7. J'admire beaucoup cette danseuse! Elle lève _____ *(her)* mains et baisse _____ *(her)* tête avec tant de grâce!
8. Ce romancier s'identifie avec _____ *(his)* héros et avec _____ *(his)* héroïne.
9. _____ *(Our)* professeur et _____ *(our)* parents trouvent que ce roman érotique n'a pas de valeur littéraire, hélas.

C. Demandez à un(e) autre étudiant(e) ou au professeur...

1. quelle est sa pièce de théâtre préférée.
2. s'il (si elle) a un critique de théâtre préféré.
3. combien de fois par semaine il (elle) se lave les cheveux (les oreilles).
4. s'il (si elle) est écrivain. Si oui, demandez-lui ce qu'il (elle) écrit (poèmes? essais? romans? contes?).
5. de quelle couleur sont ses yeux (les yeux du professeur).
6. quel est son acteur préféré.
7. quelle est son actrice préférée.
8. quel est son écrivain (poète? romancier? auteur dramatique? conteur?) préféré.
9. où se trouve la villa de ses parents.
10. s'il (si elle) s'est lavé les cheveux (s'est brossé les dents) ce matin.

D. Répondez à chaque question en employant une des expressions de la colonne de droite. Répondez par une phrase complète.

Que fait-on avec :

1. une brosse à dents?   se calmer les nerfs
2. une petite main en plastique?   se couper les ongles
3. des ciseaux à ongles *(nail clippers)*?   s'essuyer le front
4. un shampooing /ʃɑ̃pwɛ̃/   se teindre les cheveux
5. une barre de savon?   se gratter le dos
6. un oreiller *(pillow)*?   se brosser les dents
7. un calmant *(tranquilizer)*?   se laver le visage
8. un couteau, si on ne fait pas attention?   se reposer la tête
9. de la teinture *(dye)*?   se laver les cheveux
10. un mouchoir, s'il fait chaud?   se couper le doigt

E. Refaites l'exercice précédent en répondant à cette question : Qu'avez-vous fait avec cette brosse à dents (cette petite main en plastique, etc.)? Employez le passé composé dans vos réponses.

Possessive Pronouns and the Expression *être à*

singular		plural		
masculine	**feminine**	**masculine**	**feminine**	
le mien	la mienne	les miens	les miennes	*mine*
le tien	la tienne	les tiens	les tiennes	*yours*
le sien	la sienne	les siens	les siennes	*his, hers, its*
le nôtre	la nôtre	les nôtres	les nôtres	*ours*
le vôtre	la vôtre	les vôtres	les vôtres	*yours*
le leur	la leur	les leurs	les leurs	*theirs*

The possessive pronoun

Like the possessive adjectives, possessive pronouns agree in number and gender with the object possessed. The definite article contracts normally with **à** and **de**.

Sa place est bien plus confortable que la mienne!
His (her) seat is much more comfortable than mine!

Leurs manuels coûtent moins cher que les nôtres.
Their texts cost less than ours.

Elle s'intéresse plus à votre problème qu'au sien.
She's more interested in your problem than in his (hers).

être à + noun or disjunctive pronoun

The expression **être à** followed by a *noun* or *disjunctive pronoun* is used frequently to express ownership. It may be translated by a possessive pronoun or by the verb *to belong*.

Ce livre de poche est-il à vous ou à votre camarade de chambre?
Does this paperback belong to you or your roommate?

Ce roman policier est problement à lui.
This mystery is probably his.

Note that **appartenir à** is a synonym of **être à**, and that it takes an indirect object pronoun.

Ce bouquin ne m'appartient pas; il lui appartient.
This book doesn't belong to me; it belongs to her (him).

Exercices

A. Répondez par une phrase complète en employant l'expression **être à.**

1. À qui est le chien Snoopy?
2. À qui est le cheval Silver?
3. À qui est le costume rouge et bleu décoré d'une grande lettre S?
4. À qui est le singe Cheetah?
5. À qui est la voiture que vous conduisez?

B. Préparez deux questions originales comme celles de l'exercice A et posez-les à un(e) autre étudiant(e).

C. Répondez par une phrase complète en employant un pronom possessif.

1. Mon livre de français est dans mes mains. Où est celui de Jean?
2. Les romans policiers sont mes romans préférés. Quels sont les vôtres?
3. Ma maison est très petite. Comment est la maison de vos parents?
4. Ma boisson préférée est le vin. Quelle est la vôtre?
5. Mon auteur préféré est Molière. Quel est le vôtre?
6. Ma pauvre voiture est au garage! Où est la vôtre?
7. Mon portefeuille *(wallet)*, hélas, est vide! Comment est le vôtre?

D. Traduisez en français les mots entre parenthèses en employant un **pronom possessif** ou l'expression **être à.**

1. Je viens d'acheter deux billets pour la nouvelle représentation à la Comédie-Française. Celui-ci _____ *(is yours)* et celui-là _____ *(is mine).*
2. Je m'occuperai de mes affaires si vous _____ *(attend to yours).*
3. Leur classe va analyser les poèmes de Verlaine ce semestre. Quel auteur _____ *(is ours going to analyze)?*
4. Il semble toujours oublier que les livres qu'il sort de la bibliothèque _____ *(don't belong to him).*
5. Que préférez-vous, la littérature française ou _____ *(ours)?*
6. En revenant du théâtre j'ai remarqué que les idées critiques de mon ami étaient beaucoup plus simples que _____ *(mine).*
7. Dans le roman que je lis actuellement, il s'agit d'une femme rêveuse qui décide de se suicider. De quoi s'agit-il dans _____ *(yours)?*
8. J'ai oublié mon livre de chevet. Est-ce que votre amie veut me prêter _____ *(hers)?*

The expression *de* + noun

The structure **de** + *noun* is equivalent to the English expression *noun* + *'s or s'*. The preposition **de** contracts normally with a definite article.

Comment s'appelle la pièce de Sartre qui contient l'expression «l'enfer, c'est les autres»?
What's the name of Sartre's play that contains the expression, "Hell is other people"?

Marcel Proust est l'auteur préféré de mes parents.
Marcel Proust is my parents' favorite author.

Note that **chez** + *noun* or *disjunctive pronoun* means *at the home of* or *at the place of*. When referring to artists, it often means *in the works of*.

Avant d'aller au théâtre, nous dînons souvent chez les Dupont.
Before going to the theater, we often dine at the Duponts'.

Chez Balzac il y a plus de deux mille personnages!
In Balzac's works there are more than two thousand characters!

Exercices

A. Tranformez le modèle.

MODÈLE   Cet auteur a des idées scandaleuses!
Les idées de cet auteur sont scandaleuses!

Le spectacle a un décor splendide!
Le décor du spectacle est splendide!

1. L'héroïne a des costumes merveilleux!
2. Cet acteur a des amis cultivés.
3. Les Racine ont un fils extraordinaire.
4. Bruno a un succès mérité.
5. Le roman policier a un ton mystérieux.
6. Blondine a les cheveux blonds.
7. La pièce a une intrigue idiote!

B. Préparez deux phrases originales comme celles de l'exercice A.

C. Traduisez en français.

1. Do you know the title of Proust's famous novel?
2. If there is a rehearsal at the Smiths' tonight, I want to go.

3. Let's rehearse at our place.
4. The audience applauded the performance of Shakespeare's play *Hamlet*.
5. What is the hero's name?
6. The plays' characters don't interest me.
7. If an author's imagination is lively *(vif)*, he will probably write interesting works.
8. Flaubert's novel *Madame Bovary* shocked its readers.
9. Style is very important in that essayist's writings.
10. That new playwright's production is really bad!

Related Expressions

avoir mal à

The expression **avoir mal à** is used to indicate the precise part of the body that is sick. It is followed by the *definite article + the part of the body.* The preposition **à** contracts normally with the definite article.

Après avoir terminé sa lecture, il avait mal aux yeux.
After he had finished his reading, his eyes hurt.

Si les acteurs continuent à parler trop fort, j'aurai mal à la tête!
If the actors continue to speak too loudly, I'll have a headache!

Some common parts of the body:

la **bouche**	mouth	la **jambe**	leg
le **bras**	arm	le **menton**	chin
les **cheveux** *m*	hair	le **nez**	nose
la **dent**	tooth	l' **œil** *m* les **yeux** *pl.*	eye
le **derrière**	behind	l' **oreille** *f*	ear
le **doigt**	finger	le **pied**	foot
le **dos**	back	la **tête**	head
l' **estomac** *m*	stomach	le **visage**	face

être malade

The expression **être malade** means *to be sick.* It does not indicate a precise part of the body.

Elle a manqué la répétition parce qu'elle était malade.
She missed the rehearsal because she was sick.

Exercices

A. Répondez en employant l'expression **avoir mal à.**
   Où aurez-vous mal...

   1. si vous courez trop?
   2. si vous essayez de lever un objet trop lourd?
   3. si vous vous asseyez trop longtemps dans la même position?
   4. si vous entendez un bruit très aigu *(shrill)*?
   5. si vous regardez le soleil en face?
   6. si vous buvez trop de bière?
   7. si vous mangez comme un cochon?
   8. si vous dansez toute la soirée?
   9. si vous vous battez avec un type *(guy)* très fort?
 10. si vous mangez des bonbons tous les jours?

—*Docteur, j'ai mal aux oreilles.*

B. Créez deux situations originales comme celle dans l'exercice A et demandez aux étudiants de répondre en employant l'expression **avoir mal à.**

C. Traduisez en français.

   1. He has a stomach ache because he drank five Cokes *(le Coca)* last night.
   2. The actress who forgot her lines was probably sick.
   3. The audience booed so frequently that I got[1] a headache.
   4. I can't go tonight because I'm very ill.
   5. We rehearsed for *(pendant)* eight hours. My feet, my back, and my legs hurt!

[1]Use the *passé composé.*

PREPOSITIONS

French prepositions often have exact English equivalents.

Qui a caché mon livre de poche **sous** la table?
*Who hid my paperback **under** the table?*

Elle est allée **avec** lui.
*She went **with** him.*

But the use of many prepositions differs significantly from English. In some cases a preposition is used in French where none is used in English, and vice versa. In other cases, the same verb requires one preposition in French and another one in English.

Ce jeune romancier **refuse de** se critiquer.
*This young novelist **refuses** to criticize himself.*

Voulez-vous m'**attendre** ici?
*Do you want **to wait for** me here?*

Comme elle joue bien! Elle **tient de** sa mère!
*How well she acts! She **takes after** her mother!*

In French, prepositions may be followed by nouns, pronouns, or verbs. Phrases composed of a *preposition + noun* or *pronoun* are called prepositional phrases.

Prepositions Followed by Nouns or Pronouns

Simple prepositions

à *to, at, in*	malgré *in spite of*
après *after*	par *by*
avant *before*	parmi *among*
avec *with*	pour *for*
contre *against*	sans *without*
chez *at the home, at the place of*	sauf *except*
dans *in, into*	selon ⎫
de *of, from*	suivant ⎬ *according to*
derrière *behind*	d'après ⎭
dès *from + temporal expression + on*	sous *under*
devant *in front of*	sur *on*
entre *between*	

Si je m'assois derrière cette colonne, je ne verrai pas la scène.
If I sit behind this column, I won't see the stage.

Selon les critiques, la nouvelle pièce à la Comédie-Française est un four.
According to the critics, the new play at the Comédie-Française is a flop.

Dès maintenant je vais lire un livre par semaine.
From now on I'm going to read one book a week.

Compound prepositions

à cause de *because of*	autour de *around*
à côté de *beside*	en dépit de *despite*
à l'égard de ⎫ *regarding, about*	en face de *opposite*
au sujet de ⎭	jusqu'à *as far as, until*
à l'insu de *unknown to, without the knowledge of*	le long de *along*
au-delà de *beyond*	loin de *far from*
au lieu de *instead of*	près de *near*
au milieu de *in the middle of*	quant à *as for*

The end prepositions **de** and **à** contract normally with the definite article.

Est-il possible de trouver une place au milieu de la salle de théâtre?
Is is possible to find a seat in the middle of the theatre?

Elle va devenir actrice en dépit des protestations de ses parents!
She is going to become an actress despite her parents' protests!

Do not confuse the preposition **à cause de,** meaning *because of,* with the conjunction **parce que**, meaning *because*. The preposition **à cause de** is followed by a noun or pronoun, whereas **parce que** is followed by a clause.

J'aime ce roman à cause de son intrigue intéressante.
I like this novel because of its interesting plot.

J'aime ce roman parce que son intrigue est intéressante.
I like this novel because its plot is interesting.

Exercices

A. Traduisez en français les mots entre parenthèses.

1. Il a beaucoup aimé le théâtre d'Ionesco _____ *(because of its themes)*.
2. Quelle chance! Il s'est assis _____ *(between two beautiful girls)*!
3. J'admire tous les personnages dans ce roman _____ *(except the hero)*.
4. _____ *(Unknown to my best friends)*, j'étais hypocrite!
5. Mon professeur est _____ *(against)* la littérature uniquement «artistique».
6. J'étais assis si _____ *(far from the stage)* que je n'ai entendu que des murmures.
7. Le monsieur _____ *(next to me)* sifflait si souvent que j'ai dû lui demander de se taire.

8. Dans cette farce il y avait des acteurs partout _____ *(on stage, in front of the stage, behind the stage, and under the stage)!*
9. Les acteurs répètent leurs rôles dans une salle _____ *(opposite the theater).*
10. Cet écrivain a des idées originales _____ *(regarding his writings).*
11. Cette troupe réussira _____ *(because)* elle est vraiment exceptionnelle.
12. Je ne comprends pas pourquoi le metteur en scène a choisi ce mauvais acteur _____ *(instead of you)!*
13. Mon frère, qui se passionne pour le théâtre, compte suivre cette troupe _____ *(as far as Paris).*
14. Dans ce spectacle, l'action a lieu _____ *(among the spectators).*

B. Traduisez en français.

1. We couldn't hear because they were booing.
2. She likes Balzac because of his passion.
3. I read the novel because of you.
4. The audience applauded wildly because the play was excellent.
5. He won't read it because he doesn't like love stories.

C. Traduisez les mots entre parenthèses, puis jouez le dialogue.

A: *(According to)* ce critique, ma nouvelle pièce est *(without)* valeur.
B: *(Between us)*, ce critique est bête! Il possède toutes les qualités *(except)* l'intelligence!
A: C'est vrai, mais *(because)* de lui ma pièce ne réussira pas.
B: Mais non! Elle réussira *(despite)* lui!

D. Créez un dialogue original en employant au moins trois prépositions (pp. 258–259) et des mots et expressions dans le *Vocabulaire du thème.*

French equivalents of English prepositions

In some cases, two or more French prepositions may be used to render one English preposition.

1. **Avec, de, à** meaning *with*

    a. **Avec** means *with* in most cases.

    Pourquoi êtes-vous allé au théâtre avec ma meilleure amie?
    Why did you go to the theater with my best friend?

    b. **De** means *with* after expressions of satisfaction and dissatisfaction, and after certain past participles.

content de	*satisfied with*	couvert de	*covered with*
satisfait de	*satisfied with*	entouré de	*surrounded with (by)*
mécontent de	*dissatisfied with*	rempli de	*filled with*
chargé de	*loaded with*		

Cette pièce est remplie d'humour.
That play is filled with humor.

Quel succès! L'actrice est entourée d'admirateurs!
What a hit! The actress is surrounded with (by) admirers!

c. **à +** *definite article* means *with* in expressions denoting distinguishing characteristics.

Cette actrice aux longs cheveux noirs a l'air séduisante.
This actress with long black hair looks attractive.

Ce monsieur au chapeau gris est mon père.
That gentleman with (in) the gray hat is my father.

2. **En** and **dans** meaning *in* with temporal expressions

a. **En** stresses the duration of time needed to perform an action.

Robert compte terminer ce roman en un jour!
Robert intends to finish that novel in one day!

b. **Dans** stresses the moment an action is to begin. In this usage it is synonymous with **après.**

La pièce va commencer dans cinq minutes (après cinq minutes).
The play is going to begin in five minutes.

3. **Pendant** and **depuis** meaning *for*

a. **Pendant** expresses duration. It means *for* in the sense of *during* and, like *for* in English, it is often omitted in French.

J'ai attendu (pendant) dix minutes.
I waited (for) ten minutes.

Pour usually replaces **pendant** after verbs of motion.

Cette troupe est venue pour une semaine seulement.
This troupe has come for one week only.

b. **Depuis** means *for* when used with verbs in the present perfect and past perfect: *I have (had) been reading for . . .* (see pp. 28, 102). It expresses continuous duration.

Nous sommes dans cette librairie depuis deux heures et vous n'avez
  rien acheté!
We've been in this bookstore for two hours and you've bought nothing!

Je le lisais depuis dix minutes quand je me suis endormi.
I had been reading it for ten minutes when I fell asleep.

Exercices

A. Traduisez en français les mots entre parenthèses.

1. Cette jeune actrice charmante _____ *(with blue eyes)* me plaît énormément.
2. Comment! Ne pouvez-vous pas lire ce petit bouquin _____ *(in one hour)*?
3. Le public n'est pas du tout satisfait _____ *(with his performance)*.
4. J'ai assisté à quatre représentations théâtrales _____ *(during my stay)* à Londres.
5. Il devrait être très content _____ *(with his hit)*.
6. J'ai mal aux oreilles parce que les spectateurs ont applaudi _____ *(for five minutes)*!
7. J'ai eu peur _____ *(during the reading)* des nouvelles de Poe.
8. La Comédie-Française va venir aux États-Unis _____ *(for two months)*.
9. Comment s'appelle le personnage _____ *(with a long nose)* qui n'ose pas déclarer son amour pour Roxane?
10. On prétend que Balzac a écrit *Le Père Goriot* _____ *(in three weeks)* environ.
11. Le texte de la pièce était rempli _____ *(with errors)*.
12. La musique de cette comédie musicale ne va pas du tout _____ *(with the decor)*.
13. Est-elle satisfaite _____ *(with)* son rôle?

B. Demandez à un(e) autre étudiant(e) ou au professeur...

1. si sa vie est remplie de désastres (de surprises, de complications).
2. s'il (si elle) préfère les jeunes filles (les jeunes gens) aux cheveux blonds (aux yeux bleus).
3. si la classe va se terminer dans dix minutes.
4. de quoi il (elle) est content(e) (ou mécontent/e).
5. s'il (si elle) peut lire un roman de deux cents pages en un jour.
6. s'il (si elle) peut préparer sa leçon de français en cinq minutes.

Prepositions Following Verbs

Two kinds of verbs are followed by prepositions in French: verbs that are followed by **à** or **de** before an infinitive (though many verbs take no preposition at all), and verbs that require certain prepositions before a noun or pronoun.

Verbs followed by à before an infinitive

aider à *to help*	apprendre à *to learn, to teach*
s'amuser à *to amuse oneself, to have fun*	arriver à *to succeed*

avoir à   *to have (to do something)*
commencer à[1]   *to begin*
consentir à   *to consent*
continuer à[1]   *to continue*
encourager à   *to encourage*
enseigner à   *to teach*
s'habituer à   *to get used to*

hésiter à   *to hesitate*
inviter à   *to invite*
se mettre à   *to begin*
recommencer à   *to begin again*
réussir à   *to succeed*
songer à   *to think, to dream*
tarder à   *to delay*

Invitons les Mercier à dîner chez nous.
Let's invite the Merciers to dinner at our place.

Elle n'a pas réussi à terminer le nouveau best-seller.
She didn't succeed in finishing the new best seller.

Verbs followed by *de* before an infinitive

s'agir de   *to be a question of*
avoir peur de   *to be afraid of*
cesser de   *to stop*
commencer de[1]   *to begin*
continuer de[1]   *to continue*
craindre de   *to fear*
décider de   *to decide*
se dépêcher de   *to hurry*

essayer de   *to try*
finir de   *to finish*
oublier de   *to forget*
refuser de   *to refuse*
regretter de   *to regret*
remercier de   *to thank*
tâcher de   *to try*

Il s'agit de lire très attentivement.
It's a question of reading very closely.

Elle a décidé de sortir deux livres de la bibliothèque.
She decided to take out two books from the library.

Verbs that take no preposition before an infinitive

Many common verbs require neither **à** nor **de** before an infinitive. These verbs are followed directly by the infinitive.

aimer   *to like*
aimer mieux   *to prefer*
aller   *to go*
compter   *to intend*
croire   *to believe*
désirer   *to desire, to wish*

devoir   *to have to, ought*
entendre   *to hear*
espérer   *to hope*
faire   *to do, to make*
falloir   *to be necessary*
laisser   *to leave, to let*

---

[1]The verbs **commencer** and **continuer** may be followed by **à** or **de**.

oser   *to dare*   sembler   *to seem*
paraître   *to appear*   venir   *to come*
pouvoir   *to be able, can*   voir   *to see*
préférer   *to prefer*   vouloir   *to want, to wish*
savoir   *to know, to know how*

Savez-vous critiquer une pièce?
Do you know how to criticize a play?

Cet auteur préfère vivre dans son imagination.
This author prefers to live in his imagination.

Exercices

A. Examinez-vous les un(e)s les autres! En choisissant parmi les trois groupes de verbes ci-dessus *(above)*, chaque étudiant(e) prépare une liste de dix verbes qu'il (qu'elle) apporte en classe. Un(e) étudiant(e) lit ses verbes, un à un, à un(e) autre étudiant(e) qui répond le plus vite possible par «à», «de» *ou* «rien». Tous les livres sont fermés pendant l'exercice.

B. Traduisez en français les verbes entre parenthèses. Ajoutez **à** ou **de** s'il y a lieu.

1. Il _____ *(decided)* sortir un roman de Camus de la bibliothèque.
2. Elle _____ *(hopes)* assister à la nouvelle pièce d'Ionesco.
3. Cet auteur célèbre _____ *(continues)* scandaliser le public avec ses romans pornographiques!
4. Il _____ *(prefers)* lire les biographies parce qu'il aime les histoires vraies.
5. Zut! Je _____ *(forgot)* demander le nom du type que j'ai rencontré au spectacle!
6. Nous _____ *(will begin)* applaudir dès que le deuxième acte sera terminé.
7. L'intrigue _____ *(ceased)* m'intéresser au moment où elle est devenue trop compliquée.
8. La troupe _____ *(will finish)* répéter demain ou après-demain.
9. Est-ce que la littérature _____ *(should)* plaire ou enseigner?
10. Cet auteur _____ *(didn't succeed)* créer l'illusion de la vie réelle dans son nouveau roman.
11. À l'université il _____ *(learned)* lire des pièces mais il _____ *(didn't learn)* les critiquer.
12. Je _____ *(tried)* trouver la pièce *Le Cid* de Corneille à la bibliothèque municipale.
13. Elle _____ *(hesitated)* acheter le nouveau best-seller parce que les critiques ne l'avaient pas recommandé.
14. Je suis contente que le public _____ *(refused)* applaudir ce four!

15. Il _____ *(had to)* lire une pièce de Sartre pour son cours de littérature française.
16. Elle _____ *(dared)* me dire que la littérature est plus intéressante que la télévision!
17. _____ *(Let's hurry)* trouver nos places avant le commencement de la pièce!
18. Je vous _____ *(will help)* bien critiquer la littérature si vous me promettez de lire plus attentivement.
19. Notre professeur nous _____ *(encouraged)* lire les pièces et les romans de Samuel Beckett.
20. _____ *(Would you like)* aller voir cette comédie musicale avec moi la semaine prochaine?

C. Demandez à un(e) autre étudiant(e) ou au professeur...

1. s'il (si elle) oublie de faire ses devoirs (son lit, la vaisselle).
2. s'il (si elle) aurait peur de jouer dans une pièce.
3. s'il (si elle) a jamais essayé d'écrire de la poésie (des contes, des pièces de théâtre).
4. s'il (si elle) va inviter le professeur à dîner ce soir.
5. s'il (si elle) refuse de manger des escargots (des pommes, de lire des romans interminables).
6. s'il (si elle) a beaucoup de choses à faire ce soir. Si oui, quelles choses?
7. s'il (si elle) arrive à comprendre un film français.

Verbs followed by *à* + noun and *de* + infinitive

Some French verbs that are followed by **de** + *infinitive* also take an indirect object.

conseiller à quelqu'un de   *to advise someone to*
défendre à quelqu'un de   *to forbid someone to*
demander à quelqu'un de   *to ask someone to*
dire à quelqu'un de   *to tell someone to*
écrire à quelqu'un de   *to write someone to*
ordonner à quelqu'un de   *to order someone to*
permettre à quelqu'un de   *to permit someone to*
promettre à quelqu'un de   *to promise someone to*
téléphoner à quelqu'un de   *to telephone someone to*

Son professeur de chimie a conseillé à Jean de suivre au moins un cours de littérature française.
His chemistry professor advised John to take at least one French literature course.

Mon ami m'a demandé d'acheter un billet.
My friend asked me to buy a ticket.

Je lui ai promis de ne pas fumer.
I promised him (her) not to smoke.

Exercices

A. Qu'est-ce que vous conseillez aux personnes suivantes de faire ou de ne pas faire? Répondez selon le modèle.

> MODÈLE   à un acteur qui joue mal
> *Je lui conseille de répéter beaucoup.*
>   *ou:*   *Je lui conseille de ne pas jouer.*

1. à quelqu'un qui suit un régime?
2. à un menteur?
3. à un alcoolique?
4. à quelqu'un qui a mal à la tête (à l'estomac)?
5. à quelqu'un qui a beaucoup d'imagination?
6. à quelqu'un qui a joué au tennis pendant deux heures?
7. à un acteur nerveux?
8. à un auteur qui vient de gagner un prix littéraire?
9. à un plombier qui veut devenir poète?

B. Répondez par une phrase complète.

1. Qu'est-ce que vous demandez à une serveuse de faire?
2. Permettez-vous à vos amis d'emprunter vos vêtements (vos livres, votre voiture, vos idées brillantes)?
3. Qu'est-ce qu'on défend aux enfants de faire?
4. Qu'est-ce que vos parents vous demandent de faire (de ne pas faire)?

C. Traduisez en français.

1. Ask your French professor to recommend a good bedside book.
2. Promise them to listen attentively.
3. I advise you to rehearse every day.
4. My parents forbid me to read the novels of the Marquis de Sade!
5. The director ordered the actor to begin.
6. If you permit me to play the main *(principal)* character in your play, it will be a hit.
7. If I criticize her poetry, she tells me to shut up.
8. I'm asking you to write plays that are more believable *(croyable)*!

Some other verbs and prepositions

1. Some common verbs take a preposition in English but none in French.

attendre	*to wait for*	écouter	*to listen to*
chercher	*to look for*	payer	*to pay for*
demander	*to ask for*	regarder	*to look at*

Allez-vous écouter l'opéra de Bizet à la radio ce soir?
Are you going to listen to the Bizet opera on the radio tonight?

Je vous attends depuis deux heures!
I have been waiting for you for two hours!

Exercices

A. Demandez à un(e) autre étudiant(e) ou au professeur...

1. s'il (si elle) paie toujours ses dettes.
2. s'il (si elle) attend le professeur quand le professeur est en retard. Si oui, demandez-lui combien de temps il (elle) l'attend.
3. s'il (si elle) cherche des disputes (le bonheur, un dentiste, une nouvelle bicyclette).
4. avec qui il (elle) aime regarder la lune.

B. Traduisez en français.

1. I'm asking for a good novel.
2. The police are looking for you.
3. She listens to the critics' ideas.
4. We've been waiting for them for three hours.
5. That girl refuses to pay for her books.
6. Look at that!
7. Listen to your good friends.

2. Some common verbs take a preposition in French but none in English.

s'approcher de *to approach*	obéir à *to obey*
assister à *to attend*	plaire à *to please*
changer de *to change (one thing for another)*	se rendre compte de *to realize*
douter de *to doubt*	répondre à *to answer*
se douter de *to suspect (the existence of)*	résister à *to resist*
entrer dans *to enter*	ressembler à *to resemble*
se fier à *to trust*	se servir de *to use*
se marier avec *to marry*	se souvenir de *to remember*
se méfier de *to distrust*	

Je ne peux pas entrer dans une librairie sans acheter au moins un ouvrage de science-fiction.
I can't enter a bookstore without buying at least one work of science fiction.

Elle n'a pas répondu à sa dernière lettre.
She didn't answer his last letter.

The end prepositions **de** and **à** contract normally with the definite article.

Elle ne veut pas assister aux représentations de cette troupe.
She doesn't want to attend the performances of that troupe.

Exercices

A. Demandez à un(e) autre étudiant(e) ou au professeur...
   1. avec quelle sorte de personne il (elle) aimerait se marier.
   2. avec quelle sorte de personne il (elle) n'aimerait pas se marier.
   3. à quelle(s) tentation(s) il (elle) ne peut pas résister.
   4. quelle sorte de romans lui plaisent.
   5. s'il (si elle) assiste régulièrement à tous ses cours.
   6. s'il (si elle) se fie à ses meilleurs amis.
   7. s'il (si elle) doute quelquefois de son talent.
   8. à qui il (elle) ressemble.
   9. s'il (si elle) se sert de ses mains pour manger.
   10. s'il (si elle) obéit à sa conscience (aux agents de police).
   11. s'il (si elle) se souvient de son premier amour (des Beatles, de Rudolph Valentino).

B. Traduisez en français.
   1. I'm going to marry the man who resembles my father.
   2. I distrust him and I doubt his sincerity.
   3. I suspected it!
   4. Can a writer please everyone? I doubt it.

   3. Some common verbs take one preposition in French and another in English.

      dépendre de   *to depend on*
      se mettre en colère contre   *to get angry with*
      s'intéresser à   *to be interested in*
      s'occuper de   *to busy oneself with, to attend to*
      remercier de, remercier pour   *to thank for*
      rire de   *to laugh at*
      tenir de   *to take after (resemble)*

      Je m'intéresse beaucoup à la philosophie de Sartre.
      I'm very interested in Sartre's philosophy.

      Je vous remercie du bouquin que vous m'avez donné comme cadeau.
      I thank you for the book that you gave me as a gift.

      Allez-vous vous occuper des costumes?
      Are you going to attend to the costumes?

Exercices

A. Répondez par une phrase complète.

1. De qui ou de quoi les personnes suivantes s'occupent-elles : les infirmières? les parents? les jardiniers? les acteurs? les auteurs?
2. De qui ou de quoi riez-vous (ne riez-vous pas)?
3. Tenez-vous de votre mère (de votre père)?
4. De qui dépendez-vous?
5. Vous mettez-vous quelquefois en colère contre le gouvernement (l'université, le destin)? Si oui, pourquoi?
6. Nommez trois choses auxquelles vous vous intéressez.

B. Traduisez les mots entre parenthèses en faisant tous les autres changements nécessaires.

MODÈLE   Elle _____ *(is interested in)* la poésie.
Elle s'intéresse à la poésie.

1. Vous ne devriez pas _____ *(be angry with him)* tout simplement parce qu'il est stupide, impoli et vulgaire!
2. Ce type à côté de moi _____ *(is laughing at)* toutes les actions sérieuses dans cette tragédie!
3. La qualité de la lecture _____ *(depends on)* la qualité du lecteur.
4. Vous _____ *(don't take after)* votre mère qui dévorait les romans!
5. Il _____ *(will thank you for)* votre avis.
6. On _____ *(is interested in)* le théâtre parce qu'on a l'habitude de jouer des rôles dans la vie.
7. _____ *(Don't be angry with)* moi si je vous dis que vous êtes un critique insolent, bête, méchant et insupportable.
8. Moi, je _____ *(attend to)* le décor tandis que lui _____ *(attends to)* les costumes.

C. Traduisez en français, puis jouez le dialogue.

A: Do you take after your father or your mother?
B: That depends.
A: That depends on what?
B: On my parents. When my father gets angry with me, I take after my mother, and when my mother gets angry with me, I take after my father!

4. Some common French verbs may be followed by either **à** or **de**.

a. The verb **jouer à** means *to play a game;* **jouer de** means *to play a musical instrument.*

Vous ne devriez pas jouer au bridge pendant la répétition!
You shouldn't play bridge during rehearsal!

C'est mon frère qui joue de la guitare dans la comédie musicale.
It's my brother who plays the guitar in the musical.

b. The verb **manquer à** means *to miss someone, to feel the absence of someone.* When the French sentence is translated into English, subject and object are reversed.

Minnie manque à Mickey.
Mickey misses Minnie. (lit., Minnie is lacking to Mickey.)

Il m'a beaucoup manqué.
I missed him very much. (lit., He was very much lacking to me.)

Manquer de means *to lack something.*

Ce jeune auteur manque de talent.
This young author lacks talent.

But when **manquer** is followed directly by a direct object, it means *to miss* in the sense of *not to catch or hit.*

J'ai manqué le dernier métro.
I missed the last subway.

Il a lancé un œuf qui m'a manqué!
He threw an egg that missed me!

c. The verb **penser à** means *to think of* in the sense of *to reflect about.*

À quoi pensez-vous? —Je pense à mon prochain succès!
What are you thinking about? —I'm thinking about my next hit!

But **penser de** means *to think of* in the sense of *to have an opinion about.*

Que pensez-vous de cette actrice? —Je la trouve brillante!
What do you think of that actress? —I find her brilliant!

Exercices

A. De quel instrument ou à quel sport les personnes suivantes jouent-elles (ont-elles joué)?

1. Babe Ruth
2. Liberace
3. Michael Jordan
4. Benny Goodman
5. Louis Armstrong
6. Jimmy Conners
7. Joe Namath
8. Roy Orbison

B. Préparez une liste de trois personnes comme celles de l'exercice A.

C. Traduisez en français les mots entre parenthèses en faisant tous les autres changements nécessaires.

    1. Cet acteur _____ *(plays the piano and the guitar)*.
    2. Que _____ *(do you think of)* la représentation de *Phèdre* à la Comédie-Française?
    3. Voudriez-vous _____ *(to play tennis)* avec moi?
    4. Quand je commence à _____ *(to think about)* ce spectacle, j'ai envie de crier!
    5. Dites-moi franchement ce que _____ *(you think of)* ma poésie.
    6. _____ *(Let's play cards)* ce soir.
    7. Ce critique de théâtre _____ *(lacks)* respect pour nos acteurs.

D. Traduisez en français en employant **manquer** ou **manquer à.**

    1. Mimi misses Bruno.   5. Will you miss me tomorrow?
    2. Bruno misses Mimi.   6. Do you miss your dentist?
    3. I miss you a lot.   7. Fortunately the tomato *(la tomate)* missed me!
    4. We missed the plane.

—*Hélas, la tomate ne m'a pas manqué!*

Related Expressions

Expressions of means of locomotion

As a rule, the preposition **à** is used if one rides *on* the means of locomotion, and **par** or **en** if one rides *in* it.

à bicyclette *by bicycle*
à cheval *on horseback*
à (en) moto *by motorcycle*
à pied *on foot*
à vélo *by bike*
en autobus *by bus*
en autostop *by hitchhiking*

en (par) avion *by plane*
en bateau *by boat*
en métro *by subway*
en taxi *by taxi*
par le train *by train*
en voiture *by car*

Exercices

A. Comment iriez-vous aux endroits suivants? Répondez selon le modèle.

MODÈLE   Pour aller en France?
              J'irais en avion (en bateau).

1. Pour aller à l'université?
2. Pour aller au théâtre à New York?
3. Pour rendre visite à un ami qui habite dans la même rue?
4. Pour aller faire un pique-nique à la campagne?
5. Pour aller en Angleterre?
6. Pour visiter des monuments à Paris?
7. Pour aller en Californie en 1700? en 1849? en 1950?

B. Répondez par une phrase complète.

1. Où allez-vous à bicyclette?
2. Où allez-vous par avion?
3. Où allez-vous en autobus?
4. Où allez-vous à pied?
5. Où allez-vous en autostop?

C. Si on veut faire un long voyage, quel est le moyen de transport le moins cher? le moyen de transport le plus snob? le plus sain? le moins dangereux? le plus reposant? celui qui fait le moins de pollution? le plus de bruit?

Exercices d'ensemble

I. Répondez en français par une phrase complète.

1. Quel est votre acteur favori?
2. Pouvez-vous nommer une pièce de Molière?
3. Quand avez-vous mal à la tête?
4. Invitez-vous souvent vos amis chez vous? Pourquoi ou pourquoi pas?
5. Avez-vous été souvent malade ce semestre?
6. Aimez-vous mieux les notes de votre camarade de chambre ou les vôtres?
7. La voiture que vous conduisez actuellement est-elle à vous ou à vos parents?
8. Quel est votre livre de chevet en ce moment?
9. Quelle est votre pièce favorite? votre roman favori?

II. Répondez en français par une phrase complète.

1. Combien avez-vous payé vos livres ce semestre?
2. De quel instrument jouez-vous?
3. À quel sport jouez-vous le mieux?

4. À qui ressemblez-vous?
5. Qu'est-ce qui vous manque le plus ce semestre? Qu'est-ce qui vous manque le moins?
6. De qui tenez-vous?
7. De quoi vous servez-vous pour écrire une composition?
8. En combien de temps pouvez-vous lire un roman de trois cents pages?
9. Pendant combien de temps comptez-vous rester à l'université?

III. Remplacez les tirets par **à** ou **de** s'il y a lieu.

1. A-t-il essayé _____ jouer?
2. Elle commence _____ critiquer ma conduite *(conduct)*.
3. Ose-t-il _____ parler au président?
4. Ils n'ont pas fini _____ applaudir.
5. N'oubliez pas _____ le faire!
6. Elle s'amuse _____ lire mes poèmes.
7. Il a réussi _____ jouer un rôle difficile.
8. Ils refusaient _____ applaudir.
9. Nous aurons peur _____ demander cela.
10. Je dois _____ cesser _____ mentir!

IV. Traduisez en français.

1. His last role lacked life, but it wasn't totally dull *(ennuyeux)*.
2. The book on the table in your room belongs to me.
3. The actress's face was covered with make-up.
4. My professor permitted me to read one of Voltaire's books instead of another novel.
5. His essays pleased me so much that I decided to ask for them at the bookstore.
6. I go to the theater because I can't resist it!
7. I had to read Hugo's novel very attentively because the style was difficult.
8. The play was a flop for many reasons: the plot was not believable, the actors didn't know their lines, and the scenery and costumes lacked style.
9. I liked the actress with black hair and blue eyes!
10. Virginie washed her hair because she had a date with Paul.

Sujets de discussion ou de composition

1. Résumez une pièce ou un roman dont vous admirez le thème, les personnages, l'action, l'intrigue, le décor, les costumes, le style, etc.
2. Vrai ou faux? Ceux qui lisent et écrivent des romans veulent échapper *(escape)* à la vie réelle.
3. Avez-vous jamais lu un roman, un poème, ou une pièce de théâtre qui a eu une grande influence sur votre vie? Si oui, expliquez.
4. Avez-vous un livre de chevet maintenant? Si oui, décrivez-le.

11

Passive Voice, Present Participle, and Causative Construction

Chapter 11 at a Glance

The passive voice

I. Traduisez en français les verbes entre parenthèses.

1. Cette chanson folklorique _____ *(is sung by)* un groupe sensationnel.
2. Le morceau de Debussy _____ *(will be played by)* un pianiste américain.
3. Cette farce _____ *(was written)* au moyen âge.

II. Mettez les phrases à la **voix passive.**

1. Ce documentaire violent a scandalisé le grand public.
2. Cet acteur jouera deux rôles.

III. Mettez les phrases actives à la **voix passive** en employant **on** comme sujet.

1. Les bonbons et le pop-corn ont été mangés en deux minutes!
2. Comment! Le dessin animé de Disney a été censuré?

IV. Traduisez en français en employant **se faire** et **se dire.**

1. That is done only in the movies!
2. That isn't said in French.

The present participle

V. Mettez les verbes au **participe présent.**

1. écouter 4. faire
2. finir   5. avoir
3. vendre   6. vouloir

VI. Traduisez en français les mots entre parenthèses en employant le **participe présent.** Employez **en** s'il y a lieu.

1. _____ *(Being)* un amateur de musique, il est allé au concert.
2. Ce compositeur buvait de la bière _____ *(while composing)* une chanson à boire.
3. Ce musicien est devenu célèbre _____ *(by practicing)* tous les jours.

VII. Traduisez en français les verbes entre parenthèses.

1. Il passe plus de temps à _____ *(looking at)* les westerns à la télévision qu'à _____ *(studying)!*

2. Comment peut-elle regarder ce film _____ *(without laughing)*?
3. Je l'ai entendu _____ *(singing)* une chanson sentimentale au cabaret.

The causative construction

VIII. Traduisez en français en employant la construction **faire** + *infinitif.*

1. He is having his car sold.
2. Is he having it done right away?
3. He had his friend leave.

Vocabulaire du thème : *Chanson et cinéma*

La chanson : musiciens

le **chanteur,** la **chanteuse** singer
le **compositeur** composer
composer to compose
le **chansonnier** chansonnier: a composer and singer of risqué and/or satirical songs who is somewhat akin to the American folk singer
le **musicien,** la **musicienne** musician
jouer (de la guitare, du piano, du violon, etc.) to play (the guitar, the piano, the violin, etc.)
le **débutant** beginner
le **concert** concert
la **discothèque** discothèque

L'enregistrement

l' **enregistrement** *m* recording
enregistrer to record
la **cassette** cassette
le **magnétophone** tape recorder
le **disque** record (music)
le **disque compact** compact disk (CD)
le **lecteur de disque compact** compact disk player
la **stéréo** stereo

L'art de la chanson

l' **harmonie** *f* harmony
la **mélodie** melody, tune
les **paroles** *f* words, lyrics
le **rythme** rhythm
le **jazz** jazz
le **rock** rock music
le **blues** the blues
la **musique classique** classical music
la **musique populaire** popular music
la **musique folklorique** folk music

Le cinéma : le film

le **cinéma** movies, cinema; movie theater
cinématographique cinematographic
le **film** film
filmer to film
la **caméra** camera (movie)
le **magnétoscope** videocassette recorder (VCR)
louer une vidéo to rent a video
tourner un film to make a film
le **plan** shot (film)
la **piste sonore** soundtrack
le **navet** flop
le **scénario** script, scenario
le **réalisateur** film director
la **vedette** (movie) star

le **dénouement heureux**   happy ending

en version originale   in the original

le **sous-titre**   subtitle

sous-titrer   to subtitle (a film)

doubler   to dub (a film)

l' **écran** *m*   screen

le **film d'épouvante**   horror film

le **film de science-fiction**   science-fiction film

le **western**   western

le **documentaire**   documentary

le **dessin animé**   cartoon

le **film d'aventures**   adventure film

le **film de guerre**   war film

la **comédie musicale**   musical comedy

Le public

le, la **cinéphile**   movie fan

le **grand public**   the general public

apprécier   to appreciate

censurer   to censor

faire la queue   to wait in line

siffler   to whistle, to boo

se **passionner pour**   to be crazy about

Exercices

A. **Mise en scène.**   Complétez en employant une ou plusieurs expressions du *Vocabulaire du thème,* puis jouez les dialogues.

1. A: Quoi de neuf, (nom)?
   B: Un peu fatigué(e), c'est tout. J'ai chanté et dansé toute la nuit!
   A: Où ça?
   B: Dans mon lit! J'ai rêvé que j'étais chanteur (chanteuse) de rock, et dans mon rêve...
   A: Et le public? Il répondait?
   B: Oui,...
   A: Pauvre (nom), tu es toujours dans les nuages!
   B: Un jour, je serai... !

2. A: Quel genre de film veux-tu voir ce soir?
   B: J'ai envie de voir... Et toi?
   A: Moi, j'ai envie de voir...
   B: Tu sais que je déteste...
   A: Et toi, tu sais que je déteste...
   B: Allons voir... , alors.
   B: Allons voir... , alors.
   A: D'accord!

—*Pauvre Pierre, tu es toujours dans les nuages.*
—*Un jour, je serai un chanteur de rock célèbre!*

B. **Situations.** Répondez en employant une ou plusieurs expressions du *Vocabulaire du thème.*

1. Complétez en employant le nom d'un musicien (d'une musicienne) de votre choix.

   MODÈLE   ... préfère la musique populaire.
   Barbra Streisand préfère la musique populaire.

   a. ... préfère la musique classique.
   b. ... préfère le rock.
   c. ... préfère la musique folklorique.
   d. ... préfère le jazz.
   e. ... préfère le blues.
   f. ... préfère la musique populaire.

2. Avez-vous une stéréo (des disques, des cassettes, des disques compacts, une télévision, un magnétoscope) dans votre chambre?

3. Quel genre de film iriez-vous voir si vous vouliez voir : a) un monstre? b) des martiens? c) un cowboy? d) des chanteurs et des danseurs? e) Donald le canard? f) des batailles?

THE PASSIVE VOICE

Like English verbs, most French verbs possess an active and a passive voice. A verb is in the active voice if the subject acts, and in the passive voice if the subject is acted upon.

Active voice: Un débutant a composé cette chanson folklorique.
A beginner composed this folk song.

Jean analyse les films de Truffaut dans son cours de cinéma.
John analyzes Truffaut's films in his cinema course.

Passive voice: Cette chanson folklorique a été composée par un débutant.
This folk song was composed by a beginner.

Ce film sera discuté par toute la classe.
This film will be discussed by the entire class.

Formation of the Passive

The passive sentence is composed of: *subject + passive verb (+ agent).*

Le rôle principal sera joué par un acteur inconnu.
The main role will be played by an unknown actor.

Ce film d'épouvante a été beaucoup discuté.
This horror film has been discussed a lot.

Note that, as in the second example, the agent is not always expressed.

The passive verb

A verb in the passive is composed of two parts: a tense of **être +** *past participle*. The past participle agrees in number and gender with the subject.

Ces disques cassés ont été vendus par un vendeur malhonnête!
These broken records were sold by a dishonest salesman!

Les paroles seront écrites par la chanteuse elle-même.
The lyrics will be written by the singer herself.

The agent

The person or thing that performs the action on the subject is called the agent. The preposition **par** is normally used to introduce the agent.

Le scénario a été écrit par un romancier célèbre.
The script was written by a famous novelist.

Tout le pop-corn a été mangé par ma camarade de chambre!
All the popcorn was eaten by my roommate!

Exercices

A. Traduisez en français les mots entre parenthèses en employant la **voix passive.**

  1. Cette chanson sentimentale _____ *(was composed by)* un chansonnier célèbre et _____ *(was sung by)* Édith Piaf.
  2. Ce film comique français _____ *(was dubbed by)* un type qui ne connaît pas le français!
  3. Vous êtes venu trop tard! Tous les disques de Piaf _____ *(have already been sold)*.
  4. La musique moderne _____ *(was influenced by)* le jazz américain.
  5. Ces concerts à la télévision _____ *(will be seen by)* beaucoup de spectateurs.

6. Comment! Est-il possible que ce film documentaire _____ *(will be censored by)* le gouvernement?
7. Ce morceau de musique harmonieux _____ *(was composed by)* un débutant.
8. Elle préfère les films d'amour qui _____ *(were made by)* les grands réalisateurs d'Hollywood parce qu'elle aime les dénouements heureux.

B. Traduisez en français, puis jouez le dialogue.

1. A: This song was composed by Brel.
    B: It was sung by Brel, but it was composed by Moustaki.
    A: No! It was sung by Brel and it was composed by Brel also.
    B: It was sung by Brel and it was composed by Moustaki!
    A: It was sung by Brel, it was composed by Brel, and it was recorded by Brel!
    B: It's beautiful, isn't it?
    A: So what? *(Et alors?)*
    B: So *(Alors)* let's shut up and listen to it!

Use of the Passive

The passive voice is used only with verbs that normally take a direct object (i.e., transitive verbs). As a rule of thumb, the direct object of an active verb becomes the subject of a passive verb, and the subject of an active verb becomes the agent of a passive verb.

Active voice	Passive voice
Marie chante la chanson.	La chanson est chantée par Marie.
Mary sings the song.	*The song is sung by Mary.*
Jean a tourné le film.	Le film a été tourné par Jean.
John made the film.	*The film was made by John.*

Note that reflexive verbs and verbs that take only indirect objects cannot be made passive in French.

Tout le monde s'est amusé à la soirée.
Everyone had a good time at the party.
A good time was had by all at the party.

No passive possible: **s'amuser** is a reflexive verb.

Cette musique plaît à Nancy.
This music pleases Nancy.
Nancy is pleased by this music.

No passive possible: **plaire (à)** takes only an indirect object.

Exercices

A. Par qui les morceaux de musique, les ouvrages et les films suivants ont-ils été composés, écrits ou réalisés? Répondez selon de modèle.

MODÈLE le film *Huit et demi*
Il a été réalisé par Fellini.

la chanson *Boléro*
Elle a été composée par Ravel.

la pièce *Cyrano de Bergerac*
Elle a été écrite par Rostand.

1. le conte *Candide*
2. le roman *Le Vieil Homme et la mer*
3. l'opéra *Carmen*
4. la pièce *Un Tramway nommé Désir*

5. le roman *L'Étranger*
6. l'opéra *La Traviata*
7. le film *Jules et Jim*
8. le poème *La Divine Comédie*

B. Préparez une liste personnelle de trois morceaux de musique, ouvrages ou films et demandez à un(e) étudiant(e) ou au professeur par qui ils ont été composés, écrits ou réalisés.

C. Mettez les phrases actives à la **voix passive.**

MODÈLE Les étudiants ont chanté une chanson.
Une chanson a été chantée par les étudiants.

1. Ce film a scandalisé le public.
2. Brel a composé cette chanson.
3. Moustaki a écrit les paroles.
4. Aznavour a chanté cette chanson.
5. Toute la famille a apprécié ce film.
6. Truffaut a réalisé ce film.
7. Un amateur a doublé ce film!
8. Mon camarade de chambre a loué cette vidéo.

The Active Voice as an Alternative to the Passive

The French tend to prefer the active voice to the passive voice.

1. If a passive sentence has an agent expressed, the passive verb may be put into the active voice with the passive agent as subject.

Passive: La Marseillaise a été chantée par les spectateurs.
The Marseillaise was sung by the spectators.

Active: Les spectateurs ont chanté la Marseillaise.
The spectators sang the Marseillaise.

2. If the passive sentence has no agent expressed, the passive verb is put into the active voice with the indefinite pronoun **on** as subject. **On** may be translated in English by *we, they,* or *one,* or more often by the English passive voice.

Passive: La glace a été mangée en cinq minutes.
            The ice cream was eaten in five minutes.

Active: On a mangé la glace en cinq minutes.
            We (they) ate the ice cream in five minutes. or: *The ice cream was eaten in five minutes.*

Passive: Une audition m'a été accordée.
            I was granted an audition.

Active: On m'a accordé une audition.
            They granted me an audition. or: *I was granted an audition.*

Note that **on** is used as a subject only if the unexpressed agent is a person. Otherwise, the sentence remains in the passive voice.

Le cinéma a été totalement détruit en deux minutes.
The movie theater was totally destroyed in two minutes.
(It was destroyed by a natural disaster.)

3. English may use the passive voice to state general facts or actions. This English construction is often rendered in French by a reflexive verb. Some of the most common reflexives used in this way are **se faire, se dire, se comprendre, se voir, se vendre, se parler,** and **s'acheter.**

CDs are sold everywhere.   English is spoken here.
Les disques compacts se vendent partout.   *L'anglais se parle ici.*

That is not easily understood.
Ça ne se comprend pas facilement.

Exercices

A. Transformez les phrases suivantes à la **voix active** en employant **on** selon le modèle.

MODÈLE   Le film a été condamné.
          On a condamné le film.

1. La vedette a été critiquée.
2. Le pop-corn a été dévoré!
3. Le navet a été satirisé.
4. Le réalisateur a été sifflé.
5. La stéréo a été volée!
6. Le film de guerre a été apprécié.
7. Le secret a été révélé.
8. La vidéo a été louée.
9. Nina a été menacée!
10. Le public a été choqué.

B. Imaginez que vous êtes dans une salle de cinéma à l'université. Les étudiants qui regardent le film sont très animés. Quelle serait la réaction du public dans les situations suivantes? Répondez en employant les verbes **siffler** ou **applaudir** selon le modèle.

MODÈLE   Si le film était un navet?
          On le sifflerait!

          Si les acteurs étaient sensationnels?
          On les applaudirait!

1. Si le héros arrêtait le bandit?
2. Si la vedette était très mauvaise?
3. Si le héros embrassait passionnément l'héroïne?
4. Si le scénario était bête?
5. Si le film était mal doublé?
6. Si le film avait un dénouement heureux?
7. Si l'orchestre jouait mal?
8. Si le professeur payait vos billets?

C. Répondez en employant l'expression **Ça se voit** et un genre de film (voir *Vocabulaire du thème*) selon le modèle.

MODÈLE   des cowboys qui se battent
          Ça se voit dans les westerns.

1. des personnages comme Mickey la souris et Donald le canard qui font des actions amusantes
2. des voyages interplanétaires
3. des soldats qui se battent
4. des monstres qui font des actions grotesques
5. des acteurs qui chantent et dansent

D. Préparez deux questions originales comme celles de l'exercice C.

E. Traduisez en français.

1. CDs aren't sold here.
2. That is not done here.
3. Rock-and-roll music sells better than classical music.
4. That's easily understood.
5. That's seen only in the movies.
6. That isn't said any more.
7. French is spoken here.

—La musique classique? Ça ne se vend pas ici.

THE PRESENT PARTICIPLE

The present participle is called a verbal adjective because it can be used as both a verb and an adjective. The present participle in English ends in *-ing: acting, singing, interesting.*

Formation of the Present Participle

The French present participle is formed by dropping the **-ons** ending of verbs in the present tense and adding **-ant.**

chanter :	**nous chantons**	→ **chantant**	*singing*
applaudir :	**nous applaudissons**	→ **applaudissant**	*applauding*
mentir :	**nous mentons**	→ **mentant**	*lying*
vendre :	**nous vendons**	→ **vendant**	*selling*

The present participles of **avoir, être,** and **savoir** are irregular.

avoir :	**ayant**	*having*
être :	**étant**	*being*
savoir :	**sachant**	*knowing*

Note that with verbs ending in **-cer** and **-ger, c** changes to **ç** (**c cédille**) and **g** to **ge** before the ending **-ant : commençant, nageant.**

Exercice

Changez les infinitifs en **participes présents.**

1. interpréter	6. insulter	11. rire	16. fouiller
2. applaudir	7. apprécier	12. critiquer	17. tourner
3. être	8. mentir	13. changer	18. finir
4. choisir	9. savoir	14. réfléchir	19. commencer
5. exploiter	10. gagner	15. partir	20. vendre

Use of the Present Participle

The participle used as a verb

1. When used as a verb, the present participle is invariable. Like all verbs, it may indicate an action or a state of being.

J'ai rencontré quelques musiciens sifflant une mélodie.
I met some musicians whistling a tune.

Se sentant bien seul, il est allé au cinéma.
Feeling very lonely, he went to the movies.

2. The expression **en** + *present participle* is used to indicate that two actions are somewhat simultaneous. When **en** is so used, its English equivalent is often *while, on,* or *upon.* The expression generally refers to the subject of the sentence.

Se promenant dans le parc, il a rencontré un accordéoniste.
Walking in the park, he met an accordionist.

En touchant la main de la belle chanteuse, il s'est évanoui.
Upon touching the beautiful singer's hand, he fainted.

Tout is placed before **en** to stress the idea of simultaneity and/or opposition.

Ce réalisateur tournait un film d'amour tout en écrivant le scénario d'un
    documentaire.
*This director was making a romantic film while at the same time writing the script
    of a documentary.*

Ce morceau moderne est harmonieux tout en étant discordant.
This modern piece is harmonious even while being discordant.

3. The expression **en** + *present participle* is also used to indicate a relationship of manner with the verb in the main clause. The English equivalent is *by.*

Je me rase en employant un rasoir électrique.
I shave by using an electric razor.

Il est devenu célèbre en imitant Elvis.
He became famous by imitating Elvis.

Exercices

A. Faites une seule phrase en employant **en** + *participe présent* selon le modèle.

MODÈLE   Je dîne. Je regarde la télé en même temps.
           Je dîne en regardant la télé.

1. Je regarde la vidéo. Je rêve en même temps.
2. Nous jouons du piano. Nous chantons en même temps.
3. Vous riez. Vous pleurez en même temps.

4. Je mets un chapeau. Je cours en même temps.
5. Dracula se regarde dans le miroir. Il sourit en même temps.
6. Babette parle au téléphone. Elle mange une sardine en même temps.
7. Céleste joue de la harpe. Elle pense au paradis en même temps.
8. Abélard embrasse Héloïse. Il ferme les yeux en même temps.

B. Complétez avec imagination en employant **en + participe present.**

1. Je buvais de la bière...
2. J'écoutais la stéréo...
3. Je prenais mon petit déjeuner...
4. Je jouais de la guitare...

C. Répondez en employant des parties du corps (les pieds, les mains, les bras, le nez, la bouche, les jambes, les yeux, etc.) selon le modèle.

MODÈLE   Comment joue-t-on du piano?
          On joue du piano en employant les doigts et les pieds.

1. Comment joue-t-on de la clarinette?
2. Comment fait-on de la peinture?
3. Comment lance-t-on une balle de football?
4. Comment se lave-t-on les oreilles (le visage)?
5. Comment appuie-t-on sur l'accélérateur?
6. Comment mange-t-on de la soupe?
7. Comment sent-on du parfum?
8. Comment découvre-t-on l'originalité d'une grande peinture?

D. Mettez les verbes entre parenthèses au **participe présent.** Employez **en** ou **tout en** s'il y a lieu.

1. Il sifflait _____ (se promener) dans la rue.
2. Mon fils, vous ne composerez des morceaux magnifiques que _____ (travailler) tous les jours!
3. Je ne sais pas comment elle peut danser _____ (chanter)!
4. Elle a perfectionné son rythme _____ (enregistrer) sa voix.
5. Le cinéma joue un rôle social important _____ (montrer) une image fidèle de la société moderne.
6. _____ (Trouver) le concert formidable, Sylvie a demandé à l'artiste de signer son programme.
7. Ce réalisateur est devenu l'idole des cinéphiles _____ (refuser) de compromettre son art.
8. Cette actrice est un paradoxe! Elle est très admirée _____ (être) très critiquée.

The English Present Participle and the French Infinitive

It is often necessary to render an English present participle by an infinitive in French.

commencer par and *finir par* + infinitive

The verbs **commencer** and **finir** require **par** + *infinitive* instead of **en** + *present participle*.

Le réalisateur a commencé par filmer un plan tranquille et il a fini par filmer un plan violent.
The director began by filming a quiet shot and finished by filming a violent shot.

Il a fini par accepter le rôle.
He finally accepted the role.

passer du temps à + infinitive

When the verb **passer** means *to spend time*, the expression à + *infinitive* must be used to render the English present participle.

Nous avons passé une heure à chercher un bon film dans le journal.
We spent one hour looking for a good film in the newspaper.

avant de, sans, and *après* + infinitive

The prepositions **avant de** and **sans** followed by the infinitive render the English *before* and *without* + *present participle*.

Il faut répéter beaucoup avant de chanter devant le public.
It is necessary to rehearse a lot before singing before the public.

Il est allé voir le film sans savoir que c'était un navet!
He went to see the film without knowing it was a flop!

Note that the preposition **après** must be followed by the past infinitive (**avoir** or **être** + *past participle*). Its most frequent English equivalent is *after* + *present participle*.

Il a décidé d'aller voir le film après en avoir lu une critique favorable.
He decided to go see the film after reading a favorable criticism of it.

Après être rentrés, ils ont bu du vin.
After returning home, they drank some wine.

Verbs of perception + infinitive

In French, a progressive action is often expressed by an infinitive after a verb of perception like:

apercevoir   regarder
écouter   sentir
entendre   voir

The infinitive is rendered in English by the present participle.

Je l'ai vu parler avec elle il y a cinq minutes.
I saw him speaking with her five minutes ago.

Passant devant le cabaret, j'ai entendu chanter mon chansonnier favori.
Passing in front of the cabaret, I heard my favorite chansonnier singing.

J'ai vu construire le nouveau cinéma.
I saw the new movie theater being built.

This construction may also be used to state a fact, rather than to express a progressive action.

Je l'ai entendu chanter beaucoup de fois.
I heard him sing many times.

The idiomatic expression **entendre parler de** means *to hear of*. It may be followed by a noun or a disjunctive pronoun. The expression **entendre dire que** means *to hear that* and is followed by an entire clause that serves as the direct object.

Avez-vous jamais entendu parler de Gérard Depardieu?
Have you ever heard of Gérard Depardieu?

Oui, j'ai entendu parler de lui.
Yes, I've heard of him.

J'ai entendu dire que Gérard Depardieu est un très bon acteur.
I've heard that Gérard Depardieu is a very good actor.

Exercices

A. Répondez par une phrase complète.

1. Combien de temps passez-vous à prendre une douche (à faire votre toilette le matin, à faire vos devoirs de français)?
2. De quels réalisateurs (écrivains) français avez-vous entendu parler?
3. Qu'est-ce que vous faites avant de sortir sous la pluie (avant d'aller à la plage, avant de vous coucher)?

4. Qu'est-ce que vous faites après avoir passé un examen très important (après avoir mangé des sardines)?
5. De quels actrices ou acteurs français avez-vous entendu parler?

B. Complétez en employant **avant de** selon le modèle.

MODÈLE   Je prends mon petit déjeuner...
Je prends mon petit déjeuner avant de sortir (avant de me coucher).

1. Je me lave les mains...
2. J'ai mis un manteau...
3. J'ai mis mes lunettes de soleil...
4. Je suis allé(e) à la banque...

C. Traduisez en français, puis jouez le dialogue.
A: Have you ever heard of Georges Brassens?
B: Yes, I've heard he's a very good French folk singer.
A: I've heard him sing a few times.
B: Is he really good?
A: He's fantastic!

D. Traduisez en français les mots entre parenthèses.
1. Le professeur de cinéma a commence _____ *(by describing)* le film et il a fini _____ *(by discussing)* sa signification profonde.
2. Ils lisent toujours des critiques _____ *(before going to see)* un film.
3. Elle a passé toute la soirée _____ *(listening to)* ses nouveaux disques.
4. Quelle chance! Nous avons vu un grand réalisateur _____ *(making)* un film.
5. Les spectateurs ont commencé _____ *(by applauding)* et ils ont fini _____ *(by booing).*
6. Pendant sa jeunesse, ce musicien américain a passé beaucoup de temps _____ *(composing)* de la musique populaire.
7. Ils étaient plus impressionnés quand ils l'ont vu _____ *(singing)* le blues en personne que quand ils l'ont entendu _____ *(singing)* le blues à la radio.
8. _____ *(After finishing)* son exécution parfaite du morceau de Bach, la violoniste s'est assise.
9. Cet acteur comique a fini _____ *(by playing)* un rôle sérieux dans un film de guerre.
10. Mon frère vient de passer cinq heures _____ *(rehearsing)* pour son concert demain.
11. Elle ne peut pas aller voir un film _____ *(without dreaming)* qu'elle en est la vedette!
12. _____ *(After eating)* des bonbons, mon amie a commencé à manger de la glace!
13. Je pouvais passer des heures _____ *(watching)* cet acteur _____ *(playing)* son rôle favori.

THE CAUSATIVE CONSTRUCTION

The causative construction is used to express the idea of *having someone do something* or *having something done*. It is composed of two parts: a tense of **faire** + *infinitive.*

Je ferai réparer ma stéréo.   Comme il fait travailler ses acteurs!
I will have my stereo repaired.   *How he has (makes) his actors work!*

The causative construction may have one or two objects.

The Causative with One Object

When the causative has only one object, the object is a direct object.

Chut! Le patron fait enregistrer votre voix!
Quiet! The boss is having your voice taped!

Il fait partir les journalistes.
He has (makes) the reporters leave.

Note that the objects follow the infinitive in French, but come between the two verbs in English.

The Causative with Two Objects

When the causative has two objects, one object is usually a person and the other a thing. The person is the indirect object and the thing the direct object.

Il fait analyser le film aux étudiants.
He has the film analyzed by the students,   OR: *He has the students analyze the film.*

Nous avons fait composer la piste sonore à un musicien de première qualité.
We had the soundtrack composed by a first-rate musician.   OR:
We had a first-rate musician compose the soundtrack.

Object Pronouns with the Causative

Position

Direct and indirect objects are placed before **faire.**

Je le fais envoyer demain.   Je la lui fais composer.
I'm having it sent tomorrow.   *I'm having it composed by him.*

Agreement of past participle

The past participle **fait** is invariable in the causative construction.

Je les ai fait venir.
I had them come.   OR: *I made them come.*

Exercices

A. Répondez à chaque question en employant une des expressions de la colonne de droite, ou une autre expression de votre choix.

> MODÈLE   Qu'est-ce qu'une comédie vous fait faire?
> *Elle me fait rire.*

1. Qu'est-ce qu'un film d'épouvante vous fait faire?   sourire
2. un film de science-fiction?   danser
3. un film policier?   rêver
4. un film tragique?   rire
5. un film de guerre?   penser à l'avenir
6. un film de propagande?   réfléchir longuement
7. une comédie musicale?   pleurer
8. le rock?   tenir la main de mon ami(e)
9. une chanson sentimentale?   bâiller *(to yawn)*
10. un western?   crier *(to scream)*
      frissonner *(to shudder)*
      chanter
      sursauter *(to jump)*
      perdre la tête

—*Les films d'épouvante me font rire, ma chère!*

B. À quel acteur, à quelle actrice, ou à quel réalisateur est-ce que la musique ou les films suivants vous font penser? Répondez selon le modèle.

MODÈLE   le jazz
          Le jazz me fait penser à Al Hirt (Count Basie, Ella Fitzgerald, etc.).

1. le rock
2. les comédies musicales
3. les films d'épouvante

4. les films de guerre
5. les chansons sentimentales
6. les films de science-fiction

C. Traduisez en français.

1. We are having the movie dubbed in France.
2. The director had the chansonnier play the guitar.
3. What! They're having that bad actress play this difficult role?
4. Our professor is having us analyze Truffaut's film *Jules et Jim.*
5. The director had the movie criticized before filming the last shot.
6. He has the fans come in.
7. We'll have the soundtrack composed by a young composer.
8. The director had one of the actors write the scenario.
9. She is having the class listen to the tape.
10. The government had the movie censored.

Exercices d'ensemble

I. Répondez en employant une ou deux phrases complètes.

1. Avez-vous jamais été scandalisé par un film? Si oui, lequel?
2. Avez-vous jamais fait la queue pendant des heures? Pourquoi?
3. Allez-vous voir des films avant d'en lire les critiques dans le journal?
4. Avez-vous jamais vu tourner un film?
5. Avez-vous jamais vu jouer votre musicien favori (vos musiciens favoris) en personne?
6. Qu'est-ce qui ou qui est-ce qui vous fait rire?
7. Pouvez-vous bien étudier en écoutant la musique à la radio ou en regardant la télévision?
8. Est-ce que la musique vous fait changer d'humeur?
9. Qu'est-ce que vous aimez faire après avoir vu un film le samedi soir?
10. Préférez-vous la musique moderne ou la musique classique?
11. Avez-vous jamais quitté un cinéma sans voir le film jusqu'au bout? Si oui, pourquoi?
12. Avez-vous une collection intéressante de disques ou de cassettes? Quels sont vos disques préférés (vos cassettes préférées)?
13. Louez-vous des vidéos? Lesquelles préférez-vous?

II. Traduisez en français.

1. The composer spent only one hour composing this song.
2. The movie will be made by a very famous French director.
3. I've heard she likes to hear the audience applaud.
4. We entertained ourselves by singing sentimental old songs.
5. Instead of jazz, rock-and-roll was being played in that night club.
6. While waiting in line, I saw the director of the film go in.
7. The new cinematographic techniques in that film will certainly be applauded by movie fans.
8. The musicians spent the evening *(la soirée)* recording the song.
9. Our professor had us analyze the meaning *(la signification)* of the film.
10. He began to appreciate music after studying harmony and rhythm.
11. I'm surprised you've heard of Belmondo.

Sujets de discussion ou de composition

1. Décrivez un film que vous avez vu (genre, réalisateur, acteurs, personnages, intrigue, atmosphère, etc.). Faites deviner *(guess)* le titre du film aux autres étudiants.
2. Quel rôle la musique joue-t-elle dans votre vie? Quel genre préférez-vous—le rock, le blues, le jazz, la musique classique, folklorique, populaire, etc.? Qui sont vos musiciens et vos compositeurs préférés? Où et quand aimez-vous écouter de la musique?
3. Remarquez-vous une différence entre les films américains et les films étrangers? Expliquez.

Appendix

USEFUL EXPRESSIONS

Numbers

Cardinal numbers

1	un/une	23	vingt-trois	80	quatre-vingts
2	deux	24	vingt-quatre	81	quatre-vingt-un
3	trois	25	vingt-cinq	82	quatre-vingt-deux
4	quatre	26	vingt-six	90	quatre-vingt-dix
5	cinq	27	vingt-sept	91	quatre-vingt-onze
6	six	28	vingt-huit	92	quatre-vingt-douze
7	sept	29	vingt-neuf	100	cent
8	huit	30	trente	101	cent un
9	neuf	31	trente et un	200	deux cents
10	dix	32	trente-deux	201	deux cent un
11	onze	40	quarante	1000	mille
12	douze	41	quarante et un	1001	mille un
13	treize	42	quarante-deux	1700	dix-sept cents, mille sept cents
14	quatorze	50	cinquante	1720	dix-sept cent vingt, mille sept cent vingt
15	quinze	51	cinquante et un	5000	cinq mille
16	seize	52	cinquante-deux	10,000	dix mille
17	dix-sept	60	soixante	100,000	cent mille
18	dix-huit	61	soixante et un	1,000,000	un million
19	dix-neuf	62	soixante-deux	1,000,000,000	un milliard
20	vingt	70	soixante-dix		
21	vingt et un	71	soixante et onze		
22	vingt-deux	72	soixante-douze		

1. The numbers *81* and *91* do not take **et**.
2. **Quatre-vingts** and multiples of **cent** require **s** except when followed by another number: **quatre-vingts, quatre-vingt-un; deux cents, deux cent un. Mille** never takes **s: cinq mille.**
3. The decimal point and comma are reversed in English and French: *10,000* in English = **10.000** in French; *1.5* in English = **1,5** in French.

Ordinal numbers

Ordinal numbers are formed by adding the suffix **-ième** to cardinal numbers. If a cardinal number ends in mute **e**, the **e** is dropped before adding the suffix. The ordinal numbers **premier (première), cinquième,** and **neuvième** are exceptions.

premier/première	*first*	huitième	*eighth*
deuxième	*second*	neuvième	*ninth*
troisième	*third*	dixième	*tenth*
quatrième	*fourth*	vingtième	*twentieth*
cinquième	*fifth*	vingt et unième	*twenty-first*
sixième	*sixth*	centième	*one hundredth*
septième	*seventh*		

Collective numbers

Collective numbers indicate approximate value. They are equivalent to the expression *about, around* + number in English. Collective numbers are formed by adding the suffix **-aine** to cardinal numbers (the number **dizaine** is an exception). If a cardinal number ends in mute **e**, the **e** is dropped before adding the suffix. Collective numbers are feminine with the exception of **un millier** (*about, around a thousand*).

une dizaine	*about, around 10*
une vingtaine	*about, around 20*
une cinquantaine	*about, around 50*
une centaine	*about, around 100*
un millier	*about, around 1,000*

Fractions

1/2 la moitié, demi(e)	**1/5** un cinquième	
1/3 un tiers	**1/6** un sixième	
1/4 un quart	**7/8** sept huitièmes	
3/4 trois quarts	**3/10** trois dixièmes	

Note that 1/2 used as a noun is expressed by **la moitié** and as an adjective by **demi(e): la moitié de la classe, une demi-heure.**

Dates

Days		Months			
lundi	*Monday*	janvier	*January*	juillet	*July*
mardi	*Tuesday*	février	*February*	août	*August*
mercredi	*Wednesday*	mars	*March*	septembre	*September*
jeudi	*Thursday*	avril	*April*	octobre	*October*
vendredi	*Friday*	mai	*May*	novembre	*November*
samedi	*Saturday*	juin	*June*	décembre	*December*
dimanche	*Sunday*				

Quel jour sommes-nous aujourd'hui?
What is the day today?

C'est aujourd'hui { lundi, le 15 septembre.
                  { le lundi 15 septembre.

Today is Monday, September 15.

Quand êtes-vous né(e)?
When were you born?

Je suis né(e) le 2 août 1963.

Je suis né(e) le deux août { dix-neuf cent soixante-trois.
                            { mil neuf cent soixante-trois.

I was born on August 2, 1963.

1. Days and months are masculine in gender and are written in small letters in French.
2. In dates the form **mil** (not **mille**) is used: **en mil soixante-six.**
3. Dates of the month are expressed by cardinal numbers except *first*, which requires the ordinal number: **le premier janvier, le deux janvier.**

Weather Expressions

Weather expressions with *faire*

Il fait beau.	*The weather is fine.*	Il fait du vent.	*It is windy.*
Il fait mauvais.	*The weather is bad.*	Il fait du soleil.	*It is sunny*
Il fait chaud.	*It is warm.*	Il fait jour.	*It is daylight.*
Il fait frais.	*It is cool.*	Il fait nuit.	*It is dark.*
Il fait doux.	*It is mild.*	Il fait clair.	*It is clear.*
Il fait sec.	*It is dry.*	Il se fait tard.	*It is getting late.*
Il fait humide.	*It is humid.*	Il fait de l'orage.	*It is stormy.*
Il fait bon.	*It is nice.*	Il fait brumeux.	*It is misty.*

Weather expressions with other verbs

Il neige.   *It is snowing.*   Il gèle.   *It is freezing.*

Il pleut.   *It is raining.*   Il grêle.   *It is hailing.*

Il tonne.   *It is thundering.*

Seasons

été *summer*	en été *in the summer*
automne *fall*	en automne *in the fall*
hiver *winter*	en hiver *in the winter*
printemps *spring*	au printemps *in the spring*

Note that the seasons are masculine in gender and are written in small letters in French.

Time

Quelle heure est-il?
What time is it?

1 h.

Il est une heure.

1h.05

Il est une heure cinq.

1h.15

Il est une heure et quart.

1h.35

Il est deux heures moins vingt-cinq.

1h.45

Il est deux heures moins le quart.

1h.53

Il est deux heures moins sept.

lh.20

Il est une heure vingt.

2h.

Il est deux heures.

lh.30

Il est une heure et demie.

12h.

Il est midi (minuit).

Note that A.M. and P.M. are expressed by **du matin** *(in the morning)*, **de l'après-midi** *(in the afternoon)*, and **du soir** *(in the evening)*.

VERBS

Literary Tenses

In addition to the **passé simple** French possesses three other literary tenses: the *past anterior*, the *imperfect subjunctive*, and the *pluperfect subjunctive*. These literary tenses, which almost never appear in the spoken language, are presented here so that students will be able to recognize them in the literature they read.

Past Anterior

Formation of the past anterior

passé simple of the auxiliary + past participle

parler	venir
j' eus parlé	je fus venu(e)
tu eus parlé	tu fus venu(e)
il	il venu
elle } eut parlé	elle } fut venue
on	on venu
nous eûmes parlé	nous fûmes venu(e)s
vous eûtes parlé	vous fûtes venu(e)(s)
ils	ils venus
} eurent parlé	furent
elles	elles venues

Use of the past anterior

The *pluperfect tense* is usually used to express a past action that precedes another past action. The past anterior, however, is used to express a past action that immediately precedes another past action which is expressed by the **passé simple**. It usually appears after the conjunctions **quand, lorsque, dès que, aussitôt que** and **après que.**

Dès que le criminel eut commis le crime, on l'arrêta.
As soon as the criminal had committed the crime, he was arrested.

Nous commençâmes à bavarder après que le professeur fut sorti.
We began to chat after the professor had gone out.

Note that the past anterior has the same English translation as the pluperfect tense.

Imperfect Subjunctive

Formation of the imperfect subjunctive

The *imperfect subjunctive* is formed by dropping the endings of the **passé simple** and adding the imperfect subjunctive endings. Like the **passé simple,** the imperfect subjunctive has three sets of endings. The pairings below show the corresponding **passé simple** and imperfect subjunctive endings.

Passé simple endings	Imperfect subjunctive endings
parler	
je parl**ai**	que je parl**asse**
tu parl**as**	que tu parl**asses**
il elle on } parl**a**	qu'il elle on } parl**ât**
nous parl**âmes**	que nous parl**assions**
vous parl**âtes**	que vous parl**assiez**
ils elles } parl**èrent**	qu'ils elles } parl**assent**
finir	
je fin**is**	que je fin**isse**
tu fin**is**	que tu fin**isses**
il elle on } fin**it**	qu'il elle on } fin**ît**
nous fin**îmes**	que nous fin**issions**
vous fin**îtes**	que vous fin**issiez**
ils elles } fin**irent**	qu'ils elles } fin**issent**
connaître	
je conn**us**	que je conn**usse**
tu conn**us**	que tu conn**usses**
il elle on } conn**ut**	qu'il elle on } conn**ût**
nous conn**ûmes**	que nous conn**ussions**
vous conn**ûtes**	que vous conn**ussiez**
ils elles } conn**urent**	qu'ils elles } conn**ussent**

Use of the imperfect subjunctive

The *imperfect subjunctive* is translated like the *imperfect indicative*. It can also correspond to the *present conditional*.

Indicative: Je savais qu'elle venait me rendre visite.
               I knew she was coming to visit me.

Subjunctive: Je doutais qu'elle vînt me rendre visite.
               I doubted that she was coming to visit me.

Conditional: Nous savions qu'il se sentirait à l'aise en France.
               We know that he would feel at ease in France.

Subjunctive: Nous doutions qu'il se sentît à l'aise en France.
               We doubted that he would feel at ease in France.

In the spoken language, the *imperfect subjunctive* is usually replaced by the *present subjunctive*.

Pluperfect Subjunctive

Formation of the pluperfect subjunctive

imperfect subjunctive of the auxiliary + past participle

finir	**aller**
que j' eusse fini	que je fusse allé(e)
que tu eusses fini	que tu fusses allé(e)
qu'il ⎫	qu'il ⎫ allé
elle ⎬ eût fini	elle ⎬ fût allée
on ⎭	on ⎭ allé
que nous eussions fini	que nous fussions allé(e)s
que vous eussiez fini	que vous fussiez allé(e)(s)
qu'ils ⎫	qu'ils ⎫ allés
⎬ eussent fini	⎬ fussent
elles ⎭	elles ⎭ allées

Use of the pluperfect subjunctive

The *pluperfect subjunctive* is translated like the *pluperfect indicative*. It can also correspond to the *past conditional*.

Indicative: Je savais qu'ils s'étaient mariés!
               I knew they had got married!

Subjunctive: Je craignais qu'ils ne se fussent mariés!
I was afraid that they had got married!

Conditional: J'étais sûr qu'on l'aurait condamné sans votre témoignage.
I was sure that he would have been convicted without your testimony.

Subjunctive: J'étais étonné qu'on l'eût condamné sans votre témoignage.
I was astounded that he would have been convicted wihtout your testimony.

The *pluperfect subjunctive* may replace the *pluperfect indicative* or the *past conditional,* or both, in conditional sentences.

Si elle avait suivi un régime, elle aurait été plus séduisante.
Si elle eût suivi un régime, elle aurait été plus séduisante.
Si elle avait suivi un régime, elle eût été plus séduisante.
Si elle eût suivi un régime, elle eût été plus séduisante.
If she had gone on a diet, she would have been more attractive.

In the spoken language, the *pluperfect subjunctive* is usually replaced by the *past subjunctive.*

VERBES RÉGULIERS (-er, -ir, -re)

Infinitif Participes	Indicatif				
	Présent	**Imparfait**	**Passé composé**		**Futur**
parler	parle	parlais	ai	parlé	parlerai
	parles	parlais	as	parlé	parleras
	parle	parlait	a	parlé	parlera
parlant	parlons	parlions	avons	parlé	parlerons
parlé	parlez	parliez	avez	parlé	parlerez
	parlent	parlaient	ont	parlé	parleront
finir	finis	finissais	ai	fini	finirai
	finis	finissais	as	fini	finiras
	finit	finissait	a	fini	finira
finissant	finissons	finissions	avons	fini	finirons
fini	finissez	finissiez	avez	fini	finirez
	finissent	finissaient	ont	fini	finiront
perdre	perds	perdais	ai	perdu	perdrai
	perds	perdais	as	perdu	perdras
	perd	perdait	a	perdu	perdra
perdant	perdons	perdions	avons	perdu	perdrons
perdu	perdez	perdiez	avez	perdu	perdrez
	perdent	perdaient	ont	perdu	perdront

Conditionnel	Impératif	Subjonctif	Temps littéraires	
Présent		**Présent**	**Passé simple**	**Imparfait du Subjonctif**
parlerais		parle	parlai	parlasse
parlerais	parle	parles	parlas	parlasses
parlerait		parle	parla	parlât
parlerions	parlons	parlions	parlâmes	parlassions
parleriez	parlez	parliez	parlâtes	parlassiez
parleraient		parlent	parlèrent	parlassent
finirais		finisse	finis	finisse
finirais	finis	finisses	finis	finisses
finirait		finisse	finit	finît
finirions	finissons	finissions	finîmes	finissions
finiriez	finissez	finissiez	finîtes	finissiez
finiraient		finissent	finirent	finissent
perdrais		perde	perdis	perdisse
perdrais	perds	perdes	perdis	perdisses
perdrait		perde	perdit	perdît
perdrions	perdons	perdions	perdîmes	perdissions
perdriez	perdez	perdiez	perdîtes	perdissiez
perdraient		perdent	perdirent	perdissent

VERBES IRRÉGULIERS

Infinitif Participes	Indicatif				
	Présent	Imparfait	Passé composé		Futur
acheter	achète	achetais	ai	acheté	achèterai
	achètes	achetais	as	acheté	achèteras
	achète	achetait	a	acheté	achètera
achetant	achetons	achetions	avons	acheté	achèterons
acheté	achetez	achetiez	avez	acheté	achèterez
	achètent	achetaient	ont	acheté	achèteront
admettre (voir **mettre**)					
aller	vais	allais	suis	allé(e)	irai
	vas	allais	es	allé(e)	iras
	va	allait	est	allé(e)	ira
allant	allons	allions	sommes	allé(e)s	irons
allé	allez	alliez	êtes	allé(e)(s)	irez
	vont	allaient	sont	allé(e)s	iront
apparaître (voir **paraître**)					
appeler	appelle	appelais	ai	appelé	appellerai
	appelles	appelais	as	appelé	appelleras
	appelle	appelait	a	appelé	appellera
appelant	appelons	appelions	avons	appelé	appellerons
appelé	appelez	appeliez	avez	appelé	appellerez
	appellent	appelaient	ont	appelé	appelleront

Conditionnel	Impératif	Subjonctif	Temps littéraires	
Présent		Présent	Passé simple	Imparfait du Subjonctif
achèterais		achete	achetai	achetasse
achèterais	achète	achètes	achetas	achetasses
achèterait		achète	acheta	achetât
achèterions	achetons	achetions	achetâmes	achetassions
achèteriez	achetez	achetiez	achetâtes	achetassiez
achèteraient		achètent	achetèrent	achetassent
irais		aille	allai	allasse
irais	va	ailles	allas	allasses
irait		aille	alla	allât
irions	allons	allions	allâmes	allassions
iriez	allez	alliez	allâtes	allassiez
iraient		aillent	allèrent	allassent
appellerais		appelle	appelai	appelasse
appellerais	appelle	appelles	appelas	appelasses
appellerait		appelle	appela	appelât
appellerions	appelons	appelions	appelâmes	appelassions
appelleriez	appelez	appeliez	appelâtes	appelassiez
appelleraient		appellent	appelèrent	appelassent

Infinitif Participes	Indicatif			
	Présent	**Imparfait**	**Passé composé**	**Futur**
apprendre (voir **prendre**)				
s'asseoir[1]	assieds	asseyais	suis	assis(e)	assiérai
	assieds	asseyais	es	assis(e)	assiéras
	assied	asseyait	est	assis(e)	assiéra
asseyant	asseyons	asseyions	sommes	assis(es)	assiérons
assis	asseyez	asseyiez	êtes	assis(e)(s)	assiérez
	asseyent	asseyaient	sont	assis(es)	assiéront
s'asseoir	assois	assoyais	suis	assis(e)	assoirai
	assois	assoyais	es	assis(e)	assoiras
	assoit	assoyait	est	assis(e)	assoira
assoyant	assoyons	assoyions	sommes	assis(es)	assoirons
assis	assoyez	assoyiez	êtes	assis(e)(s)	assoirez
	assoient	assoyaient	sont	assis(es)	assoiront
atteindre (voir **peindre**)				
avoir	ai	avais	ai	eu	aurai
	as	avais	as	eu	auras
	a	avait	a	eu	aura
ayant	avons	avions	avons	eu	aurons
eu	avez	aviez	avez	eu	aurez
	ont	avaient	ont	eu	auront
battre	bats	battais	ai	battu	battrai
	bats	battais	as	battu	battras
	bat	battait	a	battu	battra
battant	battons	battions	avons	battu	battrons
battu	battez	battiez	avez	battu	battrez
	battent	battaient	ont	battu	battront
boire	bois	buvais	ai	bu	boirai
	bois	buvais	as	bu	boiras
	boit	buvait	a	bu	boira
buvant	buvons	buvions	avons	bu	boirons
bu	buvez	buviez	avez	bu	boirez
	boivent	buvaient	ont	bu	boiront
commencer	commence	commençais	ai	commencé	commencerai
	commences	commençais	as	commencé	commenceras
	commence	commençait	a	commencé	commencera
commençant	commençons	commencions	avons	commencé	commencerons
commencé	commencez	commenciez	avez	commencé	commencerez
	commencent	commençaient	ont	commencé	commenceront

[1]The verb *s'asseoir* has two acceptable variations, both of which are given here.

Conditionnel	Impératif	Subjonctif	Temps littéraires	
Présent		Présent	Passé simple	Imparfait du Subjonctif
assiérais		asseye	assis	assisse
assiérais	assieds-toi	asseyes	assis	assisses
assiérait		asseye	assit	assît
assiérions	asseyons-nous	asseyions	assîmes	assissions
assiériez	asseyez-vous	asseyiez	assîtes	assissiez
assiéraient		asseyent	assirent	assissent
assoirais		assoie	assis	assisse
assoirais	assois-toi	assoies	assis	assisses
assoirait		assoie	assit	assît
assoirions	assoyons-nous	assoyions	assîmes	assissions
assoiriez	assoyez-vous	assoyiez	assîtes	assissiez
assoiraient		assoient	assirent	assissent
aurais		aie	eus	eusse
aurais	aie	aies	eus	eusses
aurait		ait	eut	eût
aurions	ayons	ayons	eûmes	eussions
auriez	ayez	ayez	eûtes	eussiez
auraient		aient	eurent	eussent
battrais		batte	battis	battisse
battrais	bats	battes	battis	battisses
battrait		batte	battit	battît
battrions	battons	battions	battîmes	battissions
battriez	battez	battiez	battîtes	battissiez
battraient		battent	battirent	battissent
boirais		boive	bus	busse
boirais	bois	boives	bus	busses
boirait		boive	but	bût
boirions	buvons	buvions	bûmes	bussions
boiriez	buvez	buviez	bûtes	bussiez
boiraient		boivent	burent	bussent
commencerais		commence	commençai	commençasse
commencerais	commence	commences	commenças	commençasses
commencerait		commence	commença	commençât
commencerions	commençons	commencions	commençâmes	commençassions
commenceriez	commencez	commenciez	commençâtes	commençassiez
commenceraient		commencent	commencèrent	commençassent

Infinitif Participes	Indicatif			
	Présent	**Imparfait**	**Passé composé**	**Futur**
comprendre (voir **prendre**)				
conduire	conduis	conduisais	ai conduit	conduirai
	conduis	conduisais	as conduit	conduiras
	conduit	conduisait	a conduit	conduira
conduisant	conduisons	conduisions	avons conduit	conduirons
conduit	conduisez	conduisiez	avez conduit	conduirez
	conduisent	conduisaient	ont conduit	conduiront
connaître	connais	connaissais	ai connu	connaîtrai
	connais	connaissais	as connu	connaîtras
	connaît	connaissait	a connu	connaîtra
connaissant	connaissons	connaissions	avons connu	connaîtrons
connu	connaissez	connaissiez	avez connu	connaîtrez
	connaissent	connaissaient	ont connu	connaîtront
construire (voir **conduire**)				
courir	cours	courais	ai couru	courrai
	cours	courais	as couru	courras
	court	courait	a couru	courra
courant	courons	courions	avons couru	courrons
couru	courez	couriez	avez couru	courrez
	courent	couraient	ont couru	courront
couvrir (voir **ouvrir**)				
craindre	crains	craignais	ai craint	craindrai
	crains	craignais	as craint	craindras
	craint	craignait	a craint	craindra
craignant	craignons	craignions	avons craint	craindrons
craint	craignez	craigniez	avez craint	craindrez
	craignent	craignaient	ont craint	craindront
croire	crois	croyais	ai cru	croirai
	crois	croyais	as cru	croiras
	croit	croyait	a cru	croira
croyant	croyons	croyions	avons cru	croirons
cru	croyez	croyiez	avez cru	croirez
	croient	croyaient	ont cru	croiront

Conditionnel	Impératif	Subjonctif	Temps littéraires	
Présent		**Présent**	**Passé simple**	**Imparfait du Subjonctif**
conduirais		conduise	conduisis	conduisisse
conduirais	conduis	conduises	conduisis	conduisisses
conduirait		conduise	conduisit	conduisît
conduisions	conduisons	conduisons	conduisîmes	conduisissions
conduiriez	conduisez	conduisiez	conduisîtes	conduisissiez
conduiraient		conduisent	conduisirent	conduisissent
connaîtrais		connaisse	connus	connusse
connaîtrais	connais	connaisses	connus	connusses
connaîtrait		connaisse	connut	connût
connaîtrions	connaissons	connaissions	connûmes	connussions
connaîtriez	connaissez	connaissiez	connûtes	connussiez
connaîtraient		connaissent	connurent	connussent
courrais		coure	courus	courusse
courrais	cours	coures	courus	courusses
courrait		coure	courut	courût
courrions	courons	courions	courûmes	courussions
courriez	courez	couriez	courûtes	courussiez
courraient		courent	coururent	courussent
craindrais		craigne	craignis	craignisse
craindrais	crains	craignes	craignis	craignisses
craindrait		craigne	craignit	craignît
craindrions	craignons	craignions	craignîmes	craignissions
craindriez	craignez	craigniez	craignîtes	craignissiez
craindraient		craignent	craignirent	craignissent
croirais		croie	crus	crusse
croirais	crois	croies	crus	crusses
croirait		croie	crut	crût
croirions	croyons	croyions	crûmes	crussions
croiriez	croyez	croyiez	crûtes	crussiez
croiraient		croient	crurent	crussent

Infinitif Participes	Indicatif			
	Présent	Imparfait	Passé composé	Futur
décevoir (voir **voir**)				
découvrir (voir **ouvrir**)				
décrire (voir **écrire**)				
déplaire (voir **plaire**)				
détruire (voir **conduire**)				
devenir (voir **venir**)				
devoir	dois	devais	ai dû	devrai
	dois	devais	as dû	devras
	doit	devait	a dû	devra
devant	devons	devions	avons dû	devrons
dû, due	devez	deviez	avez dû	devrez
	doivent	devaient	ont dû	devront
dire	dis	disais	ai dit	dirai
	dis	disais	as dit	diras
	dit	disait	a dit	dira
disant	disons	disions	avons dit	dirons
dit	dites	disiez	avez dit	direz
	disent	disaient	ont dit	diront
disparaître (voir **paraître**)				
dormir	dors	dormais	ai dormi	dormirai
	dors	dormais	as dormi	dormiras
	dort	dormait	a dormi	dormira
dormant	dormons	dormions	avons dormi	dormirons
dormi	dormez	dormiez	avez dormi	dormirez
	dorment	dormaient	ont dormi	dormiront
écrire	écris	écrivais	ai écrit	écrirai
	écris	écrivais	as écrit	écriras
	écrit	écrivait	a écrit	écrira
écrivant	écrivons	écrivions	avons écrit	écrirons
écrit	écrivez	écriviez	avez écrit	écrirez
	écrivent	écrivaient	ont écrit	écriront

Conditionnel	Impératif	Subjonctif	Temps littéraires	
Présent		Présent	Passé simple	Imparfait du Subjonctif

devrais		doive	dus	dusse
devrais	dois	doives	dus	dusses
devrait		doive	dut	dût
devrions	devons	devions	dûmes	dussions
devriez	devez	deviez	dûtes	dussiez
devraient		doivent	durent	dussent
dirais		dise	dis	disse
dirais	dis	dises	dis	disses
dirait		dise	dit	dît
dirions	disons	disions	dîmes	dissions
diriez	dites	disiez	dîtes	dissiez
diraient		disent	dirent	dissent
dormirais		dorme	dormis	dormisse
dormirais	dors	dormes	dormis	dormisses
dormirait		dorme	dormit	dormît
dormirions	dormons	dormions	dormîmes	dormissions
dormiriez	dormez	dormiez	dormîtes	dormissiez
dormiraient		dorment	dormirent	dormissent
écrirais		écrive	écrivis	écrivisse
écrirais	écris	écrives	écrivis	écrivisses
écrirait		écrive	écrivit	écrivît
écririons	écrivons	écrivions	écrivîmes	écrivissions
écririez	écrivez	écriviez	écrivîtes	écrivissiez
écriraient		écrivent	écrivirent	écrivissent

Infinitif Participes	Indicatif			
	Présent	Imparfait	Passé composé	Futur

s'endormir
(voir **dormir**)

entretenir
(voir **tenir**)

envoyer	envoie	envoyais	ai	envoyé	enverrai
	envoies	envoyais	as	envoyé	enverras
	envoie	envoyait	a	envoyé	enverra
envoyant	envoyons	envoyions	avons	envoyé	enverrons
envoyé	envoyez	envoyiez	avez	envoyé	enverrez
	envoient	envoyaient	ont	envoyé	enverront

éteindre
(voir **peindre**)

être	suis	étais	ai	été	serai
	es	étais	as	été	seras
	est	était	a	été	sera
étant	sommes	étions	avons	été	serons
été	êtes	étiez	avez	été	serez
	sont	étaient	ont	été	seront

faire	fais	faisais	ai	fait	ferai
	fais	faisais	as	fait	feras
	fait	faisait	a	fait	fera
faisant	faisons	faisions	avons	fait	ferons
fait	faites	faisiez	avez	fait	ferez
	font	faisaient	ont	fait	feront

falloir	il faut	il fallait	il a	fallu	il faudra

fallu

s'inscrire
(voir **écrire**)

joindre	joins	joignais	ai	joint	joindrai
	joins	joignais	as	joint	joindras
	joint	joignait	a	joint	joindra
joignant	joignons	joignions	avons	joint	joindrons
joint	joignez	joigniez	avez	joint	joindrez
	joignent	joignaient	ont	joint	joindront

Conditionnel	Impératif	Subjonctif	Temps littéraires	
Présent		Présent	Passé simple	Imparfait du Subjonctif

enverrais		envoie	envoyai	envoyasse
enverrais	envoie	envoies	envoyas	envoyasses
enverrait		envoie	envoya	envoyât
enverrions	envoyons	envoyions	envoyâmes	envoyassions
enverriez	envoyez	envoyiez	envoyâtes	envoyassiez
enverraient		envoient	envoyèrent	envoyassent

serais		sois	fus	fusse
serais	sois	sois	fus	fusses
serait		soit	fut	fût
serions	soyons	soyons	fûmes	fussions
seriez	soyez	soyez	fûtes	fussiez
seraient		soient	furent	fussent

ferais		fasse	fis	fisse
ferais	fais	fasses	fis	fisses
ferait		fasse	fit	fît
ferions	faisons	fassions	fîmes	fissions
feriez	faites	fassiez	fîtes	fissiez
feraient		fassent	firent	fissent
il faudrait		il faille	il fallut	il fallût

joindrais		joigne	joignis	joignisse
joindrais	joins	joignes	joignis	joignisses
joindrait		joigne	joignit	joignît
joindrions	joignons	joignions	joignîmes	joignissions
joindriez	joignez	joigniez	joignîtes	joignissiez
joindraient		joignent	joignirent	joignissent

Infinitif Participes	Indicatif			
	Présent	**Imparfait**	**Passé composé**	**Futur**
lire	lis	lisais	ai lu	lirai
	lis	lisais	as lu	liras
	lit	lisait	a lu	lira
lisant	lisons	lisions	avons lu	lirons
lu	lisez	lisiez	avez lu	lirez
	lisent	lisaient	ont lu	liront
manger	mange	mangeais	ai mangé	mangerai
	manges	mangeais	as mangé	mangeras
	mange	mangeait	a mangé	mangera
mangeant	mangeons	mangions	avons mangé	mangerons
mangé	mangez	mangiez	avez mangé	mangerez
	mangent	mangeaient	ont mangé	mangeront
mentir	mens	mentais	ai menti	mentirai
	mens	mentais	as menti	mentiras
	ment	mentait	a menti	mentira
mentant	mentons	mentions	avons menti	mentirons
menti	mentez	mentiez	avez menti	mentirez
	mentent	mentaient	ont menti	mentiront
mettre	mets	mettais	ai mis	mettrai
	mets	mettais	as mis	mettras
	met	mettait	a mis	mettra
mettant	mettons	mettions	avons mis	mettrons
mis	mettez	mettiez	avez mis	mettrez
	mettent	mettaient	ont mis	mettront
mourir	meurs	mourais	suis mort(e)	mourrai
	meurs	mourais	es mort(e)	mourras
	meurt	mourait	est mort(e)	mourra
mourant	mourons	mourions	sommes mort(e)s	mourrons
mort	mourez	mouriez	êtes mort(e)(s)	mourrez
	meurent	mouraient	sont mort(e)s	mourront
naître	nais	naissais	suis né(e)	naîtrai
	nais	naissais	es né(e)	naîtras
	naît	naissait	est né(e)	naîtra
naissant	naissons	naissions	sommes né(e)s	naîtrons
né	naissez	naissiez	êtes né(e)(s)	naîtrez
	naissent	naissaient	sont né(e)s	naîtront

Conditionnel	Impératif	Subjonctif	Temps littéraires	
Présent		**Présent**	**Passé simple**	**Imparfait du Subjonctif**
lirais		lise	lus	lusse
lirais	lis	lises	lus	lusses
lirait		lise	lut	lût
lirions	lisons	lisions	lûmes	lussions
liriez	lisez	lisiez	lûtes	lussiez
liraient		lisent	lurent	lussent
mangerais		mange	mangeai	mangeasse
mangerais	mange	manges	mangeas	mangeasses
mangerait		mange	mangea	mangeât
mangerions	mangeons	mangions	mangeâmes	mangeassions
mangeriez	mangez	mangiez	mangeâtes	mangeassiez
mangeraient		mangent	mangèrent	mangeassent
mentirais		mente	mentis	mentisse
mentirais	mens	mentes	mentis	mentisses
mentirait		mente	mentit	mentît
mentirions	mentons	mentions	mentîmes	mentissions
mentiriez	mentez	mentiez	mentîtes	mentissiez
mentiraient		mentent	mentirent	mentissent
mettrais		mette	mis	misse
mettrais	mets	mettes	mis	misses
mettrait		mette	mit	mît
mettrions	mettons	mettions	mîmes	missions
mettriez	mettez	mettiez	mîtes	missiez
mettraient		mettent	mirent	missent
mourrais		meure	mourus	mourusse
mourrais	meurs	meures	mourus	mourusses
mourrait		meure	mourut	mourût
mourrions	mourons	mourions	mourûmes	mourussions
mourriez	mourez	mouriez	mourûtes	mourussiez
mourraient		meurent	moururent	mourussent
naîtrais		naisse	naquis	naquisse
naîtrais	nais	naisses	naquis	naquisses
naîtrait		naisse	naquit	naquît
naîtrions	naissons	naissions	naquîmes	naquissions
naîtriez	naissez	naissiez	naquîtes	naquissiez
naîtraient		naissent	naquirent	naquissent

Infinitif Participes	Indicatif			
	Présent	**Imparfait**	**Passé composé**	**Futur**
offrir	offre	offrais	ai	offert	offrirai
	offres	offrais	as	offert	offriras
	offre	offrait	a	offert	offrira
offrant	offrons	offrions	avons	offert	offrirons
offert	offrez	offriez	avez	offert	offrirez
	offrent	offraient	ont	offert	offriront
ouvrir	ouvre	ouvrais	ai	ouvert	ouvrirai
	ouvres	ouvrais	as	ouvert	ouvriras
	ouvre	ouvrait	a	ouvert	ouvrira
ouvrant	ouvrons	ouvrions	avons	ouvert	ouvrirons
ouvert	ouvrez	ouvriez	avez	ouvert	ouvrirez
	ouvrent	ouvraient	ont	ouvert	ouvriront
paraître	parais	paraissais	ai	paru	paraîtrai
	parais	paraissais	as	paru	paraîtras
	paraît	paraissait	a	paru	paraîtra
paraissant	paraissons	paraissions	avons	paru	paraîtrons
paru	paraissez	paraissiez	avez	paru	paraîtrez
	paraissent	paraissaient	ont	paru	paraîtront
partir	pars	partais	suis	parti(e)	partirai
	pars	partais	es	parti(e)	partiras
	part	partait	est	parti(e)	partira
partant	partons	partions	sommes	parti(e)s	partirons
parti	partez	partiez	êtes	parti(e)(s)	partirez
	partent	partaient	sont	parti(e)s	partiront
payer	paie	payais	ai	payé	paierai
	paies	payais	as	payé	paieras
	paie	payait	a	payé	paiera
payant	payons	payions	avons	payé	paierons
payé	payez	payiez	avez	payé	paierez
	paient	payaient	ont	payé	paieront
peindre	peins	peignais	ai	peint	peindrai
	peins	peignais	as	peint	peindras
	peint	peignait	a	peint	peindra
peignant	peignons	peignions	avons	peint	peindrons
peint	peignez	peigniez	avez	peint	peindrez
	peignent	peignaient	ont	peint	peindront

Conditionnel	Impératif	Subjonctif	Temps littéraires	
Présent		**Présent**	**Passé simple**	**Imparfait du Subjonctif**
offrirais		offre	offris	offrisse
offrirais	offre	offres	offris	offrisses
offrirait		offre	offrit	offrît
offririons	offrons	offrions	offrîmes	offrissions
offririez	offrez	offriez	offrîtes	offrissiez
offriraient		offrent	offrirent	offrissent
ouvrirais		ouvre	ouvris	ouvrisse
ouvrirais	ouvre	ouvres	ouvris	ouvrisses
ouvrirait		ouvre	ouvrit	ouvrît
ouvririons	ouvrons	ouvrions	ouvrîmes	ouvrissions
ouvririez	ouvrez	ouvriez	ouvrîtes	ouvrissiez
ouvriraient		ouvrent	ouvrirent	ouvrissent
paraîtrais		paraisse	parus	parusse
paraîtrais	parais	paraisses	parus	parusses
paraîtrait		paraisse	parut	parût
paraîtrions	paraissons	paraissions	parûmes	parussions
paraîtriez	paraissez	paraissiez	parûtes	parussiez
paraîtraient		paraissent	parurent	parussent
partirais		parte	partis	partisse
partirais	pars	partes	partis	partisses
partirait		parte	partit	partît
partirions	partons	partions	partîmes	partissions
partiriez	partez	partiez	partîtes	partissiez
partiraient		partent	partirent	partissent
paierais		paie	payai	payasse
paierais	paie	paies	payas	payasses
paierait		paie	paya	payât
paierions	payons	payions	payâmes	payassions
paieriez	payez	payiez	payâtes	payassiez
paieraient		paient	payèrent	payassent
peindrais		peigne	peignis	peignisse
peindrais	peins	peignes	peignis	peignisses
peindrait		peigne	peignit	peignît
peindrions	peignons	peignions	peignîmes	peignissions
peindriez	peignez	peigniez	peignîtes	peignissiez
peindraient		peignent	peignirent	peignissent

Infinitif Participes	Indicatif			
	Présent	**Imparfait**	**Passé composé**	**Futur**
permettre (voir **mettre**)				
plaindre (voir **craindre**)				
plaire	plais	plaisais	ai plu	plairai
	plais	plaisais	as plu	plairas
	plaît	plaisait	a plu	plaira
plaisant	plaisons	plaisions	avons plu	plairons
plu	plaisez	plaisiez	avez plu	plairez
	plaisent	plaisaient	ont plu	plairont
pleuvoir	il pleut	il pleuvait	il a plu	il pleuvra
pleuvant plu				
pouvoir	peux, puis	pouvais	ai pu	pourrai
	peux	pouvais	as pu	pourras
	peut	pouvait	a pu	pourra
pouvant	pouvons	pouvions	avons pu	pourrons
pu	pouvez	pouviez	avez pu	pourrez
	peuvent	pouvaient	ont pu	pourront
préférer	préfère	préférais	ai préféré	préférerai
	préfères	préférais	as préféré	préféreras
	préfère	préférait	a préféré	préférera
préférant	préférons	préférions	avons préféré	préférerons
préféré	préférez	préfériez	avez préféré	préférerez
	préfèrent	préféraient	ont préféré	préféreront
prendre	prends	prenais	ai pris	prendrai
	prends	prenais	as pris	prendras
	prend	prenait	a pris	prendra
prenant	prenons	prenions	avons pris	prendrons
pris	prenez	preniez	avez pris	prendrez
	prennent	prenaient	ont pris	prendront
prévoir (voir **voir**)				
produire (voir **conduire**)				
promettre (voir **mettre**)				

Conditionnel	Impératif	Subjonctif	Temps littéraires	
Présent		**Présent**	**Passé simple**	**Imparfait du Subjonctif**
plairais		plaise	plus	plusse
plairais	plais	plaises	plus	plusses
plairait		plaise	plut	plût
plairions	plaisons	plaisions	plûmes	plussions
plairiez	plaisez	plaisiez	plûtes	plussiez
plairaient		plaisent	plurent	plussent
il pleuvrait		il pleuve	il plut	il plût
pourrais		puisse	pus	pusse
pourrais		puisses	pus	pusses
pourrait		puisse	put	pût
pourrions		puissions	pûmes	pussions
pourriez		puissiez	pûtes	pussiez
pourraient		puissent	purent	pussent
préférerais		préfère	préférai	préférasse
préférerais	préfère	préfères	préféras	préférasses
préférerait		préfère	préféra	préférât
préférerions	préférons	préférions	préférâmes	préférassions
préféreriez	préférez	préfériez	préférâtes	préférassiez
préféreraient		préfèrent	préférèrent	préférassent
prendrais		prenne	pris	prisse
prendrais	prends	prennes	pris	prisses
prendrait		prenne	prit	prît
prendrions	prenons	prenions	prîmes	prissions
prendriez	prenez	preniez	prîtes	prissiez
prendraient		prennent	prirent	prissent

Infinitif Participes	Indicatif			
	Présent	**Imparfait**	**Passé composé**	**Futur**
recevoir recevant reçu	reçois reçois reçoit recevons recevrez reçoivent	recevais recevais recevait recevions receviez recevaient	ai reçu as reçu a reçu avons reçu avez reçu ont reçu	recevrai recevras recevra recevrons recevrez recevront
reconnaître (voir **connaître**)				
rejoindre (voir **joindre**)				
repeindre (voir **peindre**)				
retenir (voir **tenir**)				
revenir (voir **venir**)				
revoir (voir **voir**)				
rire riant ri	ris ris rit rions riez rient	riais riais riait riions riiez riaient	ai ri as ri a ri avons ri avez ri ont ri	rirai riras rira rirons rirez riront
savoir sachant su	sais sais sait savons savez savent	savis savais savait savions saviez savaient	ai su as su a su avons su avez su ont su	saurai sauras saura saurons saurez sauront
sentir sentant senti	sens sens sent sentons sentez sentent	sentais sentais sentait sentions sentiez sentaient	ai senti as senti a senti avons senti avez senti ont senti	sentirai sentiras sentira sentirons sentirez sentiront

Conditionnel	Impératif	Subjonctif	Temps littéraires	
Présent		**Présent**	**Passé simple**	**Imparfait du Subjonctif**
recevrais		reçoive	reçus	reçusse
recevrais	reçois	reçoives	reçus	reçusses
recevrait		reçoive	reçut	reçût
recevrions	recevons	recevions	reçûmes	reçussions
recevriez	recevez	receviez	reçûtes	reçussiez
recevraient		reçoivent	reçurent	reçussent
rirais		rie	ris	risse
rirais	ris	ries	ris	risses
rirait		rie	rit	rît
ririons	rions	riions	rîmes	rissions
ririez	riez	riiez	rîtes	rissiez
riraient		rient	rirent	rissent
saurais		sache	sus	susse
saurais	sache	saches	sus	susses
saurait		sache	sut	sût
saurions	sachons	sachions	sûmes	sussions
sauriez	sachez	sachiez	sûtes	sussiez
sauraient		sachent	surent	sussent
sentirais		sente	sentis	sentisse
sentirais	sens	sentes	sentis	sentisses
sentirait		sente	sentit	sentît
sentirions	sentons	sentions	sentîmes	sentissions
sentiriez	sentez	sentiez	sentîtes	sentissiez
sentiraient		sentent	sentirent	sentissent

Infinitif Participes	Indicatif			
	Présent	**Imparfait**	**Passé composé**	**Futur**
servir	sers	servais	ai servi	servirai
	sers	servais	as servi	serviras
	sert	servait	a servi	servira
servant	servons	servions	avons servi	servirons
servi	servez	serviez	avez servi	servirez
	servent	servaient	ont servi	serviront
sortir	sors	sortais	suis sorti(e)	sortirai
	sors	sortais	es sorti(e)	sortiras
	sort	sortait	est sorti(e)	sortira
sortant	sortons	sortions	sommes sorti(e)s	sortirons
sorti	sortez	sortiez	êtes sorti(e)(s)	sortirez
	sortent	sortaient	sont sorti(e)s	sortiront
souffrir (voir **offrir**)				
sourire (voir **rire**)				
se souvenir (voir **venir**)				
suivre	suis	suivais	ai suivi	suivrai
	suis	suivais	as suivi	suivras
	suit	suivait	a suivi	suivra
suivant	suivons	suivions	avons suivi	suivrons
suivi	suivez	suiviez	avez suivi	suivrez
	suivent	suivaient	ont suivi	suivront
surprendre (voir **prendre**)				
se taire	tais	taisais	suis tu(e)	tairai
	tais	taisais	es tu(e)	tairas
	tait	taisait	est tu(e)	taira
taisant	taisons	taisions	sommes tu(e)s	tairons
tu	taisez	taisiez	êtes tu(e)(s)	tairez
	taisent	taisaient	sont tu(e)s	tairont
tenir	tiens	tenais	ai tenu	tiendrai
	tiens	tenais	as tenu	tiendras
	tient	tenait	a tenu	tiendra
tenant	tenons	tenions	avons tenu	tiendrons
tenu	tenez	teniez	avez tenu	tiendrez
	tiennent	tenaient	ont tenu	tiendront

Conditionnel	Impératif	Subjonctif	Temps littéraires	
Présent		**Présent**	**Passé simple**	**Imparfait du Subjonctif**
servirais		serve	servis	servisse
servirais	sers	serves	servis	servisses
servirait		serve	servit	servît
servirions	servons	servions	servîmes	servissions
serviriez	servez	serviez	servîtes	servissiez
serviraient		servent	servirent	servissent
sortirais		sorte	sortis	sortisse
sortirais	sors	sortes	sortis	sortisses
sortirait		sorte	sortit	sortît
sortirions	sortons	sortions	sortîmes	sortissions
sortiriez	sortez	sortiez	sortîtes	sortissiez
sortiraient		sortent	sortirent	sortissent
suivrais		suive	suivis	suivisse
suivrais	suis	suives	suivis	suivisses
suivrait		suive	suivit	suivît
suivrions	suivons	suivions	suivîmes	suivissions
suivriez	suivez	suiviez	suivîtes	suivissiez
suivraient		suivent	suivirent	suivissent
tairais		taise	tus	tusse
tairais	tais	taises	tus	tusses
tairait		taise	tut	tût
tairions	taisons	taisions	tûmes	tussions
tairiez	taisez	taisiez	tûtes	tussiez
tairaient		taisent	turent	tussent
tiendrais		tienne	tins	tinsse
tiendrais	tiens	tiennes	tins	tinsses
tiendrait		tienne	tint	tînt
tiendrions	tenons	tenions	tînmes	tinssions
tiendriez	tenez	teniez	tîntes	tinssiez
tiendraient		tiennent	tinrent	tinssent

Infinitif Participes	Indicatif			
	Présent	Imparfait	Passé composé	Futur
traduire (voir **conduire**)				
valoir	vaux	valais	ai valu	vaudrai
	vaux	valais	as valu	vaudras
	vaut	valait	a valu	vaudra
valant	valons	valions	avons valu	vaudrons
valu	valez	valiez	avez valu	vaudrez
	valent	valaient	ont valu	vaudront
venir	viens	venais	suis venu(e)	viendrai
	viens	venais	es venu(e)	viendras
	vient	venait	est venu(e)	viendra
venant	venons	venions	sommes venu(e)s	viendrons
venu	venez	veniez	êtes venu(e)(s)	viendrez
	viennent	venaient	sont venu(e)s	viendront
vivre	vis	vivais	ai vécu	vivrai
	vis	vivais	as vécu	vivras
	vit	vivait	a vécu	vivra
vivant	vivons	vivions	avons vécu	vivrons
vécu	vivez	viviez	avez vécu	vivrez
	vivent	vivaient	ont vécu	vivront
voir	vois	voyais	ai vu	verrai
	vois	voyais	as vu	verras
	voit	voyait	a vu	verra
voyant	voyons	voyions	avons vu	verrons
vu	voyez	voyiez	avez vu	verrez
	voient	voyaient	ont vu	verront
vouloir	veux	voulais	ai voulu	voudrai
	veux	voulais	as voulu	voudras
	veut	voulait	a voulu	voudra
voulant	voulons	voulions	avons voulu	voudrons
voulu	voulez	vouliez	avez voulu	voudrez
	veulent	voulaient	ont voulu	voudront

Conditionnel	Impératif	Subjonctif	Temps littéraires	
Présent		**Présent**	**Passé simple**	**Imparfait du Subjonctif**
vaudrais		vaille	valus	valusse
vaudrais	vaux	vailles	valus	valusses
vaudrait		vaille	valut	valût
vaudrions	valons	valions	valûmes	valussions
vaudriez	valez	valiez	valûtes	valussiez
vaudraient		vaillent	valurent	valussent
viendrais		vienne	vins	vinsse
viendrais	viens	viennes	vins	vinsses
viendrait		vienne	vint	vînt
viendrions	venons	venions	vînmes	vinssions
viendriez	venez	veniez	vîntes	vinssiez
viendraient		viennent	vinrent	vinssent
vivrais		vive	vécus	vécusse
vivrais	vis	vives	vécus	vécusses
vivrait		vive	vécut	vécût
vivrions	vivons	vivions	vécûmes	vécussions
vivriez	vivez	viviez	vécûtes	vécussiez
vivraient		vivent	vécurent	vécussent
verrais		voie	vis	visse
verrais	vois	voies	vis	visses
verrait		voie	vit	vît
verrions	voyons	voyions	vîmes	vissions
verriez	voyez	voyiez	vîtes	vissiez
verraient		voient	virent	vissent
voudrais		veuille	voulus	voulusse
voudrais	veuille	veuilles	voulus	voulusses
voudrait		veuille	voulut	voulût
voudrions	veuillons	voulions	voulûmes	voulussions
voudriez	veuillez	vouliez	voulûtes	voulussiez
voudraient		veuillent	voulurent	voulussent

Chapter 2

I.
1. vous flirtez
2. nous finissons
3. vous mentez
4. ils répondent
5. je bois
6. ils vont
7. ils craignent
8. nous mettons
9. vous apprenez
10. nous divorçons
11. tu achètes
12. elles emploient

II. 1. b. 2. a. 3. b.

III.
1. *Depuis quand* Janine flirte-t-elle avec mon petit ami?
2. *Depuis combien de temps* sortez-vous avec Robert?

IV.
1. Brigitte vient de trouver une maison.
2. Ils viennent de se marier.

V.
1. *Choisis (choisissez)* une carrière!
2. *Réponds (répondez)* tout de suite!
3. *Faisons* la vaisselle.
4. *Suivons* un régime.

VI.
1. *N'allons* pas au cinéma!
2. *Ne* faites *pas* votre lit!

VII.
1. *Tiens!* J'ai une bonne idée!
2. *Voyons!* Vous n'êtes pas vraiment sérieuse!

VIII.
1. Louise *le* déteste.
2. Elle n'*en* parle jamais.
3. Elles veulent *y* habiter.
4. Ne *lui* parlez pas!

IX.
1. Robert *lui en* donne.
2. Laure *le leur* a annoncé.

X.
1. Je suis sûr que Madeleine est amoureuse de *lui!*
2. *Vous et moi* (OR *Toi et moi*), nous sommes toujours en retard.

XI.
1. Votre sœur est-elle libérée? — Oui, *elle l'est.*
2. Hélène et Barbara sont-elles traditionalistes? — Non, *elles ne le sont pas.*

Chapter 3

I. 1. communication/*féminin*
       2. biologie/*féminin*
       3. latin/*masculin*
       4. Californie/*féminin*
       5. promesse/*féminin*
       6. travail/*masculin*
       7. moment/*masculin*
       8. symbolisme/*masculin*

II. 1. l'ami   l'*amie*
        2. l'oncle   la *tante*
        3. l'acteur   l'*actrice*
        4. le chat   la *chatte*

III. 1. la mère/*les mères*
         2. l'œil/*les yeux*
         3. le fils/*les fils*
         4. le bijou/*les bijoux*
         5. le journal/*les journaux*
         6. le feu/*les feux*

IV. 1. *Le peuple* américain respecte la famille.
        2. Il y avait vingt *personnes* à notre réunion de famille.
        3. *On* dit qu'il ressemble à sa mère.
        4. Ces vieilles *gens* sont très sympathiques.

V. 1. *Les parents* devraient-ils jouer avec leurs enfants?
       2. *Le petit Robert* est impossible *le matin.*

VI. 1. Paris se trouve *en* France.
        2. La Nouvelle-Orléans se trouve *en* Louisiane.
        3. New York se trouve *aux* États-Unis.
        4. Londres se trouve *en* Angleterre.
        5. Les Champs-Élysées se trouvent *à* Paris.
        6. Tokyo se trouve *au* Japon.

VII. 1. *Les* enfants ont-ils *des* obligations envers leurs parents?
         2. J'ai *des* tantes qui adorent *les* chats.

VIII. 1. Il a deux sœurs mais il n'a pas *de* frères.
          2. Les Mercier font beaucoup *de* sacrifices pour leurs enfants.
          3. Je connais *des* filles qui n'obéissent pas à leurs parents.
          4. Ma camarade de chambre a *de* bons rapports avec sa famille.
          5. Avez-vous souvent *des* disputes avec vos parents?

IX. 1. Quand votre famille va-t-elle revenir *de* France?
        2. Mon avion part *des* États-Unis la semaine prochaine.
        3. Mon camarade de chambre vient *du* Canada.

Chapter 4

I.
1. je me lave
2. tu te couches
3. elle s'habille
4. nous nous parlons
5. vous vous endormez
6. ils se téléphonent

II.
1. *Ne* vous asseyez *pas.*
2. *Ne* te dépêche *pas!*
3. *Ne* nous marions *pas!*

III.
1. Ils s'écoutent l'un l'autre.
2. Nous nous regardons l'un l'autre.

IV.
1. *Nous nous rappelons* (OR *nous nous souvenons de*) la pollution à Los Angeles.
2. Oui, *je me souviens de* (OR *je me rappelle*) Geneviève!

V.
1. nous avons visité
2. ils ont entendu
3. j'ai fini
4. nous avons dit
5. j'ai fait
6. tu as pris
7. elle est allée
8. elles se sont promenées
9. ils se sont parlé

VI.
1. je dansais
2. tu allais
3. elle choisissait
4. nous étions
5. vous aviez
6. elles nageaient

VII.
1. Elle *a entendu* un oiseau chanter dans les arbres.
2. Ils *parlaient* de l'ambiance poétique de Paris.
3. Quand il *était* jeune, il *regardait* ce lac pendant des heures!
4. Hier le ciel *était* bleu et l'air *était* frais.
5. Oui, nous *avons vu* un artiste célèbre à Montmartre.
6. Ils *attendaient* depuis une heure quand ils ont vu le train.

VIII. L'été dernier ma famille et moi, nous *sommes allés* à la campagne. Il *faisait* beau et le ciel *était* bleu. Alors nous *avons décidé* de faire un pique-nique dans le bois. Pendant que nous *déjeunions,* nous *avons entendu* un bruit étrange derrière nous. Nous *nous sommes retournés* et nous *avons vu* un ours qui *s'approchait* de nous! Il *était* très grand et *avait* l'air méchant! Nous *nous sommes levés* tout de suite et nous *avons couru* jusqu'à la voiture. L'ours *a mangé* tous les sandwiches!

IX.
1. *Nous sommes sorti(e)s* du bar à trois heures du matin.
2. Où *avez-vous laissé* votre chapeau?
3. Nous *avons quitté* la ville à cause du bruit.

X.
1. Ils *venaient de finir* (OR *venaient de terminer*) l'examen quand le professeur a demandé les copies.
2. Nous *venions de voir* New York.

Chapter 5

I. 1. *Respecte-t-il* les pauvres?
    2. Une société sans classes *est-elle* possible?
    3. Cette jeune fille *a-t-elle* de la classe?
    4. Ses parents *ont-ils gagné* beaucoup d'argent?

II. 1. *Est-ce qu'il respecte* les pauvres? Il respecte les pauvres, *n'est-ce pas?*
     2. *Est-ce qu'une société* sans classes *est* possible? Une société sans classes est possible, *n'est-ce pas?*
     3. *Est-ce que cette jeune fille a* de la classe? Cette jeune fille a de la classe, *n'est-ce pas?*
     4. *Est-ce que ses parents ont gagné* beaucoup d'argent? Ses parents ont gagné beaucoup d'argent, *n'est-ce pas?*

III. 1. *Pourquoi ira-t-il* loin?
      2. *Comment est* ce charpentier? *Comment* ce charpentier *est-il?*

IV. 1. *Qu'est-ce qu'il est devenu* après ses études?
        OR *Qu'est-il devenu* après ses études?
     2. *Qu'est-ce qui l'intéresse* beaucoup?
     3. *Qui* (OR *Qui est-ce qui*) a une grande fortune?

V. 1. *Quelle* mauvaise odeur!
    2. *Laquelle* de ces jeunes filles a de si bonnes manières?

VI. 1. *Qu'est-ce que* (OR *Qu'est-ce que c'est que*) la bourgeoisie?
     2. *Quelle est* la date aujourd'hui?

VII. 1. Elle *n'*est *pas* vendeuse.
      2. *Ne* jouent-ils *pas* au bridge ce soir?
      3. Je *n'*aime *pas* critiquer les gens.
      4. Pourquoi *ne* suis-je *pas* né riche?
      5. Il est important de *ne pas* être snob.

VIII. 1. Je *ne* suis *jamais* allé à l'opéra.
       2. Je *n'*ai *plus* de bière.

IX. 1. Ce millionnaire *n'*a *rien* fait pour aider les pauvres.
     2. *Personne ne* veut vivre dans la misère.

X. 1. Elle *n'*est vulgaire *qu'*avec ses amies.
    2. Elle *n'*aime *que* les gens cultivés.

XI. 1. Ils *n'*ont *aucune* intention de partir.
     2. *Aucune* classe sociale *n'*est parfaite.
     3. Il *ne* veut devenir *ni* médecin *ni* avocat.

XII. 1. Je crois que non.
      2. Il n'y a rien d'intéressant ici!
      3. Merci.—De rien.
          OR Merci.—Il n'y a pas de quoi.

Chapter 6

I. 1. responsable/*responsable*
2. privé/*privée*
3. ambitieux/*ambitieuse*
4. lucratif/*lucrative*
5. long/*longue*

6. blanc/*blanche*
7. gros/*grosse*
8. doux/*douce*
9. gentil/*gentille*
10. beau/*belle*

II. 1. les employés ambitieux
2. les candidats qualifiés

3. les nouveaux directeurs
4. les sénateurs libéraux

III. 1. un ministre *intelligent*
2. une *bonne* ambiance

3. l'*ancien* président
4. une *vieille* usine *italienne*

IV. 1. des réformes *sociales*
2. un homme et une femme *honnêtes*
3. une *demi*-heure

V. 1. Cet homme d'affaires a l'air raisonnable.
2. L'argent la rend heureuse.

VI. 1. facile/*facilement*
2. sérieux/*sérieusement*
3. patient/*patiemment*

4. meilleur/*mieux*
5. bon/*bien*

VII. 1. On parle beaucoup de ce sénateur.
2. On l'a déjà acheté.
3. On est moralement responsable de ses actions.

VIII. 1. Peut-être votre travail est-il permanent.
OR Peut-être que votre travail est permanent.
2. Peut-être le directeur a-t-il compris son erreur.
OR Peut-être que le directeur a compris son erreur.

IX. 1. Je pense que *tous* les employés sont compétents.
2. Il a perdu *toute* sa fortune.
3. *Tout* le monde est venu.

X. 1. Les députés sont *tous* venus.
2. Les secrétaires sont *toutes* allées au restaurant.

XI. 1. La faillite est *moins* agréable que la fortune.
2. Le travail est *plus* désirable *que* le chômage.

XII. 1. la plus jeune femme d'affaires
2. l'homme politique le plus libéral

XIII. 1. Mon micro-ordinateur marche *mieux que* le vôtre.
2. Bien sûr, c'est le *meilleur* ouvrier de l'usine!

Chapter 7

I.   **le futur**   **le conditionnel**

1. je mangerai   je mangerais
2. tu sortiras   tu sortirais
3. elle vendra   elle vendrait
4. nous ferons   nous ferions
5. vous serez   vous seriez
6. elles auront   elles auraient

II.   **le futur antérieur**   **le conditionnel passé**   **le plus-que-parfait**

1. j'aurai gagné   j'aurais gagné   j'avais gagné
2. tu auras menti   tu aurais menti   tu avais menti
3. il aura attendu   il aurait attendu   il avait attendu
4. nous aurons promis   nous aurions promis   nous avions promis
5. vous serez venu(e)(s) vous seriez venu(e)(s) vous étiez venu(e)(s)
6. ils seront partis   ils seraient partis   ils étaient partis

III.   1. Je suis sûr que notre recette *gagnera* le prix.
2. Quand j'*irai* à Paris, je visiterai les maisons de couture.
3. Ce garçon *aura dépensé* tout son argent avant d'être payé!

IV.   1. Si j'étais à votre place, je *ne sortirais pas* avec elle.
2. Henri ne savait pas que Renée *avait déjà acheté* le vin.
3. Si ce couturier *avait fait* cela, il *n'aurait pas vendu* une seule robe!

V.   1. Quand ce chef célèbre était jeune, il *parlait* toujours de cuisine.
2. Tous les hommes politiques ont dit qu'ils *changeraient* la mauvaise réputation du pays.

VI.   1. Non, elle n'est pas obligée d'acheter ces vêtements en solde, mais elle *devrait* le faire!
2. Cet ambassadeur *devait* faire beaucoup de voyages à Washington.
3. Il *a dû* (OR *devait*) mettre un chapeau parce qu'il faisait froid.
4. Un gourmet *ne devrait pas* être un glouton!
5. Le garçon *n'aurait pas dû* critiquer son client.
6. Ce pays puissant *doit* avoir beaucoup d'influence.
7. Isabelle *devait* servir du caviar, mais il coûte trop cher!

VII. 1. Le petit Michel *a été* (OR *était*) obligé de finir son repas.
2. Les gens intelligents *ne sont pas censés* utiliser des stéréotypes.

Chapter 8

I. 1. Comment! Nous avons perdu les chèques de voyage *qui* étaient dans nos valises?
   2. Voilà la belle étrangère *que* nous avons vue à Versailles.

II. 1. Expliquez-nous *ce que* vous avez vu en France.
   2. Quel gourmand! La cuisine française est tout *ce qui* l'intéresse!

III. 1. Je vous présente Anne-Marie, la femme avec *qui* je compte visiter le Sénégal.
   2. Voici l'argent avec *lequel* je vais acheter les souvenirs.

IV. 1. Je sais à *quoi* vous pensez.
   2. Elle m'a dit «Bonjour» au moment *où* elle m'a vu.

V. 1. Voici le touriste désagréable *dont* je parlais.
   2. C'est *ce dont* il est si fier!

VI. 1. Il est francophone? *Qu'est-ce que* cela signifie?
   2. Voici *ce qu'*on a trouvé dans sa chambre!
   3. Voilà cette femme bizarre *que* j'ai rencontrée au Louvre.
   4. *Qui* avez-vous vu pendant les vacances?

VII. 1. Idiot! *N'importe qui* pourrait lire cette carte!
   2. Ce francophile ferait *n'importe quoi* pour visiter la Martinique.

VIII. 1. *cette* dame   4. *ces* maisons
   2. *cet* étranger   5. *Ces coutumes-ci* nous sont familières mais *ces coutumes-là* nous sont étrangères.
   3. *ce* livre

IX. 1. *Celui* qui a l'esprit ouvert n'aura pas de problèmes.
   2. Geneviève et Marguerite sont des touristes très différentes : *celle-ci* est gentille tandis que *celle-là* est insolente!
   3. Quelles photos préférez-vous, *celles* sur la carte postale ou *celles* de Marc?

X. 1. *Ça* (OR *Cela*) m'est égal.
   2. Faisons un échange! Si vous me donnez *ceci* (OR *cela*) je vous donne *cela* (OR *ceci*).

XI. 1. Sont-*elles* françaises ou canadiennes?
   2. *C'est* une excursion qu'il faut faire!
   3. *Ce* sont les beaux souvenirs dont nous avons parlé.

XII. 1. *Il est* (OR *C'est*) intéressant *de* comparer deux cultures différentes.
   2. Vous êtes-vous jamais senti seul?—Oui, et *c'est* difficile *à* supporter!

XIII. 1. Nous avons rendu visite à nos parents *ce matin-là*.
   2. Nous passons *ce mois-ci* à la Guadeloupe.
   3. Il est parti *le lendemain*.
   4. Moi, je pars *demain*.

Chapter 9

I. 1. parler
   a. que je parle
   b. que tu parles
   c. qu'elle parle
   d. que nous parlions
   e. que vous parliez
   f. qu'elles parlent

2. que je fasse
3. que tu réfléchisses
4. qu'il réponde
5. que nous criions
6. que vous veniez
7. qu'ils viennent

II. 1. bavarder
   a. que j'aie bavardé
   b. que tu aies bavardé
   c. qu'elle ait bavardé
   d. que nous avons bavardé
   e. que vous ayez bavardé
   f. qu'elles aient bavardé

2. partir
   a. que je sois parti(e)
   b. que tu sois parti(e)
   c. qu'elle soit partie
   d. que nous soyons parti(e)s
   e. que vous soyez parti(e)(s)
   f. qu'elles soient parties

III. 1. Faut-il que nous *parlions* le français pour bien comprendre la culture française?
   2. Je voudrais que vous *allumiez* la télé.
   3. Je suis contente qu'il *fasse* plus beau demain.
   4. Il est désolé que vous *n'ayez pas perfectionné* votre accent à Paris l'année dernière.

IV. 1. Je suis étonnée que vous ne *compreniez* pas l'argot. (*subj*)
   2. Elle sait que nous nous *fâcherons* quand nous entendrons ces nouvelles! (*ind*)
   3. Je suis triste que vous *ayez dit* du mal de moi hier. (*subj*)
   4. Il est vrai qu'on *apprécie* mieux sa propre langue en étudiant une langue étrangère. (*ind*)
   5. Il faut que vous vous *exprimiez* lentement mais correctement. (*subj*)
   6. Bien que nous nous *disputions* de temps en temps, nous nous tutoyons toujours. (*subj*)
   7. Je suis certain que *nous nous abonnons* actuellement à *L'Express*. (*ind*)
   8. Vous n'apprendrez pas une langue en une semaine, qui que vous *soyez*. (*subj*)
   9. Il croit que chaque langue *contient* sa propre vision du monde. (*ind*)
   10. Croyez-vous vraiment que ce journaliste *soit* malhonnête? (*subj*)
   11. Y a-t-il un étudiant qui *sache* tout? (*subj*)
   12. C'est la meilleure plaisanterie que *j'ai jamais entendue*. (*ind*)
       OR C'est la meilleure plaisanterie que *j'aie jamais entendue*. (*subj*)

V. 1. Je voudrais *être* polyglotte un jour.
   2. Je voudrais que vous *lisiez* l'éditorial.
   3. Faut-il que nous *payions* la publicité?
   4. Il faut *manger* pour vivre et non pas vivre pour manger!
   5. Parlez plus fort pour que je *puisse* vous entendre!
   6. Il est parfois important de *parler* couramment une langue étrangère.

Chapter 10

I.
1. *mon* livre
2. *sa* maison
3. *son* imagination
4. *notre* bibliothèque
5. *vos* (OR *tes*) romans
6. *leurs* idées

II.
1. Cette actrice ne se lave jamais *les* cheveux!
2. *Son* poète favori est Baudelaire.

III.
1. L'imagination de cet écrivain est moins riche que *la vôtre* (OR *la tienne*).
2. Cet auteur aime bien critiquer les romans des autres, mais il ne veut pas qu'on critique *les siens*!

IV.
1. Voyons! Ce roman policier *n'est pas à vous* (OR *à toi*)!
2. Mais si! Il *est à moi*!

V.
1. *La pièce de Racine* est une tragédie.
2. *Les idées de vos amis* me scandalisent!

VI.
1. Je crois qu'elle *a mal à tête*.
2. L'acteur n'a pas joué parce qu'il *était* (OR *a été*) malade.

VII.
1. derrière l'arbre
2. contre la maison
3. entre nous
4. au milieu de sa chambre
5. près de la bibliothèque

VIII.
1. Mon livre est *sur la table à côté de la fenêtre.*
2. Je peux lire ce best-seller *en une heure*!
3. Cette actrice charmante *aux yeux bruns* est très gentille.

IX.
1. Nous avons *à* lire trois romans cette semaine.
2. Ce romancier a essayé *de* scandaliser le public mais il n'a pas réussi *à* le faire.
3. Voulez-vous assister au spectacle avec moi? *(no preposition)*
4. Dans ce roman il s'agit d'un homme qui refuse *de* mentir.
5. Mon ami m'a conseillé *de* suivre un cours de littérature.

X.
1. Je *cherche* un livre de poche intéressant.
2. *Nous nous intéressons à* la littérature moderne.
3. Les spectateurs *rient de* vous parce que vous *ressemblez à* Charlie Chaplin!

XI.
1. Que pensez-vous *de* Balzac?
2. Un acteur pense toujours *à* son public.
3. La littérature pornographique manque souvent *de* valeur artistique.
4. Juliette manque beaucoup *à* Roméo.

XII.
1. Ils vont au spectacle *à* bicyclette.
2. Nous allons au festival d'Avignon *en* bateau.

Chapter 11

I.   1. Cette chanson folklorique *est chantée par* un groupe sensationnel.
2. Le morceau de Débussy *sera joué par* un pianiste américain.
3. Cette farce *a été écrite* au moyen âge.

II.   1. Le grand public a été scandalisé par ce documentaire violent.
2. Deux rôles seront joués par cet acteur.

III.   1. On a mangé les bonbons et le pop-corn en deux minutes!
2. Comment! On a censuré le dessin animé de Disney?

IV.   1. Ça se fait facilement.
2. Cela (Ça) ne se dit pas en français.

V.   1. écouter/*écoutant*   4. faire/*faisant*
2. finir/*finissant*   5. avoir/*ayant*
3. vendre/*vendant*   6. vouloir/*voulant*

VI.   1. *Étant* amateur de musique, il est allé au concert.
2. Ce compositeur buvait de la bière *en composant* une chanson à boire!
3. Ce musicien est devenu célèbre *en répétant* tous les jours.

VII.   1. Il passe plus de temps à *regarder* les westerns à la télévision qu'à *étudier*!
2. Comment peut-elle regarder ce film *sans rire*?
3. Je l'ai entendu *chanter* une chanson sentimentale au cabaret.

VIII.   1. Il fait vendre sa voiture.
2. Le fait-il faire tout de suite?
       OR Est-ce qu'il le fait faire tout de suite?
3. Il a fait sortir son chien.

Vocabularies

FRENCH-ENGLISH VOCABULARY

This vocabulary contains French words and expressions found in the exercises and the *Vocabulaire du thème*. Cognates and other easily recognizable words have not been included.

Abbreviations

adj	adjective	*inf*	infinitive	*pp*	past participle
adv	adverb	*m*	masculine	*prep*	preposition
conj	conjunction	*n*	noun	*pron*	pronoun
f	feminine	*p*	page	*subj*	subjunctive
fam	familiar	*pl*	plural	*v*	verb

An asterisk (*) indicates a word beginning with an aspirate *h*.

A

l' **abeille** *f* bee
abolir to abolish
s' **abonner à** to subscribe to
abuser to abuse
accueillant hospitable
accueillir to welcome
accusé accused
l' **accusé** *m* defendant
achats *m:* **faire des __** to go shopping
acheter to buy
acquitter to acquit
l' **acteur** *m* actor
l' **actrice** *f* actress
actuel (actuelle) present
actuellement presently, now

s' **adapter à** to adapt to
l' **addition** *f* check
l' **adversaire** *m, f* opponent
afin: __ de (+ *inf*) in order to, to; **__ que** (+ *subj*) in order that, so that
l' **affaire** *f* affair, deal; **les __ s** business
affreux (affreuse) frightful
l' **agence de voyages** *f* travel bureau
l' **agent de police** *m* policeman
l' **agent de voyages** *m* travel agent
agir to act; **il s'agit de** it is a question of
agréable pleasant
aimable likeable
l' **aîné (aînée)** the elder, the eldest
l' **aise** *f* ease; **se sentir à l' __** to feel at ease

aisé   well-to-do
allemand   German
aller   to go; **s'en __** to leave
allumer   to turn on
l' **ambiance** *f*   atmosphere
ambitieux (ambitieuse)   ambitious
améliorer   to improve
l' **ami** *m*   friend, boyfriend; **le petit __**
   boyfriend
l' **amie** *f*   friend, girlfriend; **la petite __**
   girlfriend
l' **amitié** *f*   friendship; **lier __ avec** to
   make friends with
l' **amour** *m*   love
amoureux (amoureuse)   loving; **être __**
   de to be in love with; **tomber __ de**
   to fall in love with
l' **amphithéâtre** *m*   amphitheatre
amusant   amusing
amuser   to amuse; **s' __** to amuse,
   enjoy oneself; **s' __ bien** to have a
   good time
anglais   English
l' **anglicisme** *m*   Anglicism
angoissé   anguished
animé   lively
l' **anniversaire** *m*   anniversary, birthday
l' **annonce** *f*   announcement; **l'__**
   publicitaire advertisement
anonyme   anonymous
l' **anthropologie** *f*   anthropology
appareil (appareil-photo) *m*   camera
appeler   to call; **s' __** to be called,
   named
applaudir   to applaud
apprécier   to appreciate
apprendre   to learn
s' **approcher de**   to approach
l' **après-midi** *m, f*   afternoon
arbitraire   arbitrary
l' **argent** *m*   money
l' **argot** *m*   slang
arrêter   to stop, arrest
l' **arriviste** *m, f*   social climber
l' **aspirateur** *m*   vacuum cleaner; **passer**
   l' __ to vacuum
assassiner   to assassinate
asseoir   to sit, seat; **s' __** sit down
assez   enough
l' **assiette** *f*   dish, plate
assister à   to attend
assuré   assured

assurer   to assure
attendre   to wait for
l' **attention** *f*   attention, care; **faire __ à**
   to pay attention to, be careful
aucun   any; **ne... __** no, not any
l' **auditeur (auditrice)**   listener (radio)
l' **augmentation de salaire** *f*   raise
aussi   also; **__ ...que** as . . . as; **__** (+
   inverted verb) therefore, and so
aussitôt que   as soon as
l' **auteur** *m*   author
l' **autorité** *f*   authority
avant   before; **__ de** (+ *inf*) before
avare   greedy
avaricieux (avaricieuse)   greedy
l' **avenir** *m*   future
l' **avion** *m*   plane
l' **avis** *m*   opinion; **à mon __** in my
   opinion
l' **avocat** *m*   lawyer
avoir   to have; **__ besoin de** to
   need; **__ du mal à** (+ *inf*) to have
   trouble; **__ envie de** to feel like; **__**
   l'air to seem
l' **avortement** *m*   abortion

B

le **bain**   bath: **prendre un __ de soleil** to
   sunbathe
la **bande**   tape
la **banlieue**   suburbs
le **banquier**   banker
la **barbe**   beard
la **barre**   bar
bâtir   to build
battre   to beat, hit; **se __** to fight
bavarder   to chat
beau (bel), (belle)   beautiful
le **beau-frère**   brother-in-law
le **bénéfice du doute**   benefit of the
   doubt
le **besoin**   need; **avoir __ de** to need
le **best-seller**   bestseller
bête   stupid
la **bêtise**   stupidity; **dire des __s** to speak
   nonsense
la **bicyclette**   bicycle; **faire de la __** to go
   bicycle riding
bien   well; **__ que** (+ *subj*) although:
   __ sûr certainly; **__ sûr que non**
   certainly not

le **bien**   (the) good
bientôt   soon
le **bijou**   jewel
bilingue   bilingual
blaguer   to kid
blâmer   to blame
blanc (blanche)   white
boire   to drink
le **bois**   woods
la **boîte**   box, can; **la __ de nuit**
   nightclub
bon, bonne   good
le **bonbon**   candy
le **bonheur**   happiness
bon marché   inexpensive
la **bonté**   goodness
le **bord**   edge, shore
bouger   to move
le **bouquin** *fam*   book
la **bourgeoisie**   middle class
la **boutique**   shop
le **bouton**   button
bref (brève)   short
la **Bretagne**   Brittany
brillamment   brilliantly
briller   to shine
bronzé   tanned
la **brosse à dents**   toothbrush
le **bruit**   noise
la **brusquerie**   abruptness
bruyant   noisy
bûcher *fam*   to cram
le **bureau**   office

C

le **cadeau**   gift
le, la **cadet (cadette)**   the younger, the
   youngest
le **calmant**   tranquilizer
le, la **camarade de chambre**   roommate
la **caméra**   movie camera
le, la **campagnard (campagnarde)**   country
   dweller
la **campagne**   country
le **camping**   camping; **faire du __** to go
   camping
le **cancre**   bad student, dunce
le, la **candidat (candidate)**   candidate
la **candidature**   candidacy; **poser sa __** to
   run for office

la **carte**   menu, card, map; **jouer aux __s**
   to play cards; **__ d'identité** ID card
la **carte postale**   postcard
la **cassette**   cassette
la **cause**   cause; **à __ de** because of
causer   to chat, talk
ceci   this
la **ceinture**   belt
cela (ça)   that
célèbre   famous
censé   supposed; **être __** (+ *inf*) to be
   supposed to
censurer   to censor
cependant   however
cesser (de + *inf*)   to stop, cease
ceux   these, those
chacun   each (person)
la **chaîne**   channel
chaleureusement   warmly
la **chambre**   room
le **champ**   field
la **chance**   luck; **avoir de la __** to be
   lucky
la **chanson**   song; **la __ à boire** drinking
   song
le **chansonnier**   songwriter
le **chant**   song
le, la **chanteur (chanteuse)**   singer
charmant   charming
le **chat**   cat
châtain   brown-haired; **__ clair** light
   brown
chauvin   chauvinistic (fanatically
   patriotic)
le **chêne**   oak
le **chèque de voyage**   traveler's check
cher (chère)   dear, expensive
chercher   to look for
le **cheval**   horse; **le __ de bois** flying
   horse
les **cheveux** *m*   hair
chez   at the home, place of
le **choix**   choice
le **chômage**   unemployment; **être au__** to
   be unemployed
le, la **chômeur (chômeuse)**   unemployed
   person
choquant   shocking
la **chose**   thing
chuchoter   to whisper
le **ciel** (*pl* **cieux**)   sky
le **cinéma**   movies, cinema

cinématographique cinematographic

le, la **cinéphile** movie fan

la **circonstance** circumstance: **la __
atténuante** extenuating circumstance

la **circulation** traffic

le **citadin** city dweller

le, la **citoyen (citoyenne)** citizen

la **classe** class: **avoir de la __** to have
class

la **clé** key

le, la **client (cliente)** client, customer

le **clochard** bum

le **cochon** pig

la **colère** anger; **se mettre en __** to
become angry

le **cœur** heart; **avoir mal au __** to feel
nauseous

le, la **collègue** colleague

coller to glue, stick

combien (de) how much, how many

la **comédie** comedy

comme like, as; **__ il faut** proper

comment how, what; **__ + être** what is
someone or something like

le, la **commentateur
(commentatrice)** commentator

commettre to commit

le **communisme** communism

le, la **communiste** communist

compatissant compassionate

compétent competent

complaisant accommodating

composer to compose

le **compositeur** composer

comprendre to understand

compromettant compromising

compromettre to compromise

le **compromis** compromise

compter to count on, intend

le **concert** concert

le, la **concierge** building caretaker

la **concurrence** competition

le, la **concurrent(e)** competitor

le **condamné** convict

condamner to condemn

condescendant condescending

condition *f* condition; **à __ que (+
subj)** on condition that

conduire to drive

la **confiance** confidence; **avoir __ en** to
have confidence in

confus confused

connaître to know, be acquainted
with

le **conseil** advice

le, la **conseiller (conseillère)** adviser

conseiller (à + *n* + de + *inf*) to advise
someone to do something

conservateur (conservatrice)
conservative

le, la **consommateur (consommatrice)**
consumer

constamment constantly

consulter to consult

le **conte** short story

le, la **conteur (conteuse)** short-story writer

le **contraire** contrary; **au __** on the
contrary

le **contraste** contrast; **faire __ avec** to
contrast with

convaincre to convince

convenable proper

le, la **copain (copine)** *fam* friend, buddy

la **copie** paper

coquet (coquette) coquettish

corriger to correct

le **côté** side; **à __ de** beside, next to

se **coucher** to go to bed

coupable guilty

couper to cut

couramment fluently

le **courant** current; **être au __** to be in
the know, be up on

courir to run

le **courrier du cœur** lonely hearts
column

le **cours** course; **au __ de** in the course
of, during; **le __ facultatif** elective;
le __ obligatoire required course

la **course** run, race, outing; **faire
des__ s** to go shopping

court short

le **couteau** knife

coûter to cost; **__ cher** to be
expensive

la **coutume** custom

la **couture** fashion; **la haute__** high
fashion

le, la **couturier (couturière)** dress designer,
dressmaker

couvrir to cover

craindre to fear, be afraid of

la **crèche** day-care center

créer to create

le **crime** crime; **le — passionnel** crime of passion, **le — prémédité** premeditated crime
le **criminel** criminal
la **crise** crisis
la **critique** criticism
le **critique** critic
critiquer to criticize
la **croix** cross
la **cuisine** kitchen; **faire la —** to do the cooking, cook
la **cuisse de grenouille** frog's leg
curieux (curieuse) curious

D

d'ailleurs besides
la **dame** lady
d'après according to
se **débrouiller** to get along, manage
le, la **débutant(e)** beginner
le **décor** decor, scenery
décrire to describe
déjà already
déjeuner to have lunch
démissionner to resign
la **démocratie** democracy
se **démoder** to go out of fashion, become outdated
dénoncer to denounce
le **dénouement** ending; **le — heureux** happy ending
le **départ** departure
dépaysé lost, homesick
se **dépêcher** to hurry up
dépenser to spend
se **déplacer** to move about, travel
déprimé depressed
le **député** representative
dériver to derive
dernier (dernière) last
le **derrière** behind
dès from . . . on: **— maintenant** from now on; **— que** as soon as
désagréable unpleasant
désobéir à to disobey
désolé very sorry, grieved
le **dessert** dessert
le **dessin animé** cartoon
détruire to destroy
devenir to become

deviner to guess
le **devoir** duty; **les — s** homework
le **dialecte** dialect
le **dictateur** dictator
la **dictature** dictatorship
diffuser to broadcast
le **dimanche** Sunday
dire to say, tell; **— des bêtises** to speak nonsense; **— du bien, du mal de** to speak well, badly of
le, la **directeur (directrice)** director
la **discothèque** discothèque
le **discours** speech; **faire un —** to make a speech
discret (discrète) discreet
disparaître to disappear
la **dispute** quarrel
se **disputer** to quarrel
le **disque** record; **le — compact** compact disk
distingué distinguished
la **distraction** entertainment
divertir to entertain, amuse; **se —** to amuse, enjoy oneself
le **documentaire** documentary
le **domaine** domaine: **dans le — de** in the area, sphere of
le **dommage** damage; injury; **il est, c'est —** it's a pity
donc therefore
la **douane** customs; **passer la —** to pass through customs
le **douanier** customs officer
doubler to dub
la **douche: prendre une —** to take a shower
le **doute** doubt; **mettre en —** to question
douteux (douteuse) doubtful
doux (douce) sweet

le **droit** law (the profession, the study); right (moral, legal); **avoir le — de +** *inf* to have the right to
la **droite** right; **de —** rightist
d'une part... d'autre part on one hand . . . on the other hand

E

l' **eau** *f* water
l' **échange** *m* exchange

échouer à   to fail
l' **écolier (écolière)**   schoolchild
l' **économie** *f*   economy
l' **écran** *m*   screen
écraser   to smash
les **écrits** *m*   writings
l' **écrivain** *m*   writer
l' **éducation** *f*   upbringing
égal   equal; **cela m'est __** I don't
   mind, it's all the same to me
l' **égalité** *f*   equality
l' **égard** *m*   consideration, respect: **à l'**
   __ de regarding; **manquer d'__ s**
   envers to lack consideration, respect
   for
égoïste   selfish
l' **élève** *m, f*   student
élevé   brought up; **bien __** well
   brought up; **mal __** badly brought
   up
élever   to raise, bring up
éloigné   distant, remote
élu (*pp of* **élire**)   elected
embrasser   to kiss
l' **émission** *f*   telecast
l' **emploi** *m*   job
l' **emploi du temps** *m*   schedule
l' **employé(e)**   employee
l' **emprisonnement** *m*   imprisonment;
   l' __ perpétuel life imprisonment
l' **emprunt** *m*   borrowing
emprunter   to borrow
enceinte   pregnant
encore   again, still, yet
s' **endormir**   to fall asleep
l' **endroit** *m*   place
énerver   to get on one's nerves
l' **enfant** *m, f*   child; **l' __ unique** only
   child
engager   to hire
enlever   to take off
l' **ennui** *m*   trouble, problem, boredom
ennuyer   to bore, trouble: **s' __** to be
   bored
ennuyeux (ennuyeuse)   boring
énorme   enormous
l' **enregistrement** *m*   recording
enregistrer   to record
l' **enseignement** *m*   teaching; **l'**
   __ supérieur higher education
enseigner   to teach
ensemble   together

entendre   to hear; **s' __ avec** to get
   along with
enthousiaste   enthusiastic
entourer   to surround
l' **entracte** *m*   intermission
l' **entrée** *f*   second course
l' **entreprise** *f*   firm
envers   toward
l' **envie** *f*   wish, desire; **avoir __ de** to
   feel like
l' **époque** *f*   age, era, time
épouser   to marry
l' **épouvante** *f*   horror
l' **époux (épouse)**   spouse
érotique   erotic
l' **escargot** *m*   snail
espagnol   Spanish
l' **espagnol** *m*   Spanish language
espérer   to hope
l' **espion** *m*   spy
espionner   to spy
l' **esprit** *m*   mind, spirit; **avoir l'**
   __ ouvert to have an open mind
l' **essai** *m*   essay
essayer (de + *inf)*   to try (to)
l' **essayiste** *m*   essayist
essuyer   to wipe
l' **estomac** *m*   stomach
établir   to establish
l' **étoile** *f*   star; **coucher à la belle __** to
   sleep outdoors
étonné   astonished, amazed, surprised
étonner   to astonish, amaze, surprise
étrange   strange
étranger (étrangère)   foreign
l' **étranger (étrangère)**   foreigner
être   to be; **__ au courant de** to be in
   the know about; **__en train de** to be
   in the process of
étroit   close, narrow
l' **étude** *f*   study
étudier   to study
exceptionnel
   (exceptionnelle)   exceptional
l' **excursion** *f*   tour, trip; **l' __**
   accompagnée guided tour
l' **exemple** *m*   example; **par __** for
   example
exigeant   demanding
exploiter   to exploit
exprimer   to express: **s' __** to express
   oneself

l' **externe** *m, f* off-campus student
extirper to extirpate, eradicate

F

la **face** face; **en __ de** opposite; **faire __
à** to face
fâché angry
se **fâcher** to get angry
facile easy
la **faillite** bankruptcy; **faire __** to go
bankrupt
faim: avoir __ to be hungry
faire to make; **il fait beau** it is a
beautiful day
falloir to be necessary
fauché *fam* broke
faut: il __ it is necessary
la **faute** error
faux (fausse) false
la **femme** woman, wife
la **femme au foyer** housewife
la **ferme** farm
fermé closed
le, la **fermier (fermière)** farmer
la **fessée** spanking
la **fête** feast, festival
le **feu** fire
fidèle faithful
fier (fière) proud
se **fier à** to trust
le **film** film
filmer to film
finir (de + *inf*) to finish
flâner to stroll
flatter to flatter
flirter to flirt
le **flirteur (flirteuse)** flirt
la **foi** faith
le **foie** liver
la **fois** time
folklorique folk
le, la **fonctionnaire** civil servant
formidable *fam* great
fort strong
le **fossé** ditch, trench; **le __ entre les
générations** generation gap
fou (fol), (folle) crazy
fouiller to search (a person, a
suitcase, etc.)
la **foule** crowd

le **four** flop (theater)
la **fourchette** fork
le **foyer** (the) home
frais (fraîche) fresh, cool
le **franc** franc
franc (franche) frank
français French
franchement frankly
le, la **francophile** Francophile (one who is
extremely fond of the French)
le, la **francophobe** Francophobe (one who
hates the French)
le, la **francophone** Francophone (one who
normally speaks French)
frapper to hit
frénétiquement wildly
fréquenter to frequent
le **frère** brother
fumer to smoke

G

gagner to earn
gai gay, lively
le **garçon** waiter, boy
garder to keep
garer to park
gaspiller to waste
gâté spoiled
la **gauche** left; **de __** leftist
geler to freeze
gênant embarrassing, awkward
gêner to bother
gêné bothered
le **génie** genius
le **genou** knee
le **genre** type
les **gens** *m, f* people
gentil (gentille) nice
la **gentillesse** graciousness
la **géographie** geography
gérer to manage
gesticuler to gesticulate
gifler to slap
la **glace** mirror; ice cream
le, la **glouton (gloutonne)** glutton
le, la **gosse** *fam* kid
le, la **gourmand(e)** gourmand; glutton
le **goût** taste
goûter to taste
grandir to grow

gras (grasse) fat; **faire la grasse matinée** to sleep late
le **gratte-ciel** skyscraper
la **grenouille** frog
la **grève** strike; **faire la __** to go on strike, strike
gris gray; drunk
gronder to scold
gros (grosse) big, fat
grossier (grossière) gross, coarse
grossir to get fat
guère: ne... __ hardly, scarcely
la **guerre** war
le **guide** tour guide, guidebook
la **guillotine** guillotine

H

s' **habiller** to get dressed
s' **habituer à** to get used to
l' **haleine** f breath
*__**hardi** hardy, daring
l' **harmonie** f harmony
*__**haut** high, tall
*__**hautain** condescending
la *__**haute couture** high fashion
la *__**haute société** high society
hebdomaire weekly
l' **héroïne** f heroine
le *__**héros** hero
l' **heure** f hour, time; **à l' __** on time; **de bonne __** early
heureusement happily, luckily, fortunately
hier yesterday; **__ soir** last night
l' **histoire** f history, story
l' **hiver** m winter
l' **homme** man; **l' __ d'affaires** businessman; **l' __ politique** politician
*__**honteux (honteuse)** shameful
l' **horreur** f horror; **faire __ à** to horrify
les *__**hors-d'œuvre** m, inv first course
*__**huer** to boo
l' **humeur** f mood: **être de bonne __** to be in a good mood: **être de mauvaise __** to be in a bad mood
l' **humour** m humor

I

idiot stupid
l' **idiotisme** m idiom

l' **île** f island
importer to be important; **n'importe où** anywhere (at all); **n'importe quand** anytime (at all); **n'importe qui** anyone (at all); **n'importe quoi** anything (at all)
impressionné impressed
impressionner to impress
inconnu unknown
indépendant independent
l' **indigène** m, f native
indulgent indulgent, lenient
l' **informatique** f computer science
l' **ingénieur** m engineer
ingrat ungrateful
inhumain inhuman
injuste unjust, unfair; **être __ envers** to be unfair to
inquiet (inquiète) worried
inquiéter to worry
l' **instituteur (institutrice)** teacher (elementary school)
insulter to insult
insupportable unbearable, intolerable
l' **intention** f intention: **avoir l' __ de** to intend to
s' **intéresser à** to be interested in
l' **interne** m, f on-campus student
l' **interprétation** f interpretation
interpréter to interpret
interroger to question
intrépide intrepid, fearless
l' **intrigue** f plot
isolé isolated
ivre drunk

J

jaloux (jalouse) jealous
jamais ever, never; **ne... __** never
la **jambe** leg
le **jardin** garden
le **jargon** jargon
jeter to throw
le **jeu** game
la **jeune fille** girl
la **jeunesse** youth
joindre to join
joli pretty
le **journal** newspaper
la **journée** day

le **juge** judge
juif, juive Jewish
le, la **jumeau (jumelle)** twin
le, la **juré (jurée)** jury member, juror
le **jury** jury
jusqu'à until, as far as; __ **ce que** (+ *subj*) until
juste just, fair; **être __ envers** to be fair to

L

là-bas there, over there
le **lac** lake
lâche loose, cowardly
laid ugly
lancer to throw; __ **un nouveau produit** to launch a new product; **se __ dans la politique** to go into politics
le **langage** language (of an individual; vocabulary)
la **langue** language (of a people); **la __ étrangère** foreign language; **la __ maternelle** native language; **la __ vivante, morte** living, dead language
le **lapsus** slip, mistake; **faire un __** to make a slip of the tongue
se **laver** to wash up
le, la **lecteur (lectrice)** reader
le **lecteur de disque compact** compact disk player
le **légume** vegetable
le **lendemain** the next day; **le __matin** (the) next morning
lent slow
lentement slowly
lever to lift, raise; **se __** to get up
libéral liberal
libéré liberated
la **liberté** freedom
libre free
le **licenciement** lay-off
licencier to lay off
le **lien** tie
le **lieu** place; **au __ de** instead of; **avoir __** to take place; **le __ commun** commonplace; **s'il y a __** if necessary
le **linge** linen
la **liqueur** after-dinner drink
le **lit** bed
la **littérature** literature

le **livre** book; **le __ de chevet** bedside book; **le __ de poche** paperback
le **logement** lodging, housing
la **loi** law (rule, statute)
loin far; **de __** by far
long (longue) long
longuement for a long time
louche shady, suspicious
louer to praise
lourd heavy
lucratif (lucrative) lucrative
la **lune** moon
la **lutte** fight, struggle; **la __ des classes** class struggle
le **luxe** luxury

M

la **machine à écrire** typewriter
le **magasin** store; **le grand __** department store
le **magnétophone** tape recorder
maigrir to lose weight, slim down
maintenant now
maintenir to maintain, uphold
le **maillot de bains** bathing suit
la **mairie** city hall
mais but
la **maison** house; **la __ d'étudiants** dormitory
la **maîtresse de maison** housewife
mal badly
le **mal** evil
malgré in spite of
malheureusement unhappily, unluckily, unfortunately
malin (maligne) evil, wicked
la **malle** trunk; **faire la __** to pack the trunk
malsain sick, unhealthy
manger to eat
les **manières** *f* manners; **faire des __** to put on airs
la **manifestation** demonstration
le **manque** lack
manquer to miss, lack; **__ à sa parole** to go back on one's word; **__ d'égards envers** to be inconsiderate of
le **manteau** coat
le **manuel** textbook
le **maquillage** make-up

le **marbre**   marble
marcher   to walk
le **mari**   husband
marié   married
marier: se __   to get married;
   se__ avec to marry
la **marque**   brand
les **mathématiques** *f*   mathematics
mauvais   bad
méchant   mean
le **médecin**   doctor
la **médecine**   medicine
le, la **mendiant (mendiante)**   beggar
le **médicament**   medicine
méditer   to meditate
se **méfier de**   to distrust
meilleur *adj*   better; **le __** the best
la **mélodie**   melody, tune
le **melon**   melon
même   even
menacer   to threaten
le **ménage**   housework
mener   to lead
le **mensonge**   lie
mensuel (mensuelle)   monthly
menteur (menteuse)   lying
le, la **menteur (menteuse)**   liar
mentir   to lie
le **menu**   menu
mériter   to deserve, earn
la **météorologie**   weather report
le **métier**   trade
le **métro**   subway
le **metteur en scène**   director
mettre   to put, place; **se__ à** to begin;
   se __ en colère to get angry
le **meurtre**   murder
le, la **meurtrier (meurtrière)**   murderer
le **micro-ordinateur**   microcomputer
mieux *adv*   better; **le __** the best
le **milieu**   milieu, environment
mince   thin
le **ministre**   minister
la **mise en scène**   production, staging
mi-temps: à __   part-time
la **mode**   fashion
moindre   lesser; **le __** the least
moins   less, fewer; **à __ que** (+ *subj*)
   unless
le **moment**   moment; **au __ où** at the
   moment when
la **monarchie**   monarchy

le **monde**   world, people; **tout le __**
   everybody
la **montagne**   mountain
montrer   to show
se **moquer de**   to make fun of
moralement   morally
le **morceau**   piece
mou (mol), (molle)   soft
le **mouchoir**   handkerchief
mourir   to die
le **moustique**   mosquito
moyen (moyenne)   middle
mûr   mature
le **musée**   museum
le, la **musicien (musicienne)**   musician
le **mythe**   myth

N

nager   to swim
naïf (naïve)   naive
la **naissance**   birth; **la limitation des __s**
   birth control
naître   to be born
le **navet**   flop (movie)
né (*pp of* **naître**)   born
négligé   neglected
neiger   to snow
le **néologisme**   neologism (a new word,
   or new meaning for an established
   word)
nerveux (nerveuse)   nervous
nettement   clearly
nettoyer   to clean
le **neveu**   nephew
le **nez**   nose
ni   neither; **ne... __ ... __** neither . . .
   nor
la **nièce**   niece
le **nom**   name; **au __ de** in the name of
la **note**   grade
la **notice nécrologique**   obituary
la **nourriture**   food
nouveau (nouvel), (nouvelle)   new
la **nouvelle**   short story; **les __ s** news

O

obéir à   to obey
objectif (objective)   objective

l' **obligé** obligated; **être __ de** (+ *inf*) to be obligated to, to have to

l' **occasion** *f* opportunity, chance; **avoir l' __ de** to have the opportunity, chance to

l' **œil** *m* (*pl* **yeux**) eye

l' **œuf** *m* egg

l' **oignon** *m* onion

l' **oiseau** *m* bird

l' **oncle** *m* uncle

l' **onglier** *m* manicure set

opprimer to oppress

l' **orchestre** *m* orchestra

l' **ordinateur** *m* computer

l' **oreiller** *m* pillow

l' **ornement** *m* ornament, decoration

l' **orphelin** *m* orphan

osé daring

oublier (**de** + *inf*) to forget

l' **ours** *m* bear

ouvertement openly

l' **ouvrage** *m* work

l' **ouvrier (ouvrière)** worker

ouvrir to open

P

le **pain** bread

paisible peaceful

la **paix** peace

par by; **__ exemple** for example; **__ terre** on the ground

paraître to appear

pareil (pareille) such a

le **parent** parent, relative

paresseux (paresseuse) lazy

parfait perfect

parfois sometimes

parler to speak; **__ bas (fort)** speak softly (loudly)

parmi among

la **parole** word (spoken); **manquer à sa __** to go back on one's word

partager to share

le **parti** party

la **partie** party; **la __ de billard** game of billiards

partir to leave

le, la **partisan(e)** supporter

passé last

le **passeport** passport

le **passe-temps** pastime

passionner to excite; **se__ pour** to be crazy about

la **patrie** homeland

le, la **patron (patronne)** boss

pauvre poor

le, la **pauvre** poor (person)

la **pauvreté** poverty

le **pays** country

le, la **paysan (paysanne)** peasant, hick

la **pêche** fishing; **aller à la __** to go fishing

peindre to paint

peine: à __ hardly, scarcely

la **peine de mort** death penalty

le **peintre** painter

pendant during, for

pénible hard, painful

penser to think; **__ à, de** to think of

perceptif (perceptive) perceptive

perdre to lose; **se __** to get lost

perfectionner to improve

le **personnage** character (in a play, book, etc.)

la **personne** person

personne no one, nobody; **ne... __, __ ne** no one, nobody

peser to weigh

petit small

les **petites annonces** *f* classifieds

peu little, a few

le **peuple** (the) people

la **peur** fear; **avoir __ de** to be afraid of

peut-être perhaps

le **phallocrate** *fam* male chauvinist

la **photo** photograph

la **phrase** sentence

la **pièce** play, room

la **pilule** pill

le **pipi** *fam* urine; **faire pipi** to urinate

le **pique-nique** picnic; **faire un __** to have a picnic

piquer to sting

pire worse; **le __** the worst

la **piste sonore** soundtrack

la **pitié** pity; **avoir __ de** to have pity for

pittoresque picturesque

la **place** square, seat: **à la __** in its place

plaider to plead

plaire to please

plaisanter to joke, kid

la **plaisanterie** joke
le **plaisir** pleasure
le **plan** shot (film)
le **plat** course, dish; **le __ principal** main course
plein full
plein-temps: à __ full time
pleuvoir to rain
plus more, most; **de __** furthermore; **en __ de** in addition to; **moi non __** neither do **I**; **ne... __** no more, no longer
la **poésie** poetry
le **poète** poet
le **point** point, period; **ne... __** not
le **poisson** fish
poli polite
la **politesse** politeness, good manners
polyglotte polyglot (speaking or writing several languages)
la **pomme de terre** potato
poser to put, place; **__ sa candidature** to run for office
le **poste** position, job; set (TV)
le **pot de vin** bribe
pour in order to, to; **__ que** (+ *subj*) in order that, so that
le **pourboire** tip
poursuivre to pursue
pourtant however
pourvu provided; **__ que** (+ *subj*) provided that
pouvoir to be able; **il se peut** it is possible; *m* power
pratique practical
précis precise
le **préjugé** prejudice
prématuré premature
premier (première) first
prendre to take
les **préparatifs** *m* preparations
le, la **président(e)** president
presque almost
pressé pressed, hurried
prétendre to claim, maintain
prêter to lend
la **prison** prison
le, la **prisonnier (prisonnière)** prisoner
le **prix** price
le **procès** trial; **faire le __ de** to take action against
le **produit** product

profond deep
le **programme** program, platform
le **projet** plan, project
la **promenade** walk; **faire une __** to take a walk
se **promener** to walk; **se __ en voiture** to ride around in a car
la **promesse** promise
promettre to promise
la **promotion** promotion
prononcer to pronounce
propre (*after n*) clean; (*before n*) own
protégé protected
protéger to protect
prouver to prove
le **proverbe** proverb
prudent prudent
la **psychologie** psychology
le **public** audience, public; **le grand __** the general public
la **publicité** advertising; **faire de la __** to advertise
puisque since
puissant powerful
punir to punish
la **punition** punishment

Q

qualifié qualified
quand when; **__ même** anyway
quant à as for
le **quartier** district, neighborhood
que that, which, who, whom; **__ ... ou non** whether . . . or not; **ne... __** only
quelquefois sometimes
la **queue** line; **faire la __** to wait in line
quitter to leave
quoique (+ *subj*) although
quotidien (quotidienne) daily

R

raconter to tell (a story, etc.)
raffiné refined
la **raison** reason
raisonnable reasonable
ramasser to gather, pick up
le **rang** rank
le **rapport** rapport, relationship
se **raser** to shave

rater to flunk (an exam)
ravi delighted, overjoyed
réactionnaire reactionary
le **réalisateur** director
réaliser to carry out
réaliste realistic
récemment recently
la **recette** recipe
recevoir to receive
la **réclame** advertisement
reçu (*pp of* **recevoir**) received; **bien, mal __** well, badly received
réduit reduced
le **réfectoire** dining hall
réfléchir to think, reflect
la **réforme** reform
refuser (**de** + *inf*) to refuse
le **régime** diet; **suivre un __** to be (go) on a diet
la **règle** rule; **en __** in order
regretter to regret, be sorry
rejeter to reject
remarquer to remark, notice
remercier (**de** + *inf*) to thank (for)
remettre to put back, put off
rempli filled
rencontrer to meet
le **rendez-vous** meeting, date, appointment; **avoir __ avec** to have a date with
rendre to return (something); **__** (+ *adj*) to make; **se __ compte de** to realize; **__ visite à** to visit (a person)
se **renseigner** to inform oneself
renvoyer to fire
le **repas** meal
répéter to repeat, rehearse
la **répétition** rehearsal
répondre to answer
reposant restful
se **reposer** to rest, relax
la **représentation** performance
représenter to represent, perform
réserver to reserve
la **résidence** dormitory
respirer to breathe
responsable responsible
ressembler à to resemble
rester to remain, stay
rétablir to re-establish

le **retard** delay; **avoir du __** to be late, not on time; **être en __** to be late
se **retourner** to turn around
la **retraite** retirement; **prendre sa __** to go into retirement
réussir (**à** + *inf*) to succeed; **__ à un examen** to pass an exam
le **réveille-matin** alarm clock
réveiller to awaken; **se __** to wake up
le **rêve** dream
rêver to dream; **__ de** to dream about, of
rêveur (rêveuse) dreamy
révoltant revolting
se **révolter** to revolt
rien nothing; **ne... __, __ ne** nothing
rire to laugh
la **rivière** small river
le **roi** king
le **rôle** role
le **roman** novel; **le __ policier** mystery
le, la **romancier (romancière)** novelist
rompre to break
la **rubrique** heading
la **ruche** beehive
rusé sly
russe Russian
rustique rustic
le **rythme** rhythm

S

sage well-behaved, wise
sain healthy
le **salaire** salary
sale dirty
sans without; **__ que** (+ *subj*) without
la **santé** health; **à votre __** to your health
sauf except
sauter to jump
se **sauver** *fam* to leave, flee
savoir to know (a fact), know how
le **savon** soap
le **scandale** scandal
scandaliser to scandalize, shock
le **scénario** script, scenario
la **scène** stage, scene
sec (sèche) dry
le **secret** secret
le, la **secrétaire** secretary

le **secteur** sector
séduire to seduce
séduisant attractive, sexy
le **séjour** stay
selon according to
le **sénateur** senator
sensible sensitive
la **sentence** sentence
sentir to smell, feel; **se __** to feel
sérieux (sérieuse) serious; **prendre au__** to take seriously
le **serpent** snake
le, la **serveur (serveuse)** waiter, waitress
sévère stern
siffler to hiss, boo, whistle
la **signification** meaning
signifier to mean
le **socialisme** socialism
le, la **socialiste** socialist
la **sœur** sister
la **soif** thirst; **avoir __** to be thirsty
soigner to care for, take care of
soigneusement carefully
le **soin** care
le **soir** evening
la **soirée** evening; party
le **solde** sale; **en __** on sale
le **soleil** sun
solitaire lonely
le **sommeil** sleep; **avoir __** to be sleepy
somptueux (somptueuse) luxurious
la **sonate** sonata
sonner to sound, go off
la **sortie** outing; **la __ en famille** family outing
sortir to go out, leave; **__ à deux** to go out as a couple; **__ en groupe** to go out in a group; **__ seul** to go out alone
le **souffle** breath
souffrir to suffer
souhaiter to wish
sourire to smile
le **sourire** smile
sous under
le **sous-titre** subtitle
sous-titrer to subtitle
le **souvenir** souvenir
se **souvenir de** to remember
souvent often
se **spécialiser en** to major in
le **spectacle** show

la **stéréo** stereo
stimulant stimulating
le **succès** hit
suffisant sufficient
suivant according to
suivre to follow; **__ un cours** to take a course
supporter to bear, stand
sur on
surprenant surprising
surprendre to surprise
surpris surprised
le **suspect** suspect
le **suspens** suspense
sympathique nice
le **syndicat** union

T

le **tableau** blackboard; painting
se **taire** to be quiet
tandis que whereas
la **tante** aunt
le **tapis** rug
tard late
les **taudis** *m* slums
teindre to dye
la **teinture** dye
le, la **téléspectateur (téléspectatrice)** television viewer
tellement so, so much
le **témoignage** testimony
le **témoin** witness
le **temps** time, weather; **de __ en __** from time to time; **quel __ fait-il?** what is the weather?
la **tendance** tendency; **avoir __ à** to have a tendency to
tenir to hold
tenter to tempt
terminer to finish
la **terre** earth; **par __** on the ground
terrestre earthly
le, la **terroriste** terrorist
le **texte** text, lines
le **thème** theme
timide timid
tirer to pull; **__ au but** to shoot
le **tiret** dash
tituber to stagger

le **ton** tone
la **tortue** turtle
tôt early
toujours always, still
la **tour** tower
le **tour** tour
le, la **touriste** tourist
le **tourne-disque** record player
tourner to turn; **— un film** to make a film
tout: tout, tous, toute, toutes *adj* all, every, any; *adv* all, quite; *pron* all, everything; **— à fait** totally; **— de suite** right away; **pas du —** not at all
traduire to translate
la **tragédie** tragedy
traiter to treat
tranquille tranquil, calm
le **transport** transportation; le **moyen de —** means of transportation
le **travail** work; **les travaux ménagers** household chores
travailler to work; **— à mi-temps** to work part-time
travailleur (travailleuse) hard-working
le **tribunal** court
tricher to cheat
triste sad
tromper to cheat on, deceive; **se —** to make a mistake
la **trompette** trumpet
le, la **trompeur (trompeuse)** cheater, deceiver
trop too much, too many
trouver to find; **se —** to be located
tuer to kill
tutoyer to say *tu* to someone
le **type** *fam* guy, fellow

U

l' **union libre** *f* living together out of wedlock, common-law marriage
l' **usine** *f* factory
utile useful

V

les **vacances** *f* vacation
la **vache** cow

le **va-et-vient** coming-and-going
la **vaisselle** dishes; **faire la —** to do the dishes
la **valise** suitcase; **faire la —** to pack the suitcase
valoir to be worth; **il vaut mieux** it is better
la **vedette** movie star
le, la **vendeur (vendeuse)** salesperson
vendre to sell
venir to come; **— de** to have just, just
le **verdict** verdict
véritablement truly
le **verre** glass; **prendre un verre** to have a drink
la **version** version; **en — originale** in the original
le **vêtement** garment; **les — s** clothing, clothes
la **viande** meat
la **victime** victim
la **vidéo** video
la **vieillesse** old age
vieux (vieil), (vieille) old; **mon vieux** *fam* old man
vilain *adj* nasty, bad; **le —** bad person, guy
le **viol** rape
violer to rape
le **visage** face
visiter to visit (a place)
le **vitrail** stained-glass window
vivant lively
vivre to live
voir to see
le, la **voisine** neighbor
la **voiture** car
le **vol** theft
voler to steal
voter to vote
le **vôtre** *pron* yours
vouvoyer to say *vous* to someone
le **voyage** trip
le **voyou** hoodlum
vulgaire vulgar

Z

zut! darn it!

ENGLISH-FRENCH VOCABULARY

This vocabulary contains English words and expressions in the exercises and the *Vocabulaire du thème*.

Abbreviations

adj	adjective	*inf*	infinitive	*pp*	past participle
adv	adverb	*m*	masculine	*prep*	preposition
conj	conjunction	*n*	noun	*pron*	pronoun
f	feminine	*p*	page	*subj*	subjunctive
fam	familiar	*pl*	plural	*v*	verb

An asterisk (*) indicates a word beginning with an aspirate *h*.

A

abortion l'avortement *m*
abuse abuser de
accept accepter
accommodating complaisant
according to selon, suivant, d'après
accuse accuser
accused accusé
acquit acquitter
act agir; **— a role** jouer un rôle
action l'action *f*
actor l'acteur *m*
actress l'actrice *f*
adapt oneself to s'adapter à
addition l'addition *f*; **in —** de plus; **in — to** en plus de
admire admirer
adopt adopter
advertise faire de la publicité
advertisement la réclame
advertising la publicité
advise conseiller (à + *n* + de + *inf*)

adviser le conseiller
afraid: to be — of avoir peur de
African *n* l'Africain *m*, l'Africaine *f*; africain, africaine *adj*
after après
again encore
against contre
agree être d'accord
agreed d'accord
air l'air *m*; **to put on — s** faire des manières
all tout, tous, toute, toutes *adj*; tout, toute(s) *adv*; tout, tous, toute, toutes *pron*
already déjà
always toujours
ambition l'ambition *f*
ambitious ambitieux, ambitieuse
American *n* l'Américain *m*, l'Américaine *f*; américain, américaine *adj*
among parmi
amphitheatre l'amphithéâtre *m*
amusing amusant
analyze analyser

Anglicism l'anglicisme *m*
angry fâché *adj;* **to be __** être en colère contre; **to get __** se fâcher
announce annoncer
anonymous anonyme
another un autre
anthropology l'anthropologie *f*
apartment l'appartement *m*
appearance l'apparence *f*
applaud applaudir
appreciate apprécier
approach s'approcher de
April avril *m*
arbitrary arbitraire
arrest arrêter
arrive arriver
article l'article *m*
as comme; **__ for** quant à
ask demander (à + *n* + de + *inf*); **__ for** demander
aspirin l'aspirine *f*
assassin l'assassin *m*
assassinate assassiner
atmosphere l'ambiance *f*
attack attaquer
attend assister à; **__ to** s'occuper de
attentively soigneusement
attitude l'attitude *f*
attractive séduisant
audience le public
author l'auteur *m*
avoid éviter

B

back le dos
bankrupt: to go __ faire faillite
bankruptcy la faillite
bath le bain
be être; **__ in the know about** être au courant de; **__ in the process of** être en train de; **__ sick** être malade
bear l'ours *m*
beautiful beau (bel), belle
because parce que; **__ of** à cause de
become devenir
bee l'abeille *f*
before avant (de + *inf*)
beggar le mendiant, la mendiante
begin commencer (à *or* de + *inf*)
beginner le débutant, la débutante

beginning le commencement, le début
behind le derrière; derrière *prep*
believable croyable
belong être à, appartenir à
benefit le bénéfice
besides d'ailleurs
best le meilleur *adj;* le mieux *adv*
bestseller le best-seller
better meilleur *adj;* mieux *adv;* **it is __** il vaut mieux
between entre
bicycle la bicyclette; **to go __ riding** faire de la bicyclette
bilingual bilingue
birth control la limitation des naissances
blues le blues
boat le bateau
boo huer, siffler
book le livre; le bouquin *fam;* **bedside __** le livre de chevet; **paperback __** le livre de poche; **text __** le manuel
bore ennuyer; **to be bored** s'ennuyer
boredom l'ennui *m*
boring ennuyeux, ennuyeuse
brand la marque
brave courageux, courageuse
break away se séparer de
bribe le pot de vin
brilliant brillant
broadcast diffuser *v;* la diffusion *n*
brother le frère
brown brun
buddy le copain, la copine
build construire
bum le clochard, la clocharde
business les affaires *f;* **a __** une entreprise
businessman l'homme d'affaires
businesswoman la femme d'affaires
busy occupé; **to be __ doing something** être en train de + *inf;* **to __ oneself with** s'occuper de
but mais
buy acheter

C

camera l'appareil (appareil-photo) *m;* la caméra (movie)
camping le camping; **to go __** faire du camping
candidate le candidat, la candidate

car la voiture, l'auto *f*
care for soigner
career la carrière
cassette la cassette
cat le chat, la chatte
cease cesser (de + *inf*)
censor censurer
certainly certainement
change changer de
channel la chaîne
character le caractère; le personnage *(in a play, book, etc.)*
chat bavarder, causer
chauvinism (male) le chauvinisme (du mâle)
chauvinist: male le phallocrate *fam*
cheat tricher
cheat on someone tromper quelqu'un
check le chèque: l'addition *f (restaurant)*
child l'enfant *m, f*; **only —** l'enfant unique
chore: household — s les travaux ménagers *m*
cinematographic cinématographique
circumstance la circonstance
citizen le citoyen, la citoyenne
city la ville
city dweller le citadin, la citadine
civil servant le, la fonctionnaire
class la classe; **high —** la haute société; **middle —** la bourgeoisie; **working —** la classe ouvrière; **to have —** avoir de la classe
classical classique
classifieds les petites annonces *f*
clean propre *adj;* nettoyer *v*
clearly nettement
client le client, la cliente
coarse grossier, grossière
cold froid; **it is —** il fait froid
come venir
comedy la comédie
comics les bandes dessinées *f*
commentator le commentateur, la commentatrice
commit commettre
commonplace le lieu commun
communism le communisme
communist communiste *adj;* le, la communiste *n*
compact disk le disque compact; **— player** le lecteur de disque compact
company l'entreprise *f*
competent compétent
competition la concurrence

competitor le concurrent, la concurrente
compose composer
composer le compositeur
computer l'ordinateur *m;* **— science** l'informatique *f*
concerning en ce qui concerne
concert le concert
conclusion la conclusion; **in —** en conclusion
condemn condamner
condescending condescendant
confused confus
consequently par conséquent
conservative conservateur, conservatrice *adj;* le conservateur *n*
consumer le consommateur, la consommatrice
continue continuer (à *or* de + *inf*)
contrary le contraire; **on the —** au contraire
convict le condamné
cooking: to do the — faire la cuisine
coquettish coquet, coquette
correct corriger
costume le costume
country le pays
country dweller le campagnard, la campagnarde
courageous courageux, courageuse
courir to run
course le cours; **elective —** le cours facultatif; **required —** le cours obligatoire; le plat *(meal)*
court le tribunal
cousin le cousin, la cousine
cram bûcher
crazy fou (fol), folle; **to be — about** se passionner pour
create créer
criminal le criminel
crime le crime; **— of passion** le crime passionnel
crisis la crise
critic le critique
criticism la critique
criticize critiquer
cultural culturel, culturelle
curious curieux, curieuse
custom la coutume
customer le client, la cliente
customs la douane; **customs officer** le douanier, la douanière; **to pass through —** passer la douane

D

daily   quotidien, quotidienne
dangerous   dangereux, dangereuse
dare   oser
date   la date, le rendez-vous; **to have a __ with** avoir rendez-vous avec
day   le jour, la journée; **all __ long** toute la journée; **the next __** le lendemain
day-care center   la crèche
deal   l'affaire *f*
death penalty   la peine de mort
deceive   tromper
decide   décider (de + *inf*)
declare   déclarer
decor   le décor
defendant   l'accusé *m*
demanding   exigeant
democracy   la démocratie
democratic   démocratique
demonstration   la manifestation
denounce   dénoncer
depend   dépendre; **__ on** dépendre de
describe   décrire
deserve   mériter
dessert   le dessert
detective   l'inspecteur *m*, le détective
dialect   le dialecte
dictator   le dictateur
dictatorship   la dictature
diet   le régime; **to be on a __** suivre un régime
difficult   difficile
dining hall   le réfectoire
director   le réalisateur, le metteur en scène
dirty   sale
discothèque   la discothèque
discrimination   la discrimination
dish   l'assiette *f*; le plat
dishes: to do the __   faire la vaisselle
disobey   désobéir à
distress   la misère
distrust   se méfier de
doctor   le médecin
documentary   le documentaire
dollar   le dollar
dormitory   la résidence; la maison d'étudiants
doubt   le doute *n;* douter de *v*
dream   le rêve *n;* rêver de *v*
drink   boire; **to have a __** prendre un verre
drunk   ivre

dub   doubler
dunce   le cancre
during   pendant
dynamic   dynamique

E

earn   mériter, gagner
ease   l'aise *f;* **to feel at __** se sentir à l'aise
easily   facilement
eat   manger
economics   les sciences économiques *f*
economy   l'économie *f*
editorial   l'éditorial *m*
elder   l'aîné *m*, l'aînée *f*
elected   élu (*pp* of élire)
election   l'élection *f*
employee   l'employé *m*, l'employée *f*
encourage   encourager (à + *inf*)
end   la fin
ending   le dénouement *(play, film);* **happy __** le dénouement heureux
English   l'anglais *m;* anglais, anglaise *adj;* **__man** l'Anglais; **__woman** l'Anglaise
entertain   divertir; **to __ oneself** se divertir
entertainment   la distraction
enthusiastic   enthousiaste
environment   le milieu
equal   égal *adj;* l'égal *m*, l'égale *f*
equality   l'égalité *f*
error   l'erreur *f*
essay   l'essai *m*
essayist   l'essayiste *m*
evening   la soirée
every   tout (toute, *etc.*); chaque
exam   l'examen *m;* **to fail, flunk an __** échouer à, rater un examen; **to pass an __** réussir à un examen; **to take an exam __** passer un examen
example   l'exemple *m;* **for __** par exemple
except   sauf
express   exprimer
extenuating   atténuant

F

face   le visage
fact   le fait; **in __** en effet
factory   l'usine *f*
fair   juste
faithful   fidèle

family   la famille *n;* familial *adj;* — **outing** la sortie en famille
famous   célèbre
fan   le, la cinéphile *(movie)*
far   loin; **as** — **as** jusqu'à; — **from** loin de
farm   la ferme
farmer   le fermier, la fermière
fashion   la couture; la mode; **high** — la haute couture; **to be in** — être à la mode
fat   gras, grasse; gros, grosse; **to become** — grossir
father   le père
February   février
feel   se sentir (mal à l'aise, dépaysé, etc.)
feminine   féminin
feminist   le, la féministe
field   le champ
fight   se battre
film   le film *n;* filmer *v;* **to make a** — tourner un film
finally   enfin, finalement
find   trouver
finish   finir
fire   renvoyer *(from job)*
firm   l'entreprise *f*
first   premier, première
fish   le poisson
fishing: to go —   aller à la pêche
five   cinq
flirt   flirter *v;* le flirteur, la flirteuse
flop   le four *(theater);* le navet *(cinema)*
fluently   couramment
folk   folklorique
follow   suivre
food   la nourriture
foot   le pied
for   pour, pendant, depuis
forbid   défendre (à + *n* + de + *inf*)
foreign   étranger, étrangère
foreigner   l'étranger, l'étrangère
forget   oublier (de + *inf*)
fortunately   heureusement
free   libre
frequent   fréquenter
French   le français; français, française *adj*
Frenchman   le Français
Frenchwoman   la Française
friend   l'ami *m,* l'amie *f;* **to make** — **s with** lier amitié avec
frightful   affreux, affreuse
frog   la grenouille; —**'s legs** les cuisses de grenouille *f*

frustrated   frustré
full-time   à plein temps
furthermore   de plus

G

generation gap   le fossé entre les générations
geography   la géographie
get   obtenir; — **along** se débrouiller; — **ahead** aller loin; — **angry** se fâcher, se mettre en colère; — **lost** se perdre; — **married** se marier; — **sick** tomber malade; — **used to** s'habituer à
ghetto   le ghetto
girl   la jeune fille
girlfriend   la petite amie, l'amie
give   donner; **to** — **a speech** faire un discours
glass   le verre
glutton   le glouton, la gloutonne
go   aller; — **away** s'en aller; — **in** entrer dans; — **out** sortir
good   bon, bonne *adj*
grade   la note
great   formidable *fam*
gross   grossier, grossière
guide   le guide
guidebook   le guide
guillotine   la guillotine
guilty   coupable

H

hand   la main; **on one** — **... on the other** — d'une part... d'autre part
happen   arriver, se passer
happy   heureux, heureuse; content
hard   difficile, dur, pénible *(work)*
hard-working   travailleur, travailleuse
harmony   l'harmonie *f*
hat   le chapeau
headache   le mal de tête *n;* **to have a** — avoir mal à la tête
heading   la rubrique
hear   entendre
help   aider (à + *inf*)
hero   le héros
heroine   l'héroïne
hesitate   hésiter (à + *inf*)
hick   le paysan
high society   la haute société

hire   engager
his   son, sa, ses
hiss   siffler
hit   frapper *v;* le coup; le succès *(play, show, etc.) n*
hitchhike   faire de l'auto-stop
home   la maison; **the __** le foyer; **to be __** être à la maison
homeland   la patrie
homesick   dépaysé; **be __** avoir le mal du pays
homework   les devoirs *m*
honest   honnête
hoodlum   le voyou
hope   l'espoir *m;* espérer *v*
horoscope   l'horoscope *m*
horror   l'épouvante *f*
hospitable   accueillant
hour   l'heure *f*
housewife   la femme au foyer
housework: to do the __   faire le ménage
however   cependant, pourtant; **__ + *adj*** si + *adj* + que (+ *subj*)
humanly   humainement
hungry: to be __   avoir faim
hurry   se dépêcher (de + *inf*)
husband   le mari
hypocrite   hypocrite *adj;* l'hypocrite *m, f*

I

ID card   la carte d'identité
idiom   l'idiotisme *m*
if   si
image   l'image *f*
imagination   l'imagination *f*
importance   l'importance *f*
important   important
impress   impressionner
imprisonment   l'emprisonnement *m;* **life __** l'emprisonnement perpétuel
improve   améliorer, perfectionner
in   dans, en, à; **__ + *temporal expression*** dans, en
inconsiderate: to be __ of   manquer d'égards envers
independent   indépendant
indulgent   indulgent
inexpensive   bon marché
influence   l'influence *f;* influencer *v*
in front of   devant

inhuman   inhumain
injustice   l'injustice *f*
innocent   innocent
insect   l'insecte *m*
instead of   au lieu de
insult   l'insulte *f;* insulter *v*
intelligent   intelligent
intelligence   l'intelligence *f*
intention   l'intention *f*
interest   l'intérêt *m*
interested   intéressé; **to be __ in** s'intéresser à
interesting   intéressant
intermission   l'entracte *m*
interpretation   l'interprétation *f*
irresponsible   irresponsable
isolated   isolé

J

jargon   le jargon
jazz   le jazz
jealous   jaloux, jalouse
job   la situation, l'emploi *m*
joke   la plaisanterie
journalist   le, la journaliste
judge   le juge
juror   le juré, la jurée
jury   le jury
just   juste; **to have __ done something** venir de + *inf*

K

keep   tenir; garder; **__ one's word** tenir, garder sa parole
kid   le, la gosse *fam*
kill   tuer
king   le roi
kiss   embrasser *v*

L

lack   le manque *n;* manquer de *v*
lake   le lac
language   la langue *(of a people);* le langage *(of an individual, vocabulary);* **foreign __** la langue étrangère; **native __** la langue maternelle; **living, dead __** la langue vivante, morte
last   dernier, dernière; **__ night** hier soir
late   en retard

Latin Quarter le Quartier latin
laugh le rire *n;* rire *v,* rigoler *fam;* — **at** rire de
law le droit *(the profession, the study);* la loi *(rule, statute)*
lawyer l'avocat *m,* l'avocate *f*
lay-off le licenciement *n*
lay off licencier *v*
lazy paresseux, paresseuse
learn apprendre (à + *inf*)
leave partir, sortir, quitter, s'en aller; laisser
leftist de gauche
leg la jambe
lenient indulgent
less moins
let que (+ *subj*); laisser (+ *inf*)
liar le menteur, la menteuse
liberal libéral *adj;* le libéral *n*
liberated libéré
lie mentir *v;* le mensonge *n*
life la vie
like aimer *v;* **to feel** — avoir envie de; comme *prep*
likeable aimable
line la queue, la file; **to wait in** — faire la queue
lines le texte
listen to écouter
literature la littérature
live habiter
lively animé
logical logique
lonely hearts column le courrier du cœur
long long, longue; **as** — **as** tant que
look regarder; — **at** regarder; — **for** chercher
lose perdre; **to** — **weight** maigrir
lost perdu, dépaysé
lot: a — **of** beaucoup de
lucrative lucratif, lucrative
luxurious somptueux, somptueuse
luxury le luxe
lyrics les paroles *f*

M

magazine le magazine, la revue
maintain maintenir
major la spécialisation *n;* se spécialiser en *v*
make faire; — + *adj* = rendre + *adj;* **to** — **a film** tourner un film
make-up le maquillage *n;* maquiller *v*

male chauvinism le chauvinisme du male
man l'homme *m*
manage gérer (une entreprise)
manners les manières *f*
many beaucoup
map la carte
marriage le mariage
married marié
marry se marier avec; **to get married** se marier
mathematics les mathématiques *f*
mature mûr
meal le repas
mean méchant
meat la viande
meditate méditer; — **about** méditer sur
meeting le rendez-vous
melody la mélodie
menu la carte, le menu
Mexico le Mexique
microcomputer le micro-ordinateur
middle le milieu; **in the** — **of** au milieu de; — **class** la classe moyenne
milk le lait
millionaire le, la millionnaire
mind l'esprit *m;* **to have an open** — avoir l'esprit ouvert
minister le ministre
minute la minute
miserable misérable
misery la misère
mistrust se méfier de
modest modeste
monarchy la monarchie
Monday lundi *m* **on** — **s** le lundi
money l'argent *m*
month le mois
monthly mensuel, mensuelle
moon la lune
morally moralement
more plus
moreover de plus
morning matin *m;* **in the** — le matin
mosquito le moustique
mountain la montagne
movies le cinéma
mug attaquer
murder le meurtre *n;* commettre un meutre *v;* **to** — **French** parler français comme une vache espagnole *(lit, to speak French like a Spanish cow)*
murderer le meurtrier, la meurtrière

music la musique
musician le musicien, la musicienne
mystery novel le roman policier

N

name le nom; **my __ is . . .** je m'appelle...
native l'indigène *m, f*
near près de
necessary nécessaire; **to be __** falloir, être nécessaire
need avoir besoin de *v*
neglect négliger *v*
neglected négligé
neither ni; **__ ... nor** ne... ni... ni
neologism le néologisme
never jamais; ne... jamais
news les nouvelles *f;* le journal télévisé, le journal parlé
next prochain; **__ to** à côté de
nice gentil, gentille; sympathique
nightclub la boîte de nuit
no non; **__ more, longer** ne... plus; **__ + *n*** aucun; **__ one** personne ne, ne... personne
nobody personne; ne... personne, personne ne
noise le bruit
north le nord
nose le nez
not pas, ne... pas; **__ at all** pas du tout
nothing rien, ne... rien, rien ne
nouveau riche le nouveau riche
novel le roman *n*
novelist le romancier, la romancière

O

obey obéir à
objective objectif, objective
offer offrir
office le bureau
often souvent
on sur; **__ the ground** par terre
only seulement, ne... que
open ouvrir *v;* ouvert *adj;* **to have an __ mind** avoir l'esprit ouvert
opera l'opéra *m*
opinion l'opinion *f,* l'avis *m;* **in my __** à mon avis
opponent l'adversaire *m, f*
opposite en face de

oppress opprimer
orchestra l'orchestre *m*
order ordonner (à + *n* + de + *inf*)
original original; **in the __** en version originale
orphan l'orphelin *m,* l'orpheline *f*
others les autres, autrui
outing la sortie; **family __** la sortie en famille
owe devoir

P

painful pénible
pal le copain, la copine
parent le parent
park garer
part-time à mi-temps
party la partie, la soirée; le parti *(political)*
passport le passeport
pay for payer
peaceful paisible
peasant le paysan, la paysanne
people les personnes *f,* les gens *m,* le monde, le peuple, on
perfect parfait
perform représenter
performance la représentation
permit permettre (à + *n* + de + *inf*) *v*
person la personne
pessimistic pessimiste
phone le téléphone; téléphoner à
picnic le pique-nique; **to have a __** faire un pique-nique
picture la photo
picturesque pittoresque
pill la pilule
place l'endroit *m,* le lieu; **at the __ of** chez
plan le projet
plane l'avion *m*
platform le programme
play la pièce *n;* jouer *v;* **__ an instrument** jouer de + *instrument;* **__ a game or sport** jouer à + *game or sport*
playwright l'auteur dramatique *m*
plead plaider
pleasant agréable
please s'il vous plaît, veuillez *(formal);* plaire à *v*
plot l'intrigue *f*
poet le poète
poetry la poésie

police   la police
policeman   l'agent de police *m*
polite   poli
political science   les sciences politiques *f*
politician   l'homme politique, la femme politique
politics   la politique; **to go into** — se lancer dans la politique
pollution   la pollution
polyglot   polyglotte
popcorn   le pop-corn
popular   populaire
pound   la livre
power   le pouvoir
practice   répéter (un rôle, un morceau de musique)
prefer   préférer
pregnant   enceinte
prejudice   le préjugé
premeditated   prémédité
preparations   les préparatifs *m;* **to make** — faire les préparatifs
president   le président, la présidente
press   la presse
prison   la prison
prisoner   le prisonnier, la prisonnière
private   privé
probably   probablement, sans doute
product   le produit; **to launch a new** — lancer un nouveau produit
production   la mise en scène
profession   la profession
professor   le professeur
program   le programme; l'émission *f (television)*
progress   le progrès; **to make** — faire des progrès
promise   promettre (à + *n* + de + *inf*) *v*
promotion   la promotion
pronounce   prononcer
proper   comme il faut
proud   fier, fière
prove   prouver
proverb   le proverbe
prudent   prudent, sage
psychology   la psychologie
public   public, publique *adj;* le public; **the general** — le grand public
punish   punir
punishment   la punition
pursue   poursuivre; **to** — **a career** poursuivre une carrière

Q

qualified   qualifié
quarrel   la dispute *n;* se disputer *v*
question   la question *n;* interroger, poser une question *v*
quickly   vite, rapidement
quiet   tranquille *adj;* **to be** — se taire

R

raise   l'augmentation *f*
rape   le viol *n;* violer *v*
reactionary   réactionnaire *adj;* le, la réactionnaire *n*
reader   le lecteur, la lectrice
reading   la lecture
really   vraiment, réellement
reasonable   raisonnable
reasonably   raisonnablement
received   reçu (*pp of* recevoir)
recipe   la recette
record   le disque *n;* enregistrer *v*
record player   le tourne-disque
recording   l'enregistrement *m*
refined   raffiné
reform   la réforme
refuse   refuser (de + *inf*)
regarding   à l'égard de
rehearsal   la répétition
rehearse   répéter
relationship   le rapport
remember   se souvenir de, se rappeler
repair   réparer
representative   le député
republican   le républicain *n;* républicain *adj*
resemble   ressembler à
resign   démissionner
resist   résister à
respect   respecter *v*
responsible   responsable
rest   se reposer
return   revenir, retourner; — **home** rentrer
revolt   la révolte *n;* se révolter *v*
rhythm   le rythme
rich   riche
right   le droit; **to be** — avoir raison; **to have the** — **to** avoir le droit de
right away   tout de suite
rightist   de droite
river   la rivière (*small*), le fleuve

rock-and-roll   le rock
role   le rôle
room   la chambre, la pièce
roommate   le, la camarade de chambre
run   courir; **__ for office** poser sa
   candidature
rustic   rustique

S

sacrifice   le sacrifice *n*
salad   la salade
salary   le salaire
sale   le solde; **on __** en solde
Saturday   samedi *m*
say   dire
scandal   le scandale
scandalize   scandaliser
scenario   le scénario
scene   la scène
scenery   le décor
schedule   l'emploi du temps *m*
science fiction   la science-fiction
scold   gronder
scream   crier
screen   l'écran *m*
script   le scénario
search   fouiller *v*
secret   le secret
secretary   le, la secrétaire
sector   le secteur
see   voir
seem   sembler, avoir l'air + *adj*
selfish   égoïste
sell   vendre
semester   le semestre
senator   le sénateur
send   envoyer
sentence   la sentence *(prison)*
separate (from)   se séparer (de)
set (TV)   le poste
sexy   séduisant
share   partager
shine   briller
shock   scandaliser, étonner *v*
shop   la boutique *n;* faire des courses *v*
shopping: to go   **__** faire des courses, des
   achats
short   bref, brève; court *adv;* **in __** (en) bref
short story   la nouvelle, le conte
short-story writer   le conteur, la conteuse

shot   le plan *(film)*
show   le spectacle *n;* montrer *v*
shower: to take a __   prendre une douche
shut up   se taire
sick   malade
sincerity   la sincérité
sinecure   la sinécure
sing   chanter
singer   le chanteur, la chanteuse
skiing   le ski; **to go __** faire du ski
skyscraper   le gratte-ciel
slang   l'argot *m*
slap   gifler *v*
sleep   le sommeil *n;* dormir *v;* **__ outdoors**
   dormir à la belle étoile
slim down   maigrir
slip: to make a __ of the tongue   faire un
   lapsus
slowly   lentement
slums   les taudis *m*
small   petit
smile   le sourire *n;* sourire *v*
snake   le serpent
snob   le, la snob
snow   neiger *v;* la neige *n*
so   si, tellement; **__ much** tant, tellement
social climber   l'arriviste *m, f*
socialism   le socialisme
socialist   socialiste; le, la socialiste *n*
softly   doucement
son   le fils
soon   bientôt; **as __ as** dès que, aussitôt que
sorry: to be __   regretter; **very __** désolé *adj*
soundtrack   la piste sonore
south   le sud
souvenir   le souvenir
spaghetti   le spaghetti
spanking   la fessée
speak   parler; **__ loudly** parler fort; **__**
   nonsense dire des bêtises; **__ softly** parler
   bas; **__ well, badly of someone** dire du
   bien, du mal de quelqu'un
spectator   le spectateur, la spectatrice
speech   le discours; **to give, make a __** faire
   un discours
spend   dépenser *(money);* passer *(time)* à +
   verbe
spoiled   gâté
spy   l'espion *m;* espionner *v*
stage   la scène
stagger   tituber
star   la vedette *(movie)*

status quo le statu quo
stay le séjour *n;* rester *v;* __ **home** rester à la maison
steal voler
stern sévère
stereo la stéréo
stereotype le stéréotype
stimulating stimulant
sting piquer
stomach l'estomac *m*
stop arrêter, cesser (de + *inf*)
store le magasin; **department** __ le grand magasin
strange étrange, bizarre
strict strict
strike la grève; **to go on** __ faire la grève
stroll flâner
student l'étudiant, l'étudiante; **bad** __ mauvais étudiant, le cancre; **off-campus** __ l'externe *m, f;* **on-campus** __ l'interne *m, f*
study étudier
stupid bête
style le style
subjective subjectif, subjective
subscribe to s'abonner à
subtitle le sous-titre *n;* sous-titrer *v*
suburbs la banlieue
subway le métro
sugar le sucre
suitcase la valise; **to pack the** __ faire la valise
sunbathe prendre un bain de soleil
supporter le partisan, la partisane
surprised surpris, étonné
suspect le suspect *n;* se douter de *v*
suspicious louche
sweet doux, douce

T

table la table
take prendre; __ **a course** suivre un cours; __ **an exam** passer un examen
talk parler; __ **nonsense** dire des bêtises
tanned bronzé
tape la bande *n*
taste le goût *n;* **to have good, bad** __ avoir bon, mauvais goût
teach enseigner
teacher le professeur; l'instituteur *m,* l'institutrice *f (elementary school)*

technique la technique
telecast l'émission *f*
tell dire (à + *n* + de + *inf*); __ **a story** raconter une histoire
terrorist le, la terroriste
testimony le témoignage
thank remercier; __ **for** remercier de, pour
thanks merci
that ce, cet, cette, *adj;* cela *pron*
theft le vol
their leur, leurs
there y, là; __ **is, are** il y a
therefore donc; aussi + *inverted verb*
thin mince
think penser, croire, réfléchir
thirsty avoir soif
this ce, cet, cette, *adj;* ceci *pron*
threaten menacer
time l'heure, le temps, la fois; **at the same** __ à la fois, en même temps; **from** __ **to** __ de temps en temps; **what** __ **is it?** quelle heure est-il?
timid timide
tip le pourboire
tired fatigué
title le titre
today aujourd'hui
together ensemble
tomorrow demain
tonight ce soir
too much trop (de)
totally totalement, tout à fait
tour l'excursion *f;* **guided** __ l'excursion accompagnée
toward vers, envers
trade le métier
traditional traditionnel, traditionnelle; traditionaliste
traffic la circulation
tragedy la tragédie
tranquil tranquille
travel voyager *v*
travel agent l'agent de voyages *m*
travel bureau l'agence de voyages *f*
traveler's check le chèque de voyage
tree l'arbre *m*
trial le procès
trip le voyage; **to take a** __ faire un voyage
true vrai, véritable
truly vraiment
trunk la malle; **to pack the** __ faire la malle
trust se fier à *v*

truth la vérité
try essayer (de + *inf*) *v*
tune la mélodie
turn on allumer
turn around se retourner
turtle la tortue
twin le jumeau, la jumelle
typewriter la machine à écrire

U

unbearable insupportable
under sous
understand comprendre
unemployed au chômage; __ **person** le chômeur, la chômeuse
unemployment le chômage
unfair injuste
ungrateful ingrat
unhealthy malsain
union le syndicat
unjustly injustement
unknown inconnu *adj;* à l'insu de *prep*
unpleasant désagréable
upbringing l'éducation *f*
use employer, utiliser

V

vegetable le légume
verdict le verdict
very très
victim la victime
video la vidéo
viewer le téléspectateur, la téléspectatrice
visit visiter *(a place);* rendre visite à *(a person)*
vote voter *v;* le vote *n*
vulgar vulgaire

W

wait attendre; __ **for** attendre; __ **in line** faire la queue
waiter le garçon, le serveur
waitress la serveuse
walk la promenade *n;* marcher *v;* **to take a** __ se promener, faire une promenade
want vouloir
war la guerre

warm chaud; **it is** __ il fait chaud *(weather)*
warmly chaleureusement
waste gaspiller *v*
watch regarder *v;* la montre *n*
wealthy riche, aisé
weather report la météo(rologie)
week la semaine
weigh peser
welcome accueillir, souhaiter la bienvenue à quelqu'un
well bien
well-behaved sage
well-bred bien élevé
well-to-do aisé
western le western
what! comment!
when quand, lorsque
whereas tandis que
wherever où que (+ *subj*)
whistle siffler *v*
whoever qui que (+ *subj*)
wholly totalement, tout à fait
why pourquoi
wife la femme
wildly frénétiquement
win gagner
wish vouloir, désirer
with avec, de, à
witness le témoin
woods le bois
word le mot, la parole *(spoken)*
work le travail, l'ouvrage *m (of fiction etc.);* **in the** __ **of** chez; travailler *v*
worker l'ouvrier *m,* l'ouvrière *f*
world le monde
worst le pire, le plus mauvais
write écrire
writer l'écrivain
writings les écrits *m*
wrong: to be __ avoir tort

Y

year l'an *m,* l'année *f*
yesterday hier
young jeune
youngest le cadet, la cadette *n*
youth la jeunesse

Index

Literary Credits

We wish to thank the author, publisher, and holder of copyright for their permission to reprint an excerpt from:

Antoine de Saint-Exupéry, *Le Petit Prince*, copyright 1943 by Harcourt, Brace, Jovanovich, Inc., and renewed in 1971 by Consuelo Saint-Exupéry, reprinted by permission of the publisher.

Photo Credits